El corazón
de la
gramática

YLIANA COHEN

El corazón
de la
gramática

*Aprende a utilizar las 9 categorías
gramaticales del español*

 Planeta

Para Sandro Cohen, mi padre, mi mentor, mi guía
Para Claudia Acevedo, mi madre, mi roca, mi fundamento
Para Jake Seth, mi hijo, mi motor, mi alegría, mi motivo

Agradecimientos

Preparaba yo un glosario para un curso. Debía tratar de las categorías gramaticales, y la intención era que tanto para estudiantes como para docentes fuera
sencillo comprender la naturaleza y relación de unos tipos de palabras con
otros. Un día, en otro curso que impartía a profesores de Redacción, se me ocurrió «probar» el glosario para ver si cumpliría su cometido. Después de algunas
sesiones que la maestra Josefina Estrada, directora del Instituto La Realidad,
había presenciado, ella me dijo: «Tienes que hacer un libro con este material
y presentárselo a Planeta». No la tomé muy en serio. ¡Solo era un glosario! En
el otro curso me dijeron que el material era bueno, pero muy extenso. ¡Parecía
un libro! Y, mientras, Estrada me insistía en que era material que valía la pena
publicarse. Gracias, Jose, por tu insistencia, tu apoyo constante para que lle-
vara a cabo esta empresa y tu confianza en este trabajo. Mi agradecimiento por
ello siempre.

Agradezco inmensamente —y hasta el infinito— las invaluables enseñanzas
de mi padre, mentor y guía, Sandro Cohen, a cuyo lado aprendí todo lo que sé
sobre la enseñanza y sobre el idioma, pero también —y sobre todo— como in-
vestigadora y ser humano. Eso me hizo poder despegar y atreverme a conformar
este libro. Gracias por eso siempre y hasta donde te encuentres, pa.

A mi madre, Claudia Acevedo, agradezco el que haya estado a mi lado apo-
yándome y sosteniéndome todo el tiempo. Sin ella, no habría podido dedicarme
a escribir esto durante tantos meses. Gracias siempre, ma.

A mi hijo, Jake Seth, por toda la paciencia de la que ha hecho acopio a sus
cuatro años para permitirme terminar este proyecto en medio de una pandemia
y de clases en línea. Te amo, hijito. Gracias eternamente por existir.

A mi querido amigo, el poeta, ensayista, cuentista y periodista Guillermo Vega
Zaragoza, por su lectura acuciosa y minuciosa de este material, y el prólogo que
de esta emanó. Mil gracias.

A mi querido amigo y tío adoptivo Vicente Quirarte, poeta, escritor, investigador y miembro numerario de la Academia Mexicana de la Lengua, agradezco enormemente la generosidad y gentileza de haber leído este trabajo y presentarlo. Es un honor para mí tener sus letras en este libro, y sé que mi padre también se siente honrado con ellas desde el rincón del universo donde ahora está pedaleando. Muchísimas gracias.

A mis muy queridas amigas y cómplices Maricarmen García Ibáñez y Paty Suárez, por su atenta lectura, comentarios y observaciones. Muchas gracias, hermanis, por siempre estar presentes.

Y gracias, en especial, a mis cientos de estudiantes de ya 20 años de carrera. No hay seres de quienes haya aprendido más, que me hayan incentivado más a seguir aprendiendo y con quienes disfrute más seguir en este camino. ¡Siempre gracias a ustedes, a sus inquietudes, a su talento, a su tesón!

En el corazón de la gramática
Vicente Quirarte

Imposible asomarse poco a poco a *El corazón de la gramática*. La tentación de penetrar en el libro es semejante a la que nos ofrece el mar: nos asusta su vastedad, pero no es posible resistirse a ser uno con él, a sentir su palpitación. El mar, como el idioma, es un ser vivo, y aprehenderlo y aprenderlo es fruto de exigencias que en este volumen se convierten en placeres.

Esta es una presentación del libro escrito por Yliana Cohen, pero resulta imposible no hablar del origen, y para ello referirme antes a su padre, lo cual conjeturo que a ella no le disgustaría. Conozco a Yliana desde sus primeros años, cuando también tuve la fortuna de conocer a Sandro Cohen y desde el primer momento admirarlo, quererlo y envidiarlo. Pero como el cariño y la admiración eran superiores a la envidia, fuimos siempre próximos y crecimos juntos. Fue siempre un adelantado, y lo demostró al ir al encuentro antes de nosotros a la «única realidad clara del mundo». Para utilizar un término de Felipe Garrido, fuimos corazones paralelos y divergentes, que se encontraban, siempre por su nobleza, en las duras y las maduras: como testigos en su matrimonio; en la nueva vida de Luis Mario Schneider, su profesor, que lo instó por fortuna a vivir en México; en la presentación pública del libro sobre mi padre, donde la orfandad nos hacía doblemente hermanos.

«Do what you love. Love what you do», decía el gran Ray Bradbury, quien se ufanaba de escribir diariamente, pero que no recordaba un día en que el trabajo no fuera igualmente diversión. «Haz lo que amas. Ama lo que haces», pareciera una frase de un manual de superación personal, pero cobra nuevo sentido al asomarse a cualquiera de las páginas de *El corazón de la gramática*. Yliana Cohen fue la primera y mejor alumna de Sandro Cohen. De su ejemplo se derivan su rigor y disciplina, pero igualmente la convicción de que no es posible aprender sin divertirse. Mi padre solía repetirme hasta el cansancio que escribiera un libro de texto y luego me dedicara a lo que quisiera. No escuché su sabio consejo de tener un Sancho que defendiera a mi Quijote.

Además de ser autor de altísimos poemas, gran deportista y ciclista inigualable, Sandro Cohen escribió un libro múltiples veces citado y utilizado por tirios y troyanos. *Redacción sin dolor* parecía una imposibilidad, cuando cualquier escritor sabe que la página de mañana costará más esfuerzo que la anterior y que la única diferencia entre el escritor y alguien que no lo es consiste en que al primero le cuesta más trabajo escribir. Sin embargo, con la tenacidad y el entusiasmo que lo caracterizaron, el maestro Cohen logró hacer un libro donde las dificultades del idioma encontraron un cauce amable. Por eso fue un gran maestro de redacción en la Universidad Autónoma Metropolitana, donde jamás abandonó la cátedra, que con él logró cimas mayores.

El corazón de la gramática es un manual de supervivencia, un salvavidas para mejor enfrentar el mar proceloso del idioma. Con humildad y sabiduría, Yliana Cohen hace en la introducción un repaso de las gramáticas existentes en el mundo hispánico, desde la *Gramática* de Antonio de Nebrija hasta las últimas aportaciones de la Real Academia Española, con la cual dialoga nuestra Academia Mexicana de la Lengua, pero de la que nunca es tributaria.

La lectora y el lector que utilicen este libro entenderán el mensaje de la autora. *Divertirse* es una palabra que está desde la presentación de la aventura inigualable que es entrar en «las sorpresas del lenguaje, ese océano sin fin totalmente creado por el hombre», como subraya el poeta Fayad Jamis, que a pesar de su nombre extranjero era orgullosamente mexicano. Orgullosamente mexicano era también Sandro Cohen, cuya herencia inagotable corre por las venas de su hija Yliana, que ahora continúa la noble tarea de difundir y enseñar los usos del idioma que nos hermana.

Prólogo
Guillermo Vega Zaragoza

El advenimiento de la tecnología digital, con internet como principal medio de comunicación global, contradijo la profecía de Marshall McLuhan en el sentido de que lo escrito perdería predominancia a manos de lo audiovisual. Muy al contrario, la explosión de las redes sociales le dio un nuevo auge a la comunicación escrita y, en pleno siglo XXI, nos ha confrontado con una triste realidad: la debacle del sistema educativo a escala global, pero especialmente en México y, en general, en el mundo de habla hispana.

Millones de personas intercambian diariamente miles de millones de mensajes escritos, así como imágenes y videos, a través de redes sociales. Esos mensajes escritos muchas veces están combinados con los llamados *emojis*: dibujitos sucedáneos de las emociones o estados de ánimo, que a veces nos hacen pensar que regresamos a los jeroglíficos egipcios. No obstante, muchas veces lo que nos encontramos son verdaderos galimatías, en los que no se observan las mínimas reglas de puntuación, acentuación y ortografía, por lo que parece que, más que ayudar a la comunicación humana, las redes digitales provocan más confusión y malentendidos.

La correcta comunicación escrita es producto del buen funcionamiento mental. Se escribe bien porque se piensa bien. Lamentablemente, el sistema educativo ha claudicado en su función primordial de educar para que los estudiantes se conviertan en personas pensantes, responsables, críticas y creativas. Los planteles de educación básica se han convertido en guarderías masivas de niños y adolescentes, así como las universidades ya ni siquiera preparan al «ejército industrial de reserva», como lo llamó Karl Marx, porque el triste destino de buena parte de los egresados universitarios es el subempleo o el desempleo abierto, y con dificultad podrán ejercer aquella profesión para la que estudiaron tantos años.

En la economía digital del siglo xxi los gobiernos y las empresas han transformado a los individuos en simples consumidores, pero han llegado más allá: los han convertido en los propios productos a vender. La información generada por los hábitos de compra y de interacción social es la mercancía que las compañías digitales venden a las empresas productoras de bienes y servicios, para que estas, a su vez, las ofrezcan a esos mismos consumidores.

Paradójicamente, el advenimiento de la economía digital está creando nuevos empleos, al tiempo que ha vuelto obsoletos otros tantos. Sin embargo, a pesar del predominio de lo audiovisual, el lenguaje escrito sigue siendo determinante, porque antes de crear un video, una animación, una imagen, un anuncio o un meme, primero hay que escribirlo y, para que sea eficaz, debe estar bien escrito.

Por todo ello, es oportuna la aparición de un libro como *El corazón de la gramática* de Yliana Cohen, ya que representa una herramienta fundamental no solo para aquel que tenga como instrumento de trabajo el lenguaje escrito sino también para quienes se desenvuelven en el ámbito audiovisual y, en general, para cualquier persona que quiera comunicarse correctamente a través de la palabra escrita.

Este libro no es obra de una académica que, desde la comodidad de su cubículo, se ha dedicado a pontificar sobre la manera correcta de escribir. Todo lo contrario: es fruto de años y años de trabajo de alguien que se la ha jugado en la línea de fuego de la docencia y la escritura. A través de los cursos impartidos por la autora, al lado de su padre, Sandro Cohen —creador del libro *Redacción sin dolor*, el manual de redacción más efectivo y asequible publicado en México—, y de su propia experiencia docente en universidades y centros educativos, la maestra Yliana Cohen ha escrito una obra única que sobresale por encima de las de su tipo por dos características fundamentales: su rigor y su accesibilidad.

Decíamos arriba que la correcta comunicación escrita es producto del buen funcionamiento mental, que se escribe bien porque se piensa bien. Y la gran mayoría de las veces lo correcto resulta ser lo más sencillo, que no lo más simple. Por ello, la maestra Cohen decidió organizar su «corazón» de tal forma que le dedica un capítulo a cada categoría gramatical (sustantivo, artículo, adjetivo, pronombre, preposición, verbo, adverbio, conjunción e interjección).

Pero no solo eso: cada capítulo responde a en qué consiste dicha categoría gramatical, qué propiedades tiene, cómo funciona, cómo no debe usarse y cómo se relaciona con otra clase de palabras. Así, el libro se convierte en una guía perfecta para saber cómo está conformada la gramática de nuestro idioma, las reglas, las relaciones, las funciones que nos permiten ordenar nuestro pensamiento de manera correcta y comunicarnos eficazmente.

El armamento didáctico del libro se complementa con cuadros sinópticos, ejercicios, glosario y una muy completa y agradecible bibliografía, si es que el lector requiriera ampliar alguno de los temas tratados.

En la bienvenida de este libro, la autora convoca al lector: «¡A divertirse!». Entusiasma que la maestra Cohen conciba el lenguaje como lo que es: un juego que es y debe ser divertido, y que, por su misma naturaleza, sus participantes deben observar ciertas reglas, para que todos lo disfruten mejor.

Los juegos son cosa seria y no pueden ser tomados a la ligera. Basta con observar a los niños cuando juegan en el patio y uno de ellos no cumple con las reglas establecidas. De inmediato es reconvenido por los demás a que las respete. ¿Por qué el juego del lenguaje tendría que ser diferente? La observancia de las reglas no le quita diversión. Al contrario: la potencia porque al conocer y dominar las reglas somos capaces de hacer combinaciones infinitas e insospechadas, y también, con el tiempo, podremos ampliar el alcance de la propia lengua, como tal es el trabajo de los poetas y los narradores.

Las lenguas son organismos vivos, en tanto están conformados por sus hablantes. Son ellos los que las mantienen en movimiento y, por lo mismo, es inevitable que cambien, se modifiquen, se desarrollen, se transformen y, después de mucho tiempo, mueran o se transformen en otra cosa. Es la ley de la vida.

Pero el español es una de las lenguas más vibrantes del mundo, la cuarta más grande por el número de hablantes, después del chino, el inglés y el hindi. Miles de nuevas palabras se incorporan a su cauce, producto de la veloz e imparable vida moderna.

En esta gramática está el corazón de la lengua española. Quedan invitados a aprender y dominar sus latidos.

Bienvenida

El estudio de la lengua materna puede ser tan fascinante y complejo como zambullirse en un idioma extranjero. Pero cuando tenemos a nuestro alcance la información que necesitamos en el momento en que la requerimos es —además— muy gratificante.

Por mucho que nos guste un idioma, incluido el propio, cuando nos imbuimos en él, en su estructura (su *gramática*), invariablemente encontramos una serie de términos con los que quizá no estemos tan familiarizados como pensábamos, pues los aprendimos de memoria durante la educación primaria, y mal que bien los repasamos en la escuela secundaria, pero en realidad nunca nos detuvimos a razonar si de verdad comprendíamos cómo funcionaban las palabras y frases que esos términos representaban ni cómo se relacionaban entre sí.

Ahora que has tomado la decisión de conocer, comprender y analizar la lengua castellana, este breve material —valioso por su sencillez y claridad— te ayudará a cada paso en esta nueva aventura. No se trata de una gramática como tal sino de un trabajo que pretende introducir al lector (estudiante, muy probablemente de secundaria, preparatoria, universidad y autodidacta) en ella de la manera más amable posible.

¿Por qué se tituló este libro *El corazón de la gramática*? Porque mostrará con claridad cómo funciona, cómo *late*, aquello que da vida a nuestro idioma: las **categorías gramaticales**. Huelga decir que, dependiendo de la gramática consultada, tendremos de seis a nueve; es decir, de seis a nueve **clases de palabras**. Imaginemos que cada palabra, como cada prenda de vestir, tiene su propio cajón donde guardarse. Los pantalones no van en el mismo lugar de los vestidos, ¿cierto? De igual manera, no acomodamos en el mismo «cajón» a los sustantivos y a las conjunciones, por ejemplo. Pero así como combinamos pantalones con camisas o blusas, combinamos también sustantivos con verbos, adjetivos o artículos...

Así, pues, aquí se emplean nueve categorías gramaticales, y todas las palabras que existen caben en alguno de estos nueve cajones según su naturaleza o según como estén siendo empleadas en cada caso. Por ejemplo, la palabra *todo* puede emplearse como sustantivo, como adjetivo, como adverbio o como pronombre. ¡Sí: cabe en estos cuatro cajones! Dónde lo pongamos dependerá de cómo esté empleándose en cada caso particular. Así, en «El todo es más importante que las partes», *todo* es sustantivo; en «Todos me caen muy bien», *Todos* es pronombre y funge como el sujeto del verbo *caen*. En «Mauricio llegó a la fiesta, y fue *todo* risas», es adverbio, y en «Puso atención a *todo* lo que había en el museo» funciona como adjetivo. Hay algunas palabras, como *todo*, pues, que caben en varios cajones, y otras que solo pueden ocupar uno.

En este libro, cada una de las categorías gramaticales es —en sí— un capítulo:

1. Sustantivo
2. Adjetivo
3. Artículo
4. Pronombre
5. Preposición
6. Verbo
7. Adverbio
8. Conjunción
9. Interjección

Y cada capítulo contiene cinco preguntas a las que se les da respuesta: 1) ¿qué es?, 2) ¿qué propiedades tiene?, 3) ¿cómo funciona?, 4) ¿cómo no debe usarse? y 5) ¿cómo se relaciona con otra clase de palabras? En esta última hay un pequeño esquema en el que se ve claramente cómo un tipo de palabras interactúa con otras. El único capítulo que no tiene cinco preguntas sino seis es el dedicado al verbo, y la pregunta extra es *¿qué* no *es?*

Luego de estas preguntas (con sus respuestas) está una sección donde aparecen las clasificaciones más importantes de cada tipo de palabra, con ejemplos, a manera de glosario interno de cada capítulo. Dentro de los primeros apartados se incluyen —en los casos necesarios— cuadros sinópticos que te permitirán tener un mapa mental de las clases y subclases de palabras que conforman la categoría que esté analizándose. Además de lo anterior, cada capítulo tiene una sección de ejercicios prácticos que te ayudarán a verificar y reafirmar el conocimiento.

Antes de continuar con la manera como está conformado este trabajo, es necesario comentar que muchas veces los ejemplos aparecerán entrecomillados y con mayúscula inicial aun después de coma. Esto se hizo solo para que sea muy claro que se trata de ejemplos independientes, no de una serie o de oraciones parentéticas. Además de lo anterior, hay que resaltar que aunque se recomiende estudiar en orden este libro, habrá quien solo lo use como texto de consulta, y eso estará bien también. Por ello, algunos temas que conciernen a más de una categoría gramatical aparecen en todos aquellos capítulos involucrados. De esa manera, si quiero saber —por ejemplo— qué pasa con el artículo antes del sustantivo femenino que se inicia con vocal *a* tónica, puedo revisarlo tanto en el capítulo 1 como en el 2 y en el 3, pues este fenómeno tiene que ver tanto con el sustantivo como con el adjetivo y con el artículo mismo.

Hacia el final del libro también encontrarás un glosario de términos gramaticales que ayuda a comprender mejor cada categoría. Las entradas de este glosario están en orden alfabético, pero no se agotaron las acepciones de las voces que allí aparecen, sino que solo se exponen las del ámbito gramatical necesarias para la recta comprensión del objeto de estudio de este libro.

Dentro de las definiciones, en letra negrita aparecen los términos relevantes para comprender mejor el significado de la entrada que está estudiándose. Que tengan este resalte indica que el término está también incluido en el glosario y puedes ir a revisarlo para aclarar dudas o para tener un panorama más amplio del concepto que estás investigando.

Los ejemplos de esta sección irán subrayados con línea sencilla o doble, entrecomillados o con letra cursiva, según convenga —y se especifique— en cada caso.

Luego del glosario se halla el cuadernillo de respuestas de los ejercicios de cada capítulo. Este permitirá que quien estudie por su cuenta pueda confirmar o descartar sus propios resultados.

Se aconseja vehementemente al estudiante que consulte el *Diccionario de la lengua española* en línea (dle.rae.es) tantas veces como sea necesario para conocer las acepciones de las voces desconocidas o no comprendidas en su totalidad o según el contexto en que aparecen. También, que consulte el *Diccionario panhispánico de dudas* en línea (rae.es) siempre que lo requiera. Además, pueden consultarse diccionarios de sinónimos, antónimos e ideas afines, diccionarios especializados en el tema o área que esté estudiándose, etcétera. Lo importante es rodearse de los aperos necesarios a la hora de leer, estudiar o escribir cualquier texto. Al final de este libro se presenta una bibliografía de consulta que resulta muy útil.

¡A divertirse!

Notas preliminares

La gramática, en general, es el estudio de la estructura de las lenguas. Cada idioma tiene su propia gramática, su manera particular de reunir y ordenar las palabras para formar oraciones con sentido, que puedan comunicar emociones, acciones, circunstancias, situaciones sencillas, pensamientos sumamente complejos y todo aquello de lo que se compone la vida y la experiencia humanas.

Hay diferentes tipos de gramáticas y formas de estudiar la estructura de una lengua. La normativa (o prescriptiva), por ejemplo, nos aconseja utilizar ciertas formas consideradas cultas, y nos desaconseja usar otras consideradas vulgares; la descriptiva, por el contrario, solo pretende decirnos cómo se usan y ordenan los elementos de una lengua en una comunidad determinada. Este breve estudio desea presentar de manera tanto normativa como descriptiva (pero general) el castellano de la vida diaria. Con «de manera normativa» se hace referencia a que sí busca seguir la norma culta en la medida de lo posible; sin embargo, le interesa más acercarse a un «español estándar» que —aunque no puede existir al ciento por ciento como tal, pues cada país y cada región de cada país habla y escribe su propio dialecto del castellano— es el que permite que los hablantes de esta lengua puedan entenderse en cualquier parte del mundo con otros hispanohablantes.

Es pertinente comentar también —por un lado— que en este trabajo se emplean «español» y «castellano» como sinónimos, de igual forma que «lengua castellana» y «lengua española», a la manera como hacemos en América, aunque somos conscientes de lo ríspido que puede ser este tema en España, donde además del castellano se hablan otras lenguas españolas, como el catalán, el vasco, el gallego, etcétera.

Cabe mencionar aquí la relación que tiene este libro con el ya clásico *Redacción sin dolor* (Sandro Cohen, 6.ª ed., Planeta, México, 2014), al cual se hace referencia constantemente y el cual te invito a conocer. De hecho, este libro está pensado como una especie de *precuela* de aquel, pues consideramos que si se tiene bien claro qué son las categorías gramaticales, cómo funcionan y cómo se relacionan entre ellas, el resto de lo concerniente a la gramática en la escritura esmerada será mucho más sencillo de comprender.

Por otro lado, se recomienda tener a la mano también dos o tres gramáticas, de ser posible. Se sugieren, para los principiantes, las de Manuel Seco, Álex Grijelmo y la *Gramática y ortografía básicas de la lengua española* (RAE y Asale, 2019) por su sencillez y claridad.

Un poco de historia
de la gramática castellana

Fue Panini el primer estudioso acreditado que reunió sus conocimientos sobre la estructura de un idioma, el sánscrito, en la India antigua en el siglo IV antes de Cristo. Después de él, se reconoce a los griegos antiguos como los fundadores de la gramática (*grammatiké*), y fue Dionisio de Tracia quien formuló muchos de los tecnicismos que empleamos en las gramáticas actuales de las lenguas occidentales. De estas, la que nos atañe es románica, derivada de la mezcla del latín vulgar y las lenguas originales del área de Castilla, en España. Y no fue sino hasta 1492 cuando se publicó la primera *Gramática castellana*, de Antonio de Nebrija, en Salamanca, España. Nebrija también escribió un diccionario latín-español y otro español-latín, además de la primera obra sobre ortografía castellana, *Reglas de ortografía española*, en 1517 (y muchos otros textos importantes). Luego de esta primera *Gramática castellana* hubo varias más a lo largo de los años y de distintos autores: las hay de 1535, 1552, 1558, 1630...

No fue sino hasta 1713 cuando se fundó la Real Academia Española en Madrid. Su propósito era —y sigue siendo— estudiar y difundir el buen uso de la lengua castellana para que todos los hispanohablantes podamos seguir comprendiéndonos, estemos donde estemos; su lema es «Limpia, fija y da esplendor».

Ahora, la primera vez que se le dio importancia al español americano fue cuando en 1847 Andrés Bello, venezolano, publicó en Chile su *Gramática de la lengua castellana destinada al uso de los americanos*. Actualmente existe la Asociación de Academias de la Lengua Española (Asale), fundada en 1951 en México por las 23 Academias de la Lengua existentes en el mundo, y su lema es «Una estirpe, una lengua y un destino». El trabajo de los académicos de los

23 países que la conforman ha permitido que vocablos y expresiones antes considerados meramente regionales (de fuera de España), pero usados de manera frecuente por autores hispanos reconocidos, sean aceptados en el *Diccionario de la lengua española*, por ejemplo, y que no solo se tomen en cuenta los empleados en la península ibérica.

La primera *Gramática de la lengua castellana* de la Real Academia Española se publicó en 1771, y desde entonces ha tenido más de 40 ediciones, además de versiones para uso escolar. La última edición, de 2009 y 2011 (*Nueva gramática de la lengua española*, Espasa) consta de dos partes (morfología y sintaxis —en dos tomos— y fonética y fonología —en uno—). También tiene dos versiones abreviadas: *Nueva gramática de la lengua española. Manual*, de 2010, y *Gramática básica de la lengua española*, de 2011.

La última edición de la *Gramática de la lengua castellana* de la Academia había sido de 1931. Luego de esta vino la citada *Nueva gramática*... Pero también ha habido otras gramáticas importantes entre 1931 y 2009; por ejemplo: *Gramática descriptiva de la lengua española* (1999, Espasa), *Gramática esencial del español: introducción al estudio de la lengua* (1972), *Manual de gramática española* (1973) y *Gramática esencial del español I, II y III* (2002), de Manuel Seco (quien tiene muchos otros títulos en su haber); *Gramática estructural: según la escuela de Copenhague y con especial atención a la lengua española* (1951, 1984, 1990), Gredos, y *Gramática de la lengua española* (1994, 1999, 2005, 2006), Espasa-Calpe, ambos de Emilio Alarcos Llorach. Más alejado de la Academia, pero no por ello menos importante, está la *Gramática descomplicada* de Alex Grijelmo (Taurus, 2006). Recomiendo mucho al recientemente iniciado en el estudio de la gramática esta última obra, así como las de Manuel Seco, por su sencillez y claridad en la exposición de la materia. Grijelmo tiene también otros títulos muy dignos de leerse y muy divertidos, relacionados con el lenguaje y la comunicación. Por último, en 2019, de reciente aparición en España (aún no llega a América), la RAE y la Asale publicaron en Editorial Planeta la *Gramática y ortografía básicas de la lengua española*. Esperemos tenerla pronto en nuestro continente.

Capítulo 1

Sustantivo

§1.1 ¿Qué es el sustantivo?

Los **sustantivos** son los *nombres* de todo lo que existe, entre otros:

a. personas, continentes, países, ciudades, departamentos, provincias, estados, pueblos, comunidades, ríos, lagos, mares, océanos, montañas...: *Sandra, Paulo, Asia, Uruguay, La Paz, Catemaco, Morelos, Cartagena de Indias, Pánuco, Baikal, Atlántico, Everest...*

b. animales: *elefante, gato, rinoceronte, araña...*

c. objetos y seres animados: *cojín, almacén, lavadora...; flor, pasto, árbol...*

d. conceptos abstractos: *belleza, tranquilidad, paciencia...*

e. emociones: *enojo, felicidad, temor...*

f. instituciones: *gobierno, secretaría, instituto, universidad...*

g. comercios: *tienda, papelería, carpintería...*

h. títulos y cargos: *licenciado, presidente, cónsul, príncipe, condesa...*

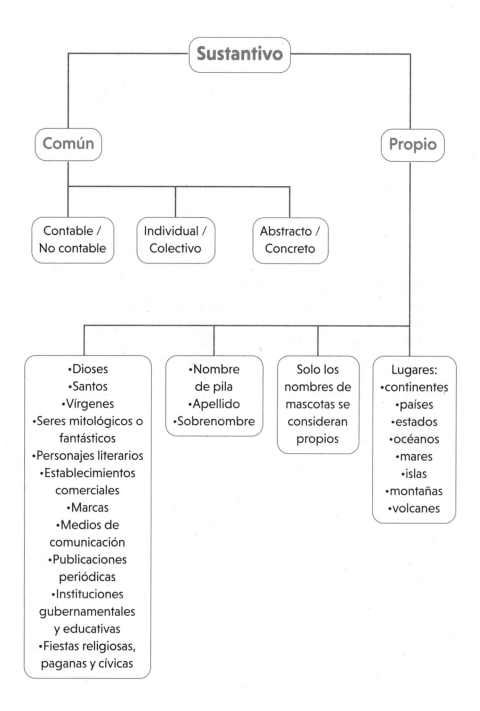

Debido a que los sustantivos son *nombres*, todo aquello que se deriva de la palabra *nombre* hace referencia al sustantivo. Por ejemplo, la lista *nominal* es la lista de **nombres** de los votantes en México; la *nómina* en una empresa o institución es la lista de **nombres** de los empleados que reciben ahí un suel-do; *nomenclatura* es el conjunto de **nombres** técnicos de que se compone una disciplina o área técnica.

Como puede verse arriba, son palabras, pero también hay **frases**, **locucio-nes** y **oraciones** con valor sustantivo.

§1.1.1 Frases con valor sustantivo

Las peras verdes, el capataz del rancho, unos pañales desechables biodegrada-bles son **frases sustantivas** porque —a pesar de constar de varias palabras— funcionan como una sola: *peras, capataz, pañales*. Todas las que están alre-dedor definen cuáles peras, qué capataz y a qué pañales nos referimos, pero juntas —como un todo, como una frase— siguen teniendo valor de sustantivo.

Hay otro tipo de frases que se llaman **sustantivadas**. Estas también son equivalentes de un sustantivo; tanto es así que pueden ser el núcleo del sujeto de una oración. Se forman anteponiendo *lo* a un adjetivo: *lo bueno, lo malo, lo apacible, lo adorable...* Estas frases sustantiv<u>adas</u> pueden estar dentro de frases sustantivas: **lo bueno** *de la clase*, **lo malo** *de haber ido a la fiesta*, **lo apacible** *de esta tarde*, **lo adorable** *de los bebés...* La diferencia entre las frases sustantivas y las sustantivadas es que las primeras lo son por naturaleza, mientras que las segundas, como la terminación de su nombre lo indica (*-adas*) se vuelven sustantivas porque no lo eran en principio.

§1.1.2 Locución sustantiva

Son locuciones sustantivas aquellas frases (es decir, conjunto de dos o más pala-bras) fijas, inamovibles, que tienen significado único, cuyas palabras agrupadas funcionan todas como si fueran una sola (aunque se escriben por separado) y fungen como sustantivo (nombre). Algunos ejemplos son los siguientes: *pan comido, llave inglesa, cara o cruz, hombre rana, talón de Aquiles, dimes y diretes, sentido común, toma y daca, fin de semana, boca de lobo, palabra clave, manga ancha, chivo expiatorio...*

§1.1.3 Oración sustantiva

Con *quien llegó temprano*, *los que no fueron a clases*, *cuanto gustes hacer* sucede lo mismo que con las frases con valor sustantivo:

Quien llegó temprano = **Juan** (**Juan** pasará el examen; *quien llegó temprano* pasará el examen)

Los que no fueron a clases = **estudiantes** (**Estudiantes** declararon el paro en la universidad esta mañana; *Los que no fueron a clases* declararon el paro en la universidad esta mañana)

Cuanto gustes hacer = **todo** (**Todo** me da igual; *Cuanto gustes hacer* me da igual).

Lo que está en letra cursiva en los ejemplos anteriores son oraciones porque tienen verbo conjugado: *llegó*, *fueron*, *gustes*. Son equivalentes de sustantivos (en letra negrita) porque funcionan como ellos: **Juan, estudiantes, todo**. Estas oraciones, sin embargo, parecen simples frases porque —a pesar de tener verbo conjugado— no se entienden por sí mismas debido a que están subordinadas a otro verbo (uno independiente): pasará, declararon, da. Debido a lo anterior, a estas oraciones las llamamos «oraciones subordinadas sustantivas». Lo importante aquí es reconocer que el concepto de *sustantivo* es en realidad mucho más amplio de lo que pensamos comúnmente. Es decir: lo sustantivo puede ser una palabra, una frase o —incluso— una oración subordinada. ¡Pero las tres pueden funcionar como un simple nombre!

§1.2 ¿Qué propiedades tiene el sustantivo?

Los sustantivos tienen **género**. Esto significa que pueden ser femeninos o masculinos (no hay sustantivos neutros en castellano): *silla*, *sillón*. Algunos sustantivos son epicenos; estos designan gramaticalmente a seres vivos como masculinos o femeninos, sin importar el sexo que tengan. Una «persona», por ejemplo, puede ser hombre o mujer, pero la palabra *persona* siempre será femenina. La palabra *rinoceronte*, por otro lado, siempre será masculina: *los rinocerontes recién llegados*. La palabra *lechuza* siempre será femenina. Con los epicenos se puede aclarar el sexo diciendo, por ejemplo, *el rinoceronte hembra* o *la lechuza macho*. También tienen **número** (singular y plural): una *silla*, dos *sillones*.

§1.3 ¿Cómo funciona el sustantivo?

Los sustantivos siempre concordarán en género y número con los artículos: *el* pozo, un*as* camiset*as*, *los* clavos, un*a* armadur*a*, l*as* person*as*.

Con los adjetivos, los sustantivos concordarán tanto en género como en número la mayoría de las veces: rop*a* suci*a*, ventilad*or* descompuest*o*, notici*as* fals*as*, amig*os* fantástic*os*.

Pero no siempre es así, como sucede con los adjetivos numerales, con los cuales, la mayoría de las veces, solo pueden concordar en número, pues pocos de ellos tienen género: *un* maletín, *cuatro* serpientes, *doce* galletas. Algunos sí lo tienen: un*a* botell*a*, la primer*a* vez, la decimocuart*a* acepción, las tercer*as* cit*as*.

Otro uso muy importante del sustantivo es el de **atributo**.[1] Es decir, que puede estar en lugar del complemento directo en las oraciones que se forman con **verbos copulativos** (*ser*, *estar*, *parecer...*), llamadas *oraciones copulativas nominales*: «Camila Lecuona es mi prima», «Sus ojos claros parecen un cielo azul», «las mariposas son insectos».

En los tres ejemplos anteriores, podríamos pensar (atinadamente) que «Camila Lecuona», «Sus ojos claros» y «las mariposas» son los sujetos de los verbos *es*, *parecen* y *son*. Siendo así, «mi prima», «un cielo azul» e «insectos» son los atributos nominales de esos sujetos. Sin embargo, si pensáramos que «mi prima», «un cielo azul» e «insectos» son el sujeto, ¡también estaríamos en lo correcto! Y si creyéramos esto último, las primeras frases sustantivas («Camila Lecuona», «Sus ojos claros» y «las mariposas») serían los atributos nominales.

Lo anterior es posible debido a que en estos casos los atributos (que, en general, son adjetivos calificativos, pero que también pueden ser frases preposicionales o adverbios) son sustantivos. Cuando en las oraciones copulativas el atributo es adjetivo, preposicional o adverbial, no podemos elegir el sujeto, pues este siempre será el sustantivo, frase u oración sustantiva.

Otros ejemplos del uso del sustantivo como atributo del sujeto:

Mi hermana es **actriz**.
Tu padre es **ateo**.

---

1 En el glosario de este libro están las definiciones de los términos «oración», «oración subordinada», «oración copulativa», «atributo», entre otros. Si se desea profundizar un poco más respecto de este tema, el estudiante puede revisar el capítulo 4 de la 6.ª edición de *Redacción sin dolor* (Sandro Cohen, Planeta, México, 2014) o los capítulos 37 y 38 de la *Nueva gramática de la lengua española*. *Manual* (RAE, Asale, Espasa Libros, Planeta, México, 2010).

Ese señor parece **ratón**.

Como puede observarse, en los casos anteriores podemos elegir cuál de los elementos sustantivos es el sujeto, y cuál, el atributo. Así funcionan las oraciones copulativas nominales.

Sin embargo, hay que recordar que cuando un elemento es sustantivo y el otro es adjetivo, preposicional o adverbial, estos últimos siempre serán los atributos (en negritas solo están resaltados los elementos sustantivos):

	ATRIBUTO:
Su sobrina era **pediatra**.	**Su sobrina** o **pediatra**
	(sustantivos)
Tu marido es alto.	alto (adjetivo)
Las niñas parecíamos de Indonesia.	de Indonesia
	(frase preposicional)
Tu amigo está aquí.	aquí (adverbio)
Mi madre estaba enamorada.	enamorada (adjetivo)
El niño parece tranquilo.	tranquilo (adjetivo)

Las frases y oraciones sustantivas también pueden ser sustituidas por **pronombres**, como si fueran simples sustantivos, y pueden aparecer en cualquier parte de la oración en que puede estar cualquier sustantivo. Pueden fungir como **sujeto, complemento directo** o **complemento indirecto**, o pueden estar dentro de un **complemento preposicional** o de uno **circunstancial**. También pueden ser **atributo** en oraciones copulativas nominales.

Ejemplos:

las peras verdes, el capataz del rancho, unos pañales desechables biodegradables; quien llegó temprano, los que no fueron a clases, cuanto gustes hacer.

Sujeto: **Las peras verdes** cayeron del árbol.

Dentro del complemento proposicional: El caballo d**el capataz del rancho** escapó.

Complemento directo: Conseguí **unos pañales desechables biodegradables** en el súper.

Complemento indirecto: Dale la noticia **a quien llegó temprano**.

Dentro del complemento circunstancial: Nuestras calificaciones no pueden estar debajo de las de **los que no fueron a clases**.

Como atributo: **Cuanto gustes hacer** será un despropósito a estas alturas.

Sin embargo, los sustantivos, a diferencia de la inmensa mayoría de los **pronombres**, siempre admiten artículos que los modifiquen. En el habla popular se aceptan incluso precediendo a nombres propios (aunque esto se considera peyorativo, y la norma culta lo rechaza): *la* Lucía, *el* Pedro... Y hay otros nombres propios que lo requieren en ciertas situaciones, como cuando se agrega un adjetivo que delimite al sustantivo de manera especial: *la* España franquista, *el* México que todos queremos... También se usa mucho con los nombres propios de los equipos deportivos: *el* Real Madrid, *el* River, *los* Dodgers, *los* Acereros...

En cambio, en general, si los anteponemos al pronombre, este dejará de serlo y se volverá un concepto en sí mismo, un *sustantivo*, por ejemplo: el *yo*, el *cuatro* que te puso...

Para terminar, a veces los sustantivos mismos funcionan como adjetivos de otros sustantivos. Esto sucede, por ejemplo, con nuestros nombres. Así, en «Vi a *Juana Edelmira Santos Cuevas* ayer» el primer nombre, Juana, funciona como sustantivo principal del complemento directo, y los demás (el segundo nombre y los apellidos) tienen función adjetiva porque especifican a qué Juana vi ayer: «Vi a Juana Edelmira Santos Cuevas». Pero a pesar de que su función sea adjetiva, el segundo nombre y los apellidos siguen siendo sustantivos, nombres propios, y por ello deben escribirse con inicial mayúscula.

Funciona igual con algunos nombres propios de lugares: *Playa Girón, Hotel Paraíso, Casa Refugio*: una playa en Cuba, un hotel en cualquier parte y un restaurante en la Ciudad de México. En estos casos, las palabras *playa* y *hotel* —que normalmente son sustantivos comunes— forman parte de los nombres propios de los lugares, y por eso deben llevar la inicial mayúscula.

Otra manera como los sustantivos pueden fungir como adjetivos es cuando un nombre común especifica a otro nombre común: *hombres rana, palabras clave, traje sastre*...

§1.4 ¿Cómo *no* debe usarse el sustantivo?

Es incorrecto que no concuerden los sustantivos con sus modificadores, sean artículos o adjetivos: ˣ*el* silla roto, ˣ*las* sillones roto, ˣ*un* escoba bueno...[2]

A pesar de lo que acaba de asegurarse, algunos sustantivos, aunque sean femeninos, llevarán artículo masculino (*el, un* y —por extensión— *algún* y *ningún*). Esto se debe a que se busca la **eufonía** (es decir, que suene bien). Sucede que cuando el sustantivo femenino empieza con *a* tónica (que suena fuerte),

---

2 Estos son errores comunes de quienes no tienen el castellano como lengua materna.

sería cacofónica (sonaría muy mal) la pronunciación del artículo femenino junto al sustantivo: ˣuna *águila*, ˣla *agua*, ˣla *arma*; ✓un águila, ✓el agua, ✓algún arma, ✓ningún arma.

Debido a lo anterior, a veces se piensa erróneamente que los adjetivos también deben ser masculinos en estos casos: ˣotro águila, ˣmucho agua, ˣmismo arma. Incluso si hay artículo antes de los adjetivos que modifican a estos sustantivos que empiezan con *a* tónica, ese artículo tendrá que ser femenino porque el adjetivo evitará la cacofonía: ˣel gran águila, ˣel fría *agua*, ˣel misma *arma*; ✓*la* gran águila, ✓*la* fría agua, ✓*la* misma arma.

Por último, como también se ve en el apartado §3.4, los artículos indeterminados *un* y *una* conservan su calidad de número: **un** *apóstol*, **una** *fruta*... Y, por esta razón, no deben usarse cuando el sustantivo al que modifican solo puede ser uno (es decir, cuando no pueden ser dos o más). Por ejemplo, habremos de escribir y decir ✓*Ella era ama de casa*, no ˣ*Ella era* **una** *ama de casa*. Esto también se aplica a los artículos indeterminados **unos** y **unas**: ✓*Ustedes son padres*, no ˣ*Ustedes son* **unos** *padres*. Otros ejemplos: ✓*Soy hinduista*, no ˣ*Soy una hinduista*; ✓*Éramos argentinos*, no ˣ*Éramos unos argentinos*...

Lo anterior se debe a que ella no puede ser dos amas de casa, ni yo, dos hinduistas: ella solo puede ser una ama de casa, y yo, solo una hinduista. De ahí que usar el artículo indefinido singular (*un, una*) sea incorrecto en estos casos. En el caso de los indeterminados plurales (*unos, unas*) el problema es que la expresión se siente incompleta: «Ustedes son unos padres...» ¿qué?

Sin embargo, cuando se agrega un adjetivo calificativo —o frase u oración subordinada adjetiva— sí podemos emplear estos artículos (*un, una, unos, unas*), aunque no es obligatorio, porque se entiende que está introduciéndose información nueva: ✓*Ella era* **una** *ama de casa inquieta*; ✓*Ustedes son* **unos** *padres amorosos y responsables*; ✓*Soy* **una** *hinduista que ha luchado mucho*; ✓*Éramos* **unos** *argentinos de buen corazón*.

§1.5 ¿Cómo se relaciona el sustantivo con otras palabras?

Como puede deducirse, los sustantivos están en contacto **directo** con artículos y adjetivos, pues estos los modifican. Por eso concuerdan con ellos en género y número, como se vio en el apartado §1.3.

$$La \rightarrow \textbf{casa} \leftarrow abandonada$$
$$\downarrow \qquad \searrow \qquad \downarrow$$
$$Artículo \ \textbf{sustantivo} \ adjetivo$$

También pueden ser sustituidos por pronombres (los demostrativos ya no llevan tilde):

Mariano →él: Él fue a comprar platos. (**Mariano** fue a comprar platos).
tu casa →tuya: Me queda claro que es **tuya**. (Me queda claro que es **tu casa**).
pescado →este: Cocinaré **este**. (Cocinaré **pescado**).
las niñas →ellas: **Ellas** hicieron solas la tarea. (**Las niñas** hicieron solas la tarea).
Lo que acabo de decir →ello: Por todo **ello**, he decidido que celebraremos. (Por todo **lo que acabo de decir**, he decidido que celebraremos).

§1.6 Clases de sustantivos

Como vimos en el cuadro sinóptico del apartado §1.1, los sustantivos se dividen en *comunes* y *propios*. Los **comunes** se subdividen en a) *contables* y *no contables*, b) *individuales* y *colectivos*, y c) *abstractos* y *concretos*. Los **propios** se subdividen en *antropónimos*, *zoónimos* (cuando se trata de los nombres propios de las mascotas), *topónimos* y otros nombres propios: de dioses, santos, vírgenes, seres mitológicos o fantásticos, personajes literarios, establecimientos comerciales, marcas, medios de comunicación, publicaciones periódicas, instituciones gubernamentales y educativas, fiestas religiosas, paganas y cívicas.

Por supuesto, hay otras clasificaciones, pero las anteriores son las más comunes e importantes. Sin embargo, además de ellas, al final de esta sección se añadirán los sustantivos comunes y ambiguos en cuanto al género, epicenos, de tratamiento o dignidad y de cargo, título, empleo o profesión, debido a las preguntas constantes de los estudiantes respecto de ellos. Aun cuando la clasificación de los sustantivos no se agota aquí, sí se han cubierto los más importantes.

§1.6.1 Sustantivos comunes

Estos comprenden a la inmensa mayoría de los nombres: animales, objetos, seres animados, emociones, cargos, grados académicos, conceptos abstractos...

§1.6.1.1 Sustantivos comunes contables

Son los que pueden contarse o enumerarse de manera precisa. Por esto mismo, se dejan modificar tanto por artículos definidos como indefinidos y por adjetivos numerales cardinales e indefinidos: *las calabazas, el roble, unos pesos, tres pollos, cien cajas, mil personas de la tercera edad, algunos alumnos, varios sospechosos del robo.*

Estos incluso pueden aparecer sin modificadores directos (artículos y adjetivos): «¡Qué *roble* sembré!», «Dame más *pesos*, por favor», «Creen que somos *sospechosos*».

§1.6.1.2 Sustantivos comunes no contables

Estos son cuantificables, medibles, pero *no* pueden enumerarse. Denotan masa o materia y conceptos abstractos apenas medibles con algunos adjetivos de cantidad indefinidos: *poca **agua**, mucha **gelatina**, harta **harina**, bastante **estupidez**, poco **aguante**, excesiva **tolerancia**...*

Dentro de los sustantivos comunes no contables también están los nombres (o sustantivos) colectivos, que se explican con detenimiento en el apartado §1.6.1.4: «El tiburón pasó entre el *cardumen*», «La *gente* se arremolinaba frente a la puerta del vagón», «El niño llevó la *recua* a pastar». Con estos ejemplos comprobamos que, aunque sabemos que el cardumen es un conjunto de peces, no sabemos exactamente cuántos peces contiene; lo mismo sucede con el colectivo *gente*, pues no sabemos con precisión de cuántas personas está compuesto ese grupo. Tampoco sabemos de cuántos animales de carga consta la recua que el niño llevó a pastar.

§1.6.1.3 Sustantivos comunes individuales

Estos son cada uno de las personas, seres animados u objetos contables... Pero hay que insistir en que son cada uno de ellos, individualmente, en contraste con los sustantivos comunes colectivos: «profesor» *versus* «profesorado»; «alumno» *versus* «alumnado»; «ciudadano» *versus* «ciudadanía»...

§1.6.1.4 Sustantivos comunes colectivos

Estos, a diferencia de los individuales, son nombres que —aunque siempre aparecen en singular— denotan a un conjunto de personas, animales, seres animados u objetos. Además de *cardumen, recua, gente, profesorado, alumnado* y *ciudadanía*, hay muchos sustantivos comunes colectivos, también llamados —sencillamente— «nombres colectivos»: *grupo, conjunto, sociedad, banda, pandilla, documentación, problemática, mobiliario, manada, rebaño, jauría, arboleda, tropa, ejército, familia, generación, obra*, etcétera.

Algunos sustantivos colectivos permiten la pluralización, pero si lo hacemos, debemos ser conscientes de que estaremos hablando de conjuntos de grupos: *dos rebaños, tres jaurías, suficientes arboledas, muchas sociedades, las tropas.*

En general, los nombres colectivos concuerdan con los adjetivos y artículos (que los modifican) y con los verbos a los que rigen en el singular, aunque aludan a un plural. Por supuesto, en varias regiones de habla hispana se pluralizan algunos nombres colectivos que la norma culta no recomienda pluralizar, e incluso se los hace concordar en plural con los verbos. Esto, si bien no es incorrecto, definitivamente —hay que insistir— no es recomendable en el habla ni en la escritura esmeradas.

Para ejemplificar lo anterior, están los siguientes enunciados. Con palomita se introduce cómo sí deben usarse, y con tache, cómo se recomienda que *no* se usen algunos nombres colectivos. Estos irán en letra cursiva; los errores, subrayados:

✓Esta *generación* presenta una *problemática* difícil de resolver; ×Esta *generación* presenta unas *problemáticas* difíciles de resolver.

✓La *familia* no quiere que nadie ajeno vaya al funeral; ×La *familia* no quieren que nadie ajeno vaya al funeral.

✓La *gente* sigue sin comprender la importancia de no salir de su casa durante la contingencia sanitaria; ˣLas *gentes* siguen sin comprender la importancia de no salir de sus casas durante la contingencia sanitaria.

§1.6.1.5 Sustantivos comunes abstractos

Se trata de aquellas cosas que no tienen forma física, que no vemos ni podemos tocar: acciones, emociones, sentimientos, cualidades, conceptos; todos, separados de los entes que las realizan o las tienen. Algunos ejemplos son los siguientes: *amor, ternura, felicidad, belleza, compasión, solidaridad, austeridad, confusión*...

§1.6.1.6 Sustantivos comunes concretos

Estos aluden a las personas, animales, objetos y seres animados que podemos ver porque existen físicamente: *hermano, gato, cajón, computadora, pasto*...

§1.6.2 Sustantivos propios (nombres propios)

Estos no tienen significado propio, pero sirven para individualizar, diferenciar, a las personas, deidades y otras figuras religiosas, personajes literarios, mitológicos y fantásticos, mascotas, lugares, marcas, establecimientos comerciales, instituciones públicas y privadas, instituciones educativas, instituciones gubernamentales, medios de comunicación, publicaciones periódicas, disciplinas que se estudian en las aulas...

Los hay de cuatro tipos básicamente: **antropónimos** (nombres de personas, deidades y otras figuras religiosas, personajes literarios, mitológicos y fantásticos), **zoónimos** (de animales, pero estos son comunes —*perro, gato, perico*...— a menos que se trate de sus nombres propios si son mascotas: *Propercio, Casiopea, Menta*), **topónimos** (nombres de lugares) y todos los demás, la mayoría de los cuales se menciona en el párrafo anterior.

Respecto de su ortografía, todos los nombres propios deben ir con mayúscula inicial en cada palabra principal que lo forma; es decir que solo irán en minúsculas los artículos, preposiciones y conjunciones: *Luis de Góngora y Argote, Garci Lasso de la Vega (Garcilaso de la Vega), Miguel de Cervantes Saavedra*...

§1.6.2.1 Antropónimos

Se trata de los **nombres de pila**, los **apellidos** y los **sobrenombres**. Como se mencionó en el apartado §1.6.2, nos individualizan, nos diferencian de otras personas, de otras familias. Los nombres de las deidades y otras figuras religiosas, de los personajes literarios, mitológicos y fantásticos también entran aquí.

§1.6.2.1.1 Nombres de pila

Hay infinidad de ellos: *María, José, Alicia, Luis, Beatriz, Guadalupe*... Los diminutivos o nombres de cariño, se llaman «hipocorísticos»: *Mari, Pepe, Licha, Güicho, Beti, Lupe* o *Lupita*...

Nombres de deidades (divinidades), otras figuras religiosas y personajes literarios, mitológicos y fantásticos: *Dios, Ganesh, Quetzalcóatl, Santa Teresa, Virgen del Socorro, Aureliano Buendía, Narciso, Aquiles, Pegaso*...

Cabe mencionar, como ya se dijo en el apartado §1.3, que los nombres de pila (ni los apellidos) no admiten, según la norma culta, artículos que los modifiquen: √José fue a la tienda; *El José fue a la tienda. Hacer esto se considera vulgar o peyorativo, dependiendo del caso. Se tomará como vulgar si simplemente se emplea el artículo por ignorancia; se entenderá peyorativamente si la persona a cuyo nombre anteponemos el artículo nos cae mal.

§1.6.2.1.2 Apellidos

También hay innumerables apellidos: *Acevedo, Patán, Burgos, Juárez, Menchaca*... En castellano tenemos muchos nombres «patronímicos»; es decir, apellidos que provienen de nombres de pila: *Rodríguez*, de *Rodrigo*; *González*, de *Gonzalo*; *López*, de *Lope*; *Sánchez*, de *Sancho*; *Benítez*, de *Benito*...

§1.6.2.1.3 Sobrenombres

Hay, básicamente, tres tipos: apodos o motes, seudónimos y alias. Los **apodos** o **motes** pueden ser nombres de cariño o peyorativos: *el Chicles, la Patas de Hilo, el Chino*... Estos sí aceptan naturalmente el artículo.

Otros sobrenombres son los **seudónimos** o **nombres artísticos**: *Cantinflas, Pablo Neruda, Lewis Carroll, Álvaro de Campos*... Y por último están los

alias. Estos son sobrenombres que pueden fungir como nombres profesionales o apodos no peyorativos de personas que cometen actos ilícitos: *el Chapo*, *el Mencho*, *la Barbie*...

Es necesario recalcar que los artículos que acompañan al sobrenombre deben escribirse con minúscula: *el Chicles*, *la Patas de Hilo*, *el Chino*...; *el Chapo*, *el Mencho*, *la Barbie*...

§1.6.2.2 Zoónimos

Como se especificó en el apartado §1.6.2, son nombres comunes (no propios) los zoónimos (sustantivos que aluden a los animales): perro, gato, perico, jirafa, elefantes, mono... Pero cuando se trata del nombre de nuestras mascotas, este zoónimo es propio y debe ir con la primera letra mayúscula: *Kafka*, *Andrómaca*, *Ajenjo*, *Fifí*, *Whisky*...

§1.6.2.3 Topónimos

Se llama así a los nombres de los lugares: continentes, países, estados, ciudades, provincias, departamentos, municipios, delegaciones, barrios o colonias, avenidas, calles, callejones, estaciones del transporte público...; océanos, mares, ríos, lagos; montañas, volcanes, cordilleras; archipiélagos, islas, cabos, istmos...

Algunos ejemplos: *América*, *México*, *Jalisco*, *Guadalajara*, *Gerona*, *Antioquia*, *Acámbaro*, *Magdalena Contreras*, *Brooklyn*, *Doctores*, *Insurgentes*, *Guayabos*, *Callejón del Beso*, *Balderas*, *Pacífico*, *golfo de México*, *Nilo*, *Titicaca*, *Kilimanjaro*, *Kilauea*, *Himalaya*, *Antillas Menores*, *Cuba*, *cabo de Buena Esperanza*, *istmo de Tehuantepec*.

§1.6.2.4 Otros sustantivos o nombres propios

Se trata de las marcas, establecimientos comerciales, instituciones públicas y privadas, instituciones educativas, instituciones gubernamentales, medios de comunicación, publicaciones periódicas, disciplinas que se estudian en las aulas...

Algunos ejemplos: *Apple*, *Microsoft*, *Audi*, *Massey*, *Sony*, *Abarrotes Lupita*, *El Palacio de Hierro*, *Sears*, *La Tijera*, *Administración Nacional de Navegación y*

Puertos, *Secretaría del Trabajo y Previsión Social*, *Consejo Nacional de Ciencia y Tecnología*, *Universidad Nacional Autónoma de México*, *Universidad Iberoamericana*, colegio *Montessori*, escuela primaria *Revolución*, *Televisa*, *Canal Once*, *Proceso*, revista *Quién*, El Sol de Morelos, *Matemáticas*, *Español*, *Ciencias Sociales*, *Física*...

Notas sobre la ortografía de algunos de estos nombres propios. Es importante recalcar que cuando el nombre propio de lugar (topónimo) va acompañado de la descripción del tipo de lugar o de institución, solo el nombre propio va con la primera letra mayúscula, a excepción de cuando la descripción forma parte del nombre propio.

Ejemplos de cuando la descripción es solo eso y debe ir en minúscula: *río Balsas*, *mar Báltico*, *colegio Montes de Oca*, *escuela primaria América Unida*...

Ejemplos de cuando la descripción forma parte del nombre y cada palabra importante debe ir con la primera letra en mayúscula: *Secretaría de Agricultura y Recursos Hidráulicos*, *El Colegio de México*, Revista de la Universidad...

Curiosamente, cuando la descripción está en lugar del topónimo, dicha descripción se convierte en el nombre propio y debe ir en mayúscula. Por supuesto, para que esto funcione, debe ser muy claro a qué lugar nos referimos exactamente: «Fuimos al *Golfo*» (por el golfo de México), «Vivimos en la *Península*» (por la península ibérica), «Subimos el *Volcán*» (por el volcán Popocatépetl).

Los nombres de las publicaciones periódicas (periódicos y revistas) deben ir en letra cursiva, además de llevar mayúscula inicial en la primera palabra y en cada vocablo importante: *Proceso*, *Quién*, *El Sol de Morelos*, *Revista de la Universidad*, *El Universal*, *La Jornada*... Arriba no se pusieron en letra cursiva *Proceso*, *Quién*, *El Sol de Morelos* ni *Revista de la Universidad* debido a que los otros ejemplos sí la llevan por ser citas de ejemplos (otro uso de las cursivas). Cuando se juntan dos usos de las cursivas (en este caso, cita y nombre propio de publicaciones periódicas), debe dejarse en letra redonda lo que ordinariamente iría en cursiva.

Ya se dijo en el apartado §1.6.2.1.3, que los artículos que suelen acompañar a los sobrenombres deben ir con minúscula, pues en realidad no forman parte del apodo o alias. Pero no se mencionó que cuando estos alias van entre el nombre de pila y el apellido de la persona, el alias va entre comas: *Joaquín, el Chapo, Guzmán*; *Rubén, el Mencho, Oseguera Cervantes*; Édgar, la Barbie, Valdez Villarreal. Los dos últimos no se han usado así en general, como sí sucede frecuentemente con el Chapo Guzmán. En los casos del Mencho y de la Barbie, suelen poner estos alias al final de su nombre, en cuyo caso solo se necesita una coma: *Rubén Oseguera Cervantes, el Mencho*; *Édgar Valdez Villarreal, la Barbie*.

También se dijo que la norma culta no acepta que los nombres de pila lleven artículo... Pero algunos nombres propios de países sí lo aceptan en general, mientras que otros solo aceptarán el artículo si también son modificados por un adjetivo.

Ejemplos de países que aceptan artículo:

La Argentina	(«Vivimos en la Argentina» o «Vivimos en Argentina»)
El Brasil	(«Acabamos de volver del Brasil» o «Acabamos de volver de Brasil»)
La India	(«Quiero visitar la India» o «Quiero visitar India»)

Ejemplos de países que aceptan artículo solamente si también son modificados por adjetivo:

La España de Franco	(«Quedan recuerdos dolorosos de la España de Franco»)
El México de mis recuerdos	(«Este era el México de mis recuerdos»)
El incipiente Israel	(«Así se formó el incipiente Israel»)

Por último, los nombres de las materias que se estudian en la escuela van con mayúscula siempre y cuando nos refiramos a ellas en el contexto escolar. Si simplemente se escribe sobre la disciplina naturalmente, se tratará de un sustantivo común y, por lo tanto, no llevará mayúscula inicial:

Contexto escolar	Uso natural
A las 10 tengo Matemáticas.	¡Me encantan las matemáticas!
Doy la clase de Redacción.	Mi redacción es muy mala.
Filosofía es mi materia predilecta.	Mi filosofía es muy sencilla...

§1.6.3 Otras clasificaciones de sustantivos

Los últimos sustantivos que vamos a ver aquí son los comunes y ambiguos en cuanto al género, epicenos, de tratamiento o dignidad y de cargo, título, empleo o profesión.

§1.6.3.1 Sustantivos comunes en cuanto al género

Son los sustantivos que no cambian de forma para denotar el sexo de aquello a que hace referencia. Para saber si lo referido es del sexo femenino o masculino, nos valemos de los artículos o adjetivos que lo modifican: (*el, la*) estudiante, (*el, la*) amante, (*el, la*) *guitarrista*; *artista incomprendido, bella cónyuge, conserje aplicada.*

§1.6.3.2 Sustantivos ambiguos en cuanto al género

Estos sustantivos pueden usarse tanto en femenino como en masculino: *el sartén / la sartén, el mar / la mar, el lente / la lente...*

§1.6.3.3 Sustantivos epicenos

Estos son los nombres que aluden a seres vivos o en femenino o en masculino solamente, sin que importe su sexo: *las personas, la víctima, la serpiente, la pantera, la palmera, el árbol, el águila, el jaguar...*

Si quisiéramos saber a qué sexo pertenecen, habría que especificarlo: *la serpiente hembra, la pantera macho, la palmera hembra, el árbol macho, el águila hembra, el jaguar macho.*

En el caso del sustantivo *personas*, si su sexo es importante, habría que decirlo directamente, sin emplear el epiceno: «Ese grupo de <u>hombres y mujeres</u>...» en lugar de «Esas *personas*». En el del nombre *víctima*, si es necesario, habría que especificar su sexo: «Ese <u>hombre</u> fue *víctima* de sus deseos» o «Esa <u>mujer</u>, *víctima* de su marido...».

Si el sexo de las personas o de la víctima no es importante, se sobreentiende o ya se estableció por contexto, no hay por qué especificarlo o repetirlo: «Al concierto fueron menos *personas* de las deseables», «La *víctima* dejó bien claro cómo sucedió el ataque».

§1.6.3.4 Sustantivos de tratamiento o dignidad

Son los que se usan para denotar dignidad a las personas: _don_ Marcos, _doña_ Paula, _señora_ Helena, _señor_ Saúl, _rey_ Arturo, _reina_ Sofía, _duquesa_ de Alba, _papa_ Francisco, _sor_ Juana, _presidente_ Juárez...

A estos sustantivos comunes también se los conoce como _antenombres_, y siempre van con minúscula inicial.

§1.6.3.5 Sustantivos de cargo, título, empleo o profesión

Son sustantivos comunes con los que aludimos a los cargos, títulos, empleos o profesiones. Estos siempre van con minúscula inicial: _licenciada, maestro, doctor, directora, gerente, presidente, secretaria, médica, arquitecta, ingeniera, (el, la) soldado, (el, la) teniente, (el, la) general..._

Es importante recalcar que hay algunas profesiones que no tienen signo femenino y masculino, como tradicionalmente sucede con «presidente» (y todos los sustantivos terminados en _-nte_, originados en el participio activo de la acción a la que hacen referencia): _(el, la) presidente, (el, la) cantante_. Ya se ha aceptado, sin embargo, la voz _presidenta_, pero a nadie se le ha ocurrido decir _cantanta_, por ejemplo. Esto sucede también con los grados militares, como puede verse en el párrafo anterior a este, y con otras profesiones como _(el, la) piloto, (el, la)_ juez (o _jueza_).

No ocurre lo mismo con todos los sustantivos que designan profesiones y terminan en _-o_, pues muchos de ellos tienen terminación femenina en _-a_: _abogada, diputada, ministra, otorrinolaringóloga, matemática, física, química, bióloga..._

Otras profesiones que tradicionalmente eran masculinas y terminaban en consonante, ahora tienen femenino terminado en _-a_: _directora, doctora, contadora, concejala..._

Como podemos observar, si una mujer ejerce la medicina, es _médica_ (no, _médico_); si ejerce la _arquitectura_, es _arquitecta_ (no, _arquitecto_); si ejerce la _ingeniería, ingeniera_ (no, _ingeniero_). Este es un error muy generalizado aún hoy, en pleno 2022, y hay que evitarlo, pues ahora las mujeres tienen iguales profesiones, cargos, títulos y puestos que antes estaban reservados solo para los hombres.

Ejercicios

A. Une con una línea el artículo o adjetivo de la primera columna con el sustantivo que de manera más natural le corresponde de la segunda.

1. el	1. alas
2. estos	2. sillón
3. un	3. niños
4. rojas	4. gana
5. apagados	5. broches
6. rotas	6. aula
7. la	7. tachuelas
8. algún	8. lápiz
9. pequeños	9. alma
10. grande	10. faroles

B. Construye ocho frases sustantivas con los artículos, sustantivos y adjetivos de las siguientes columnas.

Artículos	Sustantivos	Adjetivos
el	cama	blanca
la	vacas	altos
los	computadora	limpio
las	flores	coja
un	moldes	locas
unos	pulcritud	cuatro
una	árbol	antiguo
unas	pinturas	costosos
	amenaza	cansadas
	piano	rápida
	mesones	aguda
	tapete	extrema
	librería	dañado
	belleza	solidario
	corazón	soez
	enfermedad	pintados
	comedor	alucinantes

Sustantivo

1. _____

2. _____

3. _____

4. _____

5. _____

6. _____

7. _____

8. _____

C. Escribe «sustantiva» en la línea que está delante de las frases sustantivas, y «sustantivada» en la línea que está delante de las frases sustantivadas.

1. lo bueno _____

2. las buenas maneras _____

3. lo suculento _____

4. lo sublime _____

5. unas cuantas viandas _____

6. las tres alegres comadres _____

7. lo auténtico _____

8. mesas grandes y de madera _____

9. lo peor _____

10. lo manejable _____

D. Busca «sinónimos» que sean oraciones sustantivas para los siguientes sustantivos y frases sustantivas.

1. Marianne y Lucía = _____

2. Mamá = _____

3. El maestro de Física = _____

4. La película de ayer = _____

5. Mis hermanos = _____

E. Busca «sinónimos» que sean sustantivos o frases sustantivas para las siguientes oraciones sustantivas. Puedes revisar los ejemplos del apartado §1.1.3.

1. Quienes te platiqué = _____

2. Las que más quiero = _____

3. Aquellos que no llegaron = _____

4. Quien quiera = _____

5. Lo que diga = _____

F. Escribe sobre la línea de qué clase de sustantivo se trata, común o propio, y de qué tipo es dentro de los comunes y los propios (contable o no contable, individual o colectivo, abstracto o concreto; nombre de pila, apellido, sobrenombre, marca, establecimiento comercial, institución, medio de comunicación, publicación periódica, disciplina que se estudia en las aulas...). Para que el ejercicio no resulte demasiado obvio, en los nombres propios todas las letras irán en minúscula. Considera las frases como un solo concepto.

1. niño _____

2. mamá _____

Sustantivo

3. trío _____

4. sofía _____

5. día de las madres _____

6. honda _____

7. equipo _____

8. calumnia _____

9. general motors _____

10. el heraldo de méxico _____

11. belicosidad _____

12. caja de cartón _____

13. cristo _____

14. población _____

15. maestra _____

16. autoestima _____

17. chaac _____

18. hato _____

19. pensamiento _____

20. posición _____

21. avenida revolución _____

22. ramo _____

23. clase de natación _____

24. miguel hidalgo y costilla _____

25. orquesta _____

G. Escribe en cada línea los nombres propios con sus respectivas mayúsculas y minúsculas.

1. sofía _____

2. día de las madres _____

3. honda _____

4. general motors _____

5. el heraldo de méxico _____

6. cristo _____

7. chaac _____

8. avenida revolución _____

9. clase de natación _____

10. miguel hidalgo y costilla _____

Capítulo 2

Adjetivo

§2.1 ¿Qué es el adjetivo?

Los **adjetivos** *modifican* directamente a los sustantivos; les agregan cualidades, los especifican. Son *modificadores directos* del sustantivo porque no necesitan ninguna preposición para relacionarse con él.

Hay varios tipos de adjetivos: **adverbiales, calificativos, comparativos, determinativos**. Dentro de estos últimos los hay **demostrativos, exclamativos, gentilicios, indefinidos, interrogativos, posesivos** y **numerales**. Incluidos en los anteriores están los **cardinales, multiplicativos, ordinales** y **partitivos** o **fraccionarios**. También hay adjetivos **diminutivos** y **superlativos**. Cada uno de estos está definido en el apartado §2.6.

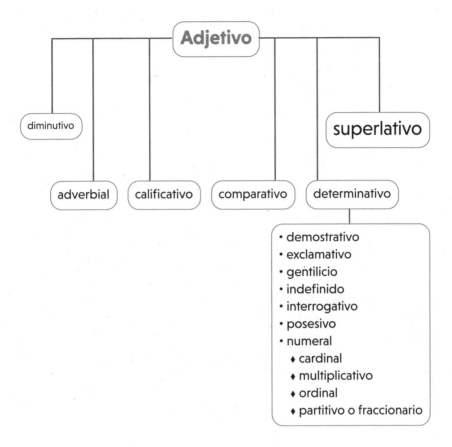

§2.1.1 Frase adjetiva

Las frases adjetivas son dos o más palabras que funcionan como un solo adjetivo, por lo que estarán modificando a un sustantivo. En los siguientes ejemplos el sustantivo está en letra cursiva, mientras que la frase adjetiva aparece subrayada: *cosas* de mujeres, *problema* de señores, *casa* de mi tía Zoila, *ropa* con costuras feas, *pandemia* sin precedentes.

Como puede verse, las frases adjetivas se forman con una preposición más un sustantivo o frase sustantiva. En gramática, a ese sustantivo o frase sustantiva se lo llama «término», y cuando una frase se inicia con preposición y modifica a un sustantivo, se la conoce como «complemento adnominal». Esta última palabra significa «junto al nombre»; así, es un complemento que está junto al nombre (sustantivo).

En general, las frases que empiezan con preposición se llaman «complementos preposicionales», pero eso se verá con detenimiento en el capítulo 5 de este libro. Lo importante aquí es que sea claro que las frases adjetivas se inician con preposición y que modifican a los sustantivos de la misma manera que lo hacen los simples adjetivos.

§2.1.2 Locución adjetiva

Las locuciones son frases (porque constan de dos o más palabras) establecidas, invariantes. Las locuciones adjetivas fungen como un solo adjetivo, igual que las frases adjetivas. Muchas de estas locuciones también se forman con preposición más sustantivo o frase sustantiva, y son difíciles de distinguir a simple vista de las frases adjetivas. La diferencia radica en que podemos reconocer muchas locuciones adjetivas porque la gente las usa mucho, casi como frases de marras... ¡«De marras», de hecho, es una locución adjetiva que significa «muy conocidas»!

Algunos ejemplos: *a rayas, a montones, de cuidado, de marras, de nada, de piso, de primera mano, de segunda mano, de gala, de cuarta, de toda la vida*... En oraciones: «Compré una falda *a rayas*», «Había dulces *a montones*», «Ese niño es *de cuidado*», «Ya conozco tus frases *de marras*», «Es una cosita *de nada*», «Necesitas una lámpara *de piso*», «Lo sé *de primera mano*», «Es un auto *de segunda mano*», «¿Usarás el vestido *de gala*?», «Está en un estudio *de cuarta*», «Eres mi amor *de toda la vida*».

Otras locuciones adjetivas se forman juntando dos adjetivos mediante conjunción[1] copulativa: *contante y sonante, sano y salvo, común y corriente*... En oraciones: «Quiero el dinero *contante y sonante*», «Me alegra que llegaras *sano y salvo*», «Soy un tipo *común y corriente*».

Y otras más se forman con complemento preposicional más conjunción copulativa más sustantivo. En otras palabras, coordinando dos términos: *de mírame y no me toques, sin oficio ni beneficio, entre la vida y la muerte, de vida o muerte*... Ejemplos en oraciones: «Hoy anda *de mírame y no me toques*», «No me agrada ese vago *sin oficio ni beneficio*», «Se debate *entre la vida y la muerte*», «Era un caso *de vida o muerte*».

Estas son algunas locuciones adjetivas que no siguen las pautas anteriores: *loco de atar, como una cabra, de por vida*... Ejemplos en oraciones: «Está *loco de atar*», «Estaba *loca de atar*», «Estaba *como una cabra*», «Seré maestra *de por vida*».

---

1 Las conjunciones se ven con detalle en el capítulo 8 de este libro.

Lo que todas tienen en común es que funcionan como adjetivo, lo que significa que pueden modificar sustantivos y fungir como atributos en oraciones copulativas, como se vio en el capítulo 1 de este libro y como se verá en el apartado §2.3 de este capítulo.[2]

§2.1.3 Oración adjetiva

Así como hay frases enteras que funcionan como un solo adjetivo, también hay oraciones —con verbo y todo— que funcionan como adjetivo. Esto es posible porque se trata de oraciones subordinadas (o sea que no se comprenden por sí mismas, por lo que —aunque tienen verbo— es como si fueran frases, pero por tener verbo se llaman *oraciones*).[3]

En los siguientes ejemplos (en letra cursiva), el verbo subordinado irá subrayado: *que me regaló mi papá*, *que no quisiste*, *que cortaron ayer*, *que comimos la semana pasada*... Ahora van los ejemplos dentro de oraciones completas. El sustantivo al que modifican está en letra negrita, y el verbo principal aparece con doble subrayado: «Pásame el **reloj** *que me regaló mi papá*», «Guardaré en el refrigerador la **comida** *que no quisiste*», «¡Qué lindas están las **flores** *que cortaron ayer*!», «Preparé el **arroz** *que trajimos la semana pasada*».

Nótese cómo en lugar de estas oraciones subordinadas podría ir un adjetivo o frase adjetiva cualquiera: «Pásame el **reloj** *de oro*», «Guardaré en el refrigerador la **comida** *dejada*», «¡Qué lindas están las **flores** *del jardín*!», «Preparé el **arroz** *integral*».

§2.2 ¿Qué propiedades tiene el adjetivo?

La mayoría de los adjetivos calificativos tienen género y número, y concuerdan con el sustantivo en ellos.

No todos los adverbiales tienen género, pero algunos **sí**: *actual* jefa, presidentes *anteriores*, **próxima** paciente, **próximo** regente, *siguiente* vez, *siguiente* libro. Como puede verse, en aquellos que no tienen género debemos reconocer-

---

2 También se pueden consultar los términos «atributo» y «oración copulativa» en el glosario de este libro.
3 Pueden estudiarse las oraciones subordinadas en el capítulo 4 de *Redacción sin dolor* (Sandro Cohen, 6.ª ed., Planeta, México, 2014). También puede consultarse la entrada «oración subordinada» del glosario de este libro.

lo por el sustantivo al que modifican, como en «actual jefa», «siguiente vez», «siguiente libro».

Los comparativos no tienen género, pero sí pueden tener número: Él es *mayor* que tú, ella es *menor* que yo, este es *peor* que aquel, ellas son *mejores* que las anteriores.

Los demostrativos sí tienen ambos géneros: *ese, este, aquel; esos, estos, aquellos; esa, esta, aquella; estas, esas, aquellas.*

Los adjetivos posesivos no tienen género, excepto en la **primera** y **segunda** personas de **plural**: *mi* sueño, *mi* hija, *tu* libertad, *tu* amor, *su* interés, *su* intención; **nuestro** cariño, **nuestra** tierra, **vuestros** años, **vuestras** experiencias, *sus* minas, *sus* tesoros.

Los **pronombres**[4] posesivos —por otro lado, y en comparación con los adjetivos posesivos— sí tienen género en todas las personas, a diferencia de los adjetivos posesivos: *mío, mía, tuyo, tuya, suyo, suya, nuestro, nuestra, vuestro, vuestra, suyo, suya.*

Los diminutivos y superlativos también tienen género y número: casa *chiquita*, casas *grandotas*, pasto *cuidadito*, árboles *pequeñitos*.

Algunos interrogativos y exclamativos tienen género y número: «¿*Cuántos* meses estarás aquí?», «¡*Cuántas* sorpresas en un día!», «¡*Cuánta* luz entra por esa ventana!», «¿*Cuánto* dinero traes?».

El adjetivo interrogativo y exclamativo *qué* no tiene género ni número: «¡*Qué* cosas, Dios mío!», «¿*Qué* libros leíste durante la cuarentena?». El adjetivo interrogativo *cuál* no tiene género, pero sí tiene número: «¿*Cuál* mensaje trajo?», «¿*Cuáles* suéteres son para mí?».

Y solo algunos numerales tienen género, como estos: «Es la *sexta* vez que te lo digo», «Va en *cuarto* año de primaria», «Compramos *medio* melón», «Comió *media* pizza»... La mayoría de los adjetivos numerales no tiene género: «Necesitamos *dos* maletas de viaje», «Saqué *mil* pesos del cajero», «Les pidieron *cien* ejemplares»...

§2.3 ¿Cómo funciona el adjetivo?

Los adjetivos son modificadores *directos* de los **sustantivos**. Se llaman «directos» porque no necesitan de ninguna **preposición** para realizar su función: pantalón *gris*, sillón *verde*, *cuatro* tigres, ¡*cuántas* rosas!

---

4 Véase el capítulo 4 de este libro: «Pronombre».

Incluso si se agregan más adjetivos, cada uno sigue siendo modificador directo: pantalón *gris rasgado*, sillón *verde nuevo*, *cuatro felices* y *hambrientos* tigres, *¡cuántas* rosas *rojas!*

Lo más común es que los **adjetivos calificativos** vayan después del sustantivo, pero si se desea hacer énfasis en la cualidad, muchas veces también pueden ir antes:

rosa **linda** o **linda** rosa;
pradera **verde** o **verde** pradera;
curva **peligrosa** o **peligrosa** curva.

Sin embargo, hay ocasiones en las que anteponer el adjetivo o posponerlo al sustantivo cambia el sentido:

el **mismo** presidente (no es otro)	el presidente **mismo** (en persona)
una **gran** mujer (una muy buena mujer)	una mujer **grande** (una mujer con sobrepeso)

Y hay adjetivos que solo pueden preceder al sustantivo: *cada* trabajador, *cuatro* cabras, *ambos* sexos, *otro* payaso, *sendas* cartas, *demás* personas, *mucho* tiempo, *mi* chaleco, *sus* planos...

La mayoría de las veces concuerdan en género y número con los sustantivos, pero ya vimos en el apartado anterior que algunos adjetivos no tienen género.

Por otro lado, se llama **adjetivo sustantivado**[5] al que funge como sustantivo. ¡Y esto es muy común! Puede ir acompañado por artículo o solo: «<u>Los</u> *guapos* suelen ser pobres», «<u>Las</u> *simpáticas* tienen recursos», «<u>Los</u> *latosos* no paran», «*Seguidores* y *opositores* se le echarán encima», «*Patriotas* y *traidores* morirán de todas formas»... En estos casos, el adjetivo funciona como pronombre, pues está en lugar del sustantivo: *hombres, mujeres, niños, ciudadanos*...

Hay otro uso sumamente importante del adjetivo, y es el de **atributo**, como se vio en el capítulo 1. Es decir, que puede estar en lugar del complemento directo en oraciones que se forman con verbos copulativos,[6] llamadas **oraciones copulativas**. Esta es una función que comparte con el sustantivo, las frases preposicionales y algunos adverbios, que también pueden ser atributos.

---

5 Para ver la frase sustantivada, y así reconocer la diferencia entre aquella y el adjetivo sustantivado, hay que ir al apartado §1.1.1.
6 Para estudiar el verbo copulativo, hay que ir a los apartados §6.3.4 y §6.6.1.

Ejemplos del uso del adjetivo como atributo:

Tu amigo es **tonto**.
Mi madre está **enamorada**.
El niño duerme **tranquilo**.

Como puede observarse, en estos casos el adjetivo sigue concordando en género y número con el sustantivo:

amigo →tonto
madre →enamorada
niño →tranquilo

§2.4 ¿Cómo *no* debe usarse el adjetivo?

Es incorrecto que los adjetivos no concuerden con los sustantivos a los que modifican: ˣbanc*a* rot*o*, ˣpapele*s* *rota*, ˣbuen*a* ventiladore*s*...

Sin embargo, algunos sustantivos, aunque sean femeninos, llevarán artículo masculino (*el*, *un* y —por extensión— *algún* y *ningún*).[7] Esto se debe a que se busca la eufonía (es decir, que suene bien). Sucede que cuando el sustantivo femenino empieza con *a* tónica (que suena fuerte), sería cacofónica (sonaría muy mal) la pronunciación del artículo femenino junto al sustantivo: ˣun*a* *á*rea, ˣl*a* *á*mpula, ˣl*a* *a*rma; ✓un área, ✓el ámpula, ✓algún arma, ✓ningún arma.

Por lo anterior, a veces se piensa erróneamente que otros adjetivos también deben ser masculinos en estos casos: ˣotro área, ˣmuchos ámpulas, ˣmismos armas.

Incluso si hay artículo antes de los adjetivos que modifican a los sustantivos que empiezan con *a* tónica, ese artículo tendrá que ser femenino porque el adjetivo evitará la cacofonía: ✓*la* otra área, ✓muchas ámpulas, ✓*la* misma arma.

Asimismo, no debemos caer en el error de escribir en masculino los ordinales *primera* y *tercera* cuando el sustantivo al que modifican es femenino, lo cual es sumamente común: ˣ*primer* visita, ˣ*tercer* prueba, ˣ*primer* hija; ✓*primera* visita, ✓*tercera* prueba, ✓*primera* hija.

También es incorrecto que se pospongan al sustantivo los adjetivos que no lo admiten: ˣtrabajador *cada*, ˣcabras *cuatro*, ˣsexos *ambos*, ˣpayaso *otro*, ˣcartas *sendas*, ˣpersonas *demás*, ˣtiempo *mucho*, ˣsuéter *mi*, ˣplanos *sus*...

---

7 Esto se ve también en los apartados §1.4 y §3.4 de este libro.

No obstante lo anterior, algunas veces los **cardinales** y **ordinales** pueden ir después: ✓página *veinticinco*; ✓Enrique *octavo*, ✓Juan Pablo *segundo*, ✓generación *dieciséis*.

§2.5 ¿Cómo se relaciona el adjetivo con otra clase de palabras?

Como ya vimos, la función principal del **adjetivo** es modificar directamente (sin necesidad de preposición) al **sustantivo**. No importa cuántos adjetivos modifiquen al sustantivo al mismo tiempo:

Como puede observarse, podemos escribir «gatos pardos, gatos peludos y gatos bigotones», pero ¿para qué tanta repetición? Si hablamos de tres cualidades de varios gatos, basta con «gatos pardos, peludos y bigotones», y cada adjetivo estará modificando al sustantivo *gatos* directamente porque ninguno requiere preposición alguna. (La *y* es **conjunción**).

Sin embargo, en algunos casos muy comunes, el **adjetivo** funciona como **pronombre** al quedar en lugar del **sustantivo**, para lo cual se emplean **artículos**:

el hombre **necio** → el **necio**: El **necio** insiste en que tiene razón, aunque no sea así.

las mujeres **sabias** → las **sabias**: Las **sabias** lo han comprobado.

Así, *necio* se convierte en pronombre de *hombre*, y *sabias*, de *mujeres*.

Superficialmente, podríamos decir que el adjetivo también se relaciona con el artículo, pero solo para «hacer equipo» con él, pues ambos modifican directamente al sustantivo. El *artículo* siempre precede al sustantivo, mientras que el **adjetivo** puede ir antes o después de él (aunque lo más común en castellano es que el adjetivo vaya pospuesto al sustantivo): *el* niño **artillero**, *la* cazuela

grande, *los* autos **eléctricos**... *la* **buena** cocina, *los* **tres tristes** tigres, *unas* **magníficas** bestias.

§2.6 Clases de adjetivos

§2.6.1 Adjetivos adverbiales

Estos, como los adverbios, dan la idea de la circunstancia en que está el sustantivo al que modifican: el gobierno *actual*, el *próximo* presidente, el *siguiente* capítulo...

§2.6.2 Adjetivos calificativos

Expresan una cualidad o propiedad del sustantivo: sopa *caliente*, vestido *largo*, cielo *azul*, noche *estrellada*, césped *podado*...

§2.6.3 Adjetivos comparativos

Sirven para comparar: hermana *mayor*, hermano *menor*, *mejor* colegio, *peor* entrenador...

§2.6.4 Adjetivos demostrativos

Son una clase de adjetivos determinativos, pues especifican a cuál de todos nos referimos: *esa* pieza, *esas* fresas, *esta* cama, *estas* bandejas, *aquella* cebolla, *aquellas* alhajas, *este* compromiso, *ese* taburete, *aquel* documento, *estos* barquillos, *esos* amuletos, *aquellos* pasteles.

Se diferencian de los **pronombres demostrativos** en que los adjetivos siempre acompañan a un sustantivo, mientras que los pronombres están en lugar del sustantivo:

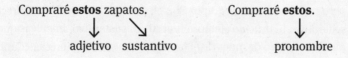

Compraré **estos** zapatos.   Compraré **estos**.
↓   ↘   ↓
adjetivo sustantivo   pronombre

§2.6.5 Adjetivos determinativos

Se llama así a los adjetivos demostrativos (*ese* gato, *esta* casa, *aquellos* músicos), posesivos (*mi* hijo, *tu* sueño, *su* camino), indefinidos (*algún* día, *ciertas* mañas, *ninguna* pista), numerales (*cuatro* manzanas, *sexta* edición, *medio* plato), exclamativos (¡*Qué* plantas más lindas!) e interrogativos (¿*Qué* hora es?).

§2.6.6 Adjetivos diminutivos

Se trata de adjetivos que incluyen una terminación que expresa disminución: niño *pequeñito*, niña *grandecita*, bebé *gordito*...

§2.6.7 Adjetivos exclamativos

Son adjetivos determinativos que se usan para crear oraciones exclamativas. Como todo adjetivo, deben ir acompañando al sustantivo al que modifican: ¡*Qué* niño tan grosero!, ¡*Cuántas* flores!, ¡*Cuántos* berrinches!

§2.6.8 Adjetivos gentilicios

Estos nos dicen de dónde es o viene algo: hombre *francés*, producto *estadounidense*, genes *africanos*...

§2.6.9 Adjetivos indefinidos

Con estos adjetivos determinados expresamos una cantidad imprecisa de algo: *algunos* años, *bastantes* árboles, *ciertos* maestros, *demasiadas* responsabilidades, *muchos* cuentos.

§2.6.10 Adjetivos interrogativos

Estos adjetivos acompañan al sustantivo para formular una pregunta: «¿*Qué* equipo compraste?», «¿*Qué* canciones cantaron?», «¿*Cuántos* años tienes?».

§2.6.11 Adjetivos numerales

Son un tipo de adjetivos determinativos que sirven para decir cuánto hay de algo, de qué parte del todo se habla, qué posición ocupa una cosa... Los hay cardinales, multiplicativos, ordinales y partitivos o fraccionarios.

§2.6.11.1 Adjetivos numerales cardinales

Son todos los números. Solo son adjetivos cuando modifican a un sustantivo: *nueve* camas, *sesenta* gatos, *cuatrocientos* pesos.

§2.6.11.2 Adjetivos numerales multiplicativos

Sirven para decirnos, a diferencia del partitivo o fraccionario, cuántas veces se repite algo: *doble* porción, *triple* ración, bendición *quíntuple*.

§2.6.11.3 Adjetivos numerales ordinales

Nos dicen en qué posición se encuentra algo: *tercer* lugar, *segunda* casa, *quinto* piso.

§2.6.11.4 Adjetivos numerales partitivos o fraccionarios

Expresan una parte del todo a que se hace referencia: la *mitad* de la manzana, *media* piña, un *cuarto* de pastel.

§2.6.12 Adjetivos posesivos

Denotan a qué o quién pertenece algo: *mi* tía, *tu* auto, *vuestra* instancia, *vuestro* concierto, *su* tienda, *mis* hijos, *tus* escuelas, *sus* flores, *nuestros* asuntos, *nuestras* armas, *vuestros* arranques, *vuestras* historias.

Hay que observar que los adjetivos posesivos siempre van antes de los sustantivos, y que si los ponemos después de ellos, cambian de forma (excepto nuestros, nuestras, vuestro, vuestra, vuestros y vuestras): ✓el invento *mío*, ✓¡hijas *mías*!, ✓ustedes son el alma *nuestra*, ✓nosotros somos el corazón *vuestro*... Pero —hay que insistir— cuando las palabras posesivas son adjetivos en la forma *mío*, *mía*, *tuyo*, *tuya*, *suyo*, *suya*, etcétera (y sus plurales), nunca pueden ir antepuestas al sustantivo (o sea, antes que él): ˣel *mío* padre, ˣ¡*mía* hija!, ˣustedes son el *nuestro* corazón. Para que fuera correcto en este último ejemplo, habría que quitar el artículo *el*: ✓ustedes son *nuestro* corazón.

§2.6.13 Adjetivos superlativos

Son los adjetivos que usan un sufijo para aumentar (a veces, exagerar) su cualidad: señor *riquísimo*, niña *paupérrima*, vestido *carísimo*, casa *baratísima*, ruido *fortísimo*.

§2.6.14 Adjetivos sustantivados

Se llaman así cuando los adjetivos fungen como sustantivos. Pueden ir acompañados por artículo o solos: «*Los feos* son mejores», «*Las inteligentes* lo saben», «*Los traviesos* lo dicen»; «*Seguidores* y *opositores* lo aplaudirán», «*Patriotas* y *traidores* merecen una buena defensa»...

En estos casos, el adjetivo funciona como pronombre, pues está en lugar de los sustantivos *hombres*, *mujeres*, *niños*, *ciudadanos* (*hombres feos*, *mujeres* inteligentes, *niños traviesos*, *ciudadanos seguidores* y *opositores*, *ciudadanos* patriotas y traidores)...

Ejercicios

A. Elige de la serie de abajo los adjetivos que mejor completen el siguiente párrafo. Escribe en la línea los adjetivos que escogiste. Estos no están necesariamente en orden ni deben usarse todos.

Adjetivos: peor, inmersos, mayor, mejor, escuálida, divertidas, sorprendente, seguro, agradable, asustados, confiado, azules, universitarios, linda, lozana, comprensivos, importante, comunes, pequeños, inteligente, contento, adolescentes, favorita.

El corazón de la gramática

La _____ manera de saber si un niño se siente _____,

_____ y _____ en la escuela es si él se

levanta la mayoría de las mañanas con ganas de ir a tomar clases porque le

parecen _____, si cuando vuelve a casa le cuenta a uno cómo le

fue, si habla de sus amigos animadamente y si suele decir que su maestra

es _____; su maestro, _____; los directores,

_____... Es muy _____ que escuchemos a nuestros

hijos —sean _____, _____ o _____ —

aunque a veces están tan _____ en sus propios asuntos

que parece que uno debe sacarles las palabras con un no muy

_____ tirabuzón.

B. Reacomoda los adjetivos de las siguientes oraciones de manera que realmente modifiquen a los sustantivos a los que deben modificar.

1. Compré manteles para las mesas verdes. (las mesas no son verdes)

   _____

2. Necesitas hacer un cochecito de cartón morado. (el cartón no es morado)

   _____

3. Preparamos arroz para el niño hervido. (el niño no está hervido)

   _____

4. Encontraron unos jabones para mujeres con forma de flor. (las mujeres no tienen forma de flor)

   _____

Adjetivo

5. Pásame el vaso que está en ese cajón amarillo. (ese cajón no es amarillo)

_____

C. Agrega los adjetivos que sirvan como atributos en las siguientes oraciones copulativas.

1. Mi mamá está _____.

2. Soy muy _____.

3. Los muchachos parecen _____.

4. El bebé juega _____.

5. Los borrachos duermen _____.

D. Pon una cruz [x] en la línea si la frase es incorrecta, o una paloma [✔] si es correcta.

1. el mío hijo _____

2. cuadernos sus _____

3. mis libros _____

4. muchos aves _____

5. perros tontas _____

6. tercera clase _____

7. tigres cuatro _____

8. página treinta y seis _____

9. cuervos ocho _____

10. hombre cada _____

E. Identifica a qué clase de adjetivos pertenecen los siguientes, y escríbelo en la línea.

1. mujeres *coreanas*   _____

2. *cuatro* sillas   _____

3. hijos *tuyos*   _____

4. niñas *altas*   _____

5. *quinta* sesión   _____

6. *aquellas* salas   _____

7. los *amarillos*   _____

8. sonidos *fortísimos*   _____

9. la *mitad* de la escuela   _____

10. *triple* salto mortal   _____

11. casa *chiquita*   _____

12. ¡*qué* maravilla!   _____

13. estudiante *superior*   _____

14. ¿*cuántas* personas vienen?   _____

15. *algunos* médicos   _____

Capítulo 3

Artículo

§3.1 ¿Qué es el artículo?

Los artículos, igual que los adjetivos, modifican **directamente** a los sustantivos, pues no necesitan preposición para realizar su función. Nos indican si el sustantivo es algo de lo que ya sabíamos —algo conocido o definido—, o si es desconocido o indefinido. Así, los hay definidos (o determinados) e indefinidos (o indeterminados), y el neutro *lo*.

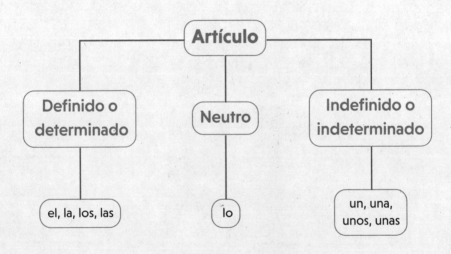

§3.2 ¿Qué propiedades tiene el artículo?

Los artículos definidos e indefinidos (también conocidos como *determinados* e *indeterminados*) tienen género y número. Son los siguientes:

Definidos o determinados	Indefinidos o indeterminados
el, *la*, *los*, *las*	*un*, *una*, *unos*, *unas*

El artículo neutro *lo* sirve para formar frases sustantivadas; en otras palabras, para «volver» sustantivos a los adjetivos, como se vio en el apartado §1.1.1 («Frases con valor sustantivo») y como se verá a continuación.

§3.3 ¿Cómo funciona el artículo?

Los artículos definidos e indefinidos concuerdan en género y número con el sustantivo al que modifican, y siempre van antepuestos a él: *el* aire, *la* Tierra, *los* pueblos, *las* almas; *un* genio, *una* arpía, *unos* puestos, *unas* sandías.

El artículo neutro (*lo*) es el único que no puede modificar a los sustantivos porque en castellano no tenemos sustantivos neutros. Pero, como se dijo en el apartado §3.2, este artículo *sustantiva* —convierte en sustantivo— al adjetivo, manera como se forman las frases sustantivadas. Estas son equivalentes de sustantivos y, por lo tanto, pueden funcionar como núcleo de sujeto o de la frase sustantiva en general: **lo** fácil, **lo** contundente, **lo** sencillo... (*lo* + adjetivo).

Los artículos indefinidos también pueden usarse de manera enfática en oraciones exclamativas que se interrumpen con puntos suspensivos, o en oraciones consecutivas: «¡Tengo un sueño...! », «¡Me dijo unas cosas...!», «¡Tuvo una de alucinaciones...!», «¡Contó unos chistes...!», «Ese niño es de un simpático que da gusto escucharlo», «Escribió unas cartas que da miedo».

Claro que también podríamos terminar las oraciones exclamativas y cortar las consecutivas, y los artículos indefinidos seguirían siendo enfáticos: «¡Tengo un sueño inconmensurable!» o «Tengo un sueño inconmensurable»; «Ese niño es de un simpático...» o «¡Ese niño es de un simpático...!»; «¡Me dijo unas cosas tremendas! », o «Me dijo unas cosas tremendas»; «¡Escribió unas cartas...!» o «¡Escribió unas cartas que da miedo!»; «¡Tuvo una de alucinaciones horribles!» o «Tuvo una de alucinaciones horribles»; «¡Contó unos chistes tremendos!» o «Contó unos chistes tremendos».

§3.4 ¿Cómo *no* debe usarse el artículo?

Jamás pueden ir los artículos determinados ni indeterminados después del sustantivo. Tampoco pueden no concordar con él en género o número:

ˣperro *el*, ˣ<u>los</u> libr<u>o</u>, ˣ<u>una</u> piedr<u>as</u>, ˣcosa *la*, ˣportón *un*...

Sin embargo, como se vio en los apartados §1.4 y §2.4, algunos sustantivos, aunque sean femeninos, llevarán artículo masculino (*el*, *un* y —por extensión— *algún* y *ningún*, aunque no sean artículos sino adjetivos). Esto se debe a que se busca la eufonía (es decir, que suene bien). Sucede que cuando el sustantivo femenino empieza con *a* tónica (que suena fuerte), sería cacofónica (sonaría muy mal) la pronunciación del artículo femenino junto al sustantivo: ˣun*a a*ula, ˣ*la a*nca, ˣ*la a*ura; ✓un aula, ✓el anca, ✓algún aura, ✓ningún aura.

Y, como es de suponerse, el artículo neutro (*lo*) tampoco puede posponerse al adjetivo al que sustantiva: ˣcomún *lo*, ˣbonito *lo*, ˣseguro *lo;* ✓*lo* común, ✓*lo* bonito, ✓*lo* seguro...

Solo falta decir —como también se apuntó en los apartados §1.4 y §2.4— que los artículos indeterminados *un* y *una* conservan su calidad de número: **un** *costal*, **una** *frazada*... Por eso no deben usarse cuando el sustantivo al que modifican no puede ser más de uno. Por ejemplo, habremos de escribir y decir ✓*Tú eres futbolista*, no ˣ*Tú eres* **una** *futbolista*; ✓*No soy padre*, no ˣ*No soy* **un** *padre*; ✓*Ella es atea*, no ˣ*Ella es* **una** *atea*; ✓*Era asiático*, no ˣ*Era un asiático*... Lo anterior, porque tú no puedes ser dos futbolistas ni yo puedo ser dos padres, y tampoco ella puede ser dos ateas, ni él, dos asiáticos. De ahí que usar el artículo indefinido singular (*un*, *una*) sea incorrecto en estos casos.

Lo último también se aplica a los artículos indeterminados **unos** y **unas**: ✓*Fuimos evangélicos*, no ˣ*Fuimos unos evangélicos*; ✓*Somos músicas*, no ˣ*Somos unas músicas*... En este caso, el problema es que la expresión se siente incompleta: «Fuimos unos evangélicos...» ¿qué?, «Somos unas músicas...» ¿cómo, qué, de qué tipo?

No obstante lo anterior, cuando se agrega un adjetivo calificativo —o frase u oración subordinada adjetiva— sí pueden emplearse estos artículos (aunque no es obligatorio) porque se entiende que está introduciéndose información nueva: ✓*Tú eres* **una** *futbolista experimentada*; ✓*No soy* **un** *padre que maltrate a sus hijos*; ✓*Ella es* **una** *atea que busca la paz mundial*; ✓*Era un asiático simpatiquísimo*; ✓*Fuimos unos evangélicos muy dedicados*; ✓*Somos unas músicas muy trabajadoras*.

§3.5 ¿Cómo se relaciona el artículo con otra clase de palabras?

Los artículos definidos e indefinidos modifican directamente al sustantivo, y aunque puede haber adjetivos entre el artículo y el sustantivo, el primero seguirá siendo modificador directo porque seguirá sin necesitar preposición para relacionarse con el sustantivo:

la → _vida_   **la** _buena vida_   **la** _primera buena vida_

§3.6 Clases de artículos

§3.6.1 Artículos definidos o determinados

Nos indican que conocemos aquello de lo que se habla, lo restringe: _el árbol, la casa, los pianos, las albercas._ Son _el, la, los_ y _las._

§3.6.2 Artículos indefinidos o indeterminados

Nos dan a entender que no conocemos aquello de lo que se habla o que se trata de un sustantivo cualquiera (no de uno específico): _un niño, unos vasos, una vaina, unas tablas._ Son _un, una, unos_ y _unas._

§3.6.3 Artículo neutro

Este vuelve sustantivos a los adjetivos; forma frases sustantivadas: _lo secundario, lo frágil, lo conciso. Lo_ es el único artículo neutro en español.

Ejercicios

A. Coloca el artículo que le corresponde a la palabra o frase.

1. _____ frío de miedo
2. _____ hielos
3. _____ malo de correr a las ocho de la mañana en la vía pública
4. _____ vientos huracanados
5. _____ bastón viejo
6. _____ bebidas alcohólicas
7. _____ día soleado
8. _____ heridas que no cierran
9. _____ fresca mañana
10. _____ injusto de tu decisión

B. Pon una cruz [x] en la línea si la frase u oración es incorrecta, o una paloma [✓] si es correcta.

1. el comisario _____

2. una ave _____

3. Es un doctor _____

4. unos buitres _____

5. los niñas _____

6. ¡Afirma unas cosas...! _____

7. la agua _____

8. ¡Es una lástima...! _____

9. lo oscuro _____

10. las águilas _____

11. unos excelentes actores _____

12. primates unas   _____

13. lo sillón   _____

14. un delincuente malherido   _____

15. lo delicado de la situación   _____

C. Crea cinco frases sustantivadas.

1. _____

2. _____

3. _____

4. _____

5. _____

D. Agrega lo que falta para que las oraciones sean correctas.

1. Hacía un calor _____.

2. No es un animista _____.

3. Decían que era una bruja _____.

4. Eres un abogado _____.

5. Ella fue una mujer _____.

E. Escribe en la línea si el artículo indefinido está funcionando como numeral o como simple indeterminado, o si sirve para hacer énfasis o si está mal empleado.

1. Solo vi a un maestro de la escuela en la visita al museo.

_____

2. Él es un mecánico desde que lo conozco.

   _____

3. ¡Piensa unas tonterías...!

   _____

4. Necesito urgentemente a un doctor.

   _____

5. Pásame un rastrillo de esos.

   _____

6. Dice unas verdades que escucharla da risa nerviosa.

   _____

7. «Todo cabe en un jarrito...».

   _____

8. ¿Necesitas un borrador?

   _____

9. ¿Esa señora es una feminista?

   _____

10. ¿Alguien trajo un trapo de cocina?

   _____

Capítulo 4

Pronombre

§4.1 ¿Qué es el pronombre?

Los pronombres son sustitutos de los sustantivos. En otras palabras, quedan en lugar de los nombres de todo lo que existe, sea material o inmaterial. Los hay de varios tipos: **cuantitativos** o **indefinidos, demostrativos, de complemento directo, de complemento indirecto, exclamativos, interrogativos, neutros, numerales, personales, impersonales, posesivos, reflexivos, recíprocos, relativos, enclíticos.**

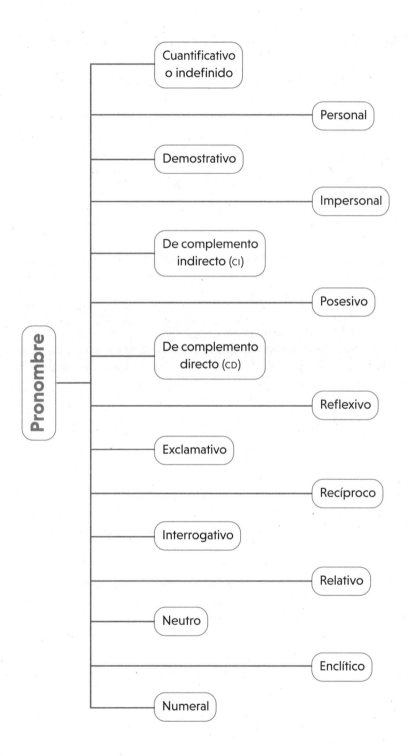

§4.2 ¿Qué propiedades tiene el pronombre?

Algunos tienen género y número, y otros son invariantes; unos más son neutros, por lo que se representan únicamente con el masculino singular, aunque pueden estar en lugar tanto de conjuntos femeninos como de masculinos, cosa que sabremos por el contexto.

§4.3 ¿Cómo funciona el pronombre?

Como ya se dijo en el apartado §4.1, los pronombres sustituyen a los sustantivos; quedan en lugar de ellos, sean palabras, frases u oraciones subordinadas. Para emplear los pronombres, primero debe ser claro en lugar de qué quedan o a cuál sustantivo, frase u oración sustantiva hacen referencia; o sea que debe haber un antecedente en el contexto:

<u>Petra y Antonia</u> ✓ **ellas**: <u>Petra y Antonia</u> tienen doctorado, al igual que Franco y Horacio; sin embargo, **ellas** hicieron la mejor presentación.

<u>clientes</u> ✓ **cuatro**: ¿Te preocupaba perder a esos <u>clientes</u>? Vinieron los **cuatro** a comprar el mismo modelo.

<u>helado</u> ✓ **doble**: ¡Me encantó este <u>helado</u>! Hoy quiero el **doble** que ayer.

<u>estudiantes</u> ✓ **pocos**: Estos <u>estudiantes</u> son muy irresponsables: vinieron **pocos** a la clase de esta mañana.

<u>mesa</u> ✓ **aquella**: ¡Cuántas <u>mesas</u>! Me llevaré **aquella**.

<u>mantas</u> ✓ **las**: ¡Qué sucias <u>mantas</u>! **Las** lavaré.

<u>hijos</u> ✓ **les**: Son tus hijos: no **les** pegues.

<u>cuanto hice</u> ✓ **ello**: Me regañó por cuanto hice, pero **ello** era necesario.

<u>cuadernos</u> ✓ **tuyos**: Esos cuadernos están bonitos. ¿Son **tuyos**?

Los pronombres, a diferencia de los sustantivos, no admiten artículos que los modifiquen (salvo *cual* y *cuales*, que siempre llevan los artículos *el*, *la*, *los* y *las* precediéndolos, y algunos numerales en ciertos casos). Si los ponemos, el pronombre dejará de serlo y se volverá un concepto en sí mismo, un **sustantivo**, por ejemplo: *el yo*, el *cuatro* que te puso...

§4.4 ¿Cómo *no* debe usarse el pronombre?

Como ya se vio en el apartado anterior, la mayoría de los pronombres no acepta artículo ni puede acompañar a sustantivo alguno, puesto que debe quedar en su lugar. Si hay un artículo que modifique a un pronombre, este dejaría de serlo y se volvería sustantivo; muy pocos pronombres admitirían esto. Retomemos los ejemplos del apartado anterior: *el yo*, el *cuatro* que te puso... Si quisiéramos forzar el artículo a cualquier pronombre, podríamos encontrar cosas así: ˣlos esos, ˣel algún, ˣuna mí. Y eso no tiene sentido.

Por otro lado, algunas palabras caben en más de una categoría gramatical, como *mil* o *estas*, que pueden ser adjetivos: *mil pesos*, *estas colchas*. Pero si les quitamos el sustantivo, si las dejamos en lugar de él, se convierten en pronombres: *Solo me pagaron mil en la quincena*, *No me gustan estas*.

§4.5 ¿Cómo se relaciona el pronombre con otra clase de palabras?

Ya vimos que, en general, no se relacionan ni con artículos (salvo en muy contados casos) ni con adjetivos, pero debido a que los pronombres quedan en lugar de los sustantivos (y de cualquier **frase** u **oración** con valor sustantivo), pueden realizar todas las funciones de estos: sujeto, **término** de un complemento adnominal, complemento directo, complemento indirecto, formar parte del complemento circunstancial, ser atributo en oraciones copulativas:

Pablo y Joaquín: **Ellos** vinieron ayer. (sujeto)

madre, padre, hija e hijo: La casa de los **cuatro** es un sueño. (término de complemento adnominal, que está subrayado)

policías: **Doscientos** son corruptos. (sujeto o atributo)

manzanas: **Las** compraron ayer. (complemento directo)

a los abogados: **Les** dijeron todo a tiempo. (complemento indirecto)

escuela: Nos vemos a las diez en **esta**. (dentro de un complemento circunstancial)

§4.6 Clases de pronombres

§4.6.1 Pronombres cuantitativos o indefinidos

Expresan una cantidad indefinida de aquello a lo que sustituyen. Tienen género y número: *uno, una, alguien, alguno, algunos, alguna, algunas, muchos, pocos, bastantes, demasiados, más, menos, todo, todos, toda, todas, nadie, ninguno, varios...*

Muchos lo piensan, pero **pocos** lo dicen en voz alta.
Vinieron **bastantes**: nunca son **demasiados**.
Necesitamos **más**; **todos** lo saben.
Ya **nadie** les cree.
Ninguno vino a la fiesta.
¿**Alguien** tiene **una** que me preste?

§4.6.2 Pronombres demostrativos

Agregan sentido temporal o espacial a aquello que sustituyen. Lo señalan: *ese, este, aquel; esa, esta, aquella; estos, esos, aquellos; estas, esas, aquellas; eso, esto, aquello*:

¡**Esto** está echado a perder!
Esas son peligrosas.
Aquellas se ven más bonitas.

Estos pronombres perdieron la tilde diacrítica porque en realidad no hace falta para distinguirlos de los adjetivos demostrativos, pues si aparece una palabra demostrativa junto a un sustantivo, sabremos que se trata de un adjetivo. En cambio, si la palabra demostrativa aparece en lugar de un sustantivo, será claramente un pronombre.

§4.6.3 Pronombres de complemento directo (CD)

Son los pronombres personales que pueden estar en lugar del complemento directo en una oración. Solo los de tercera persona (en letra negrita) son distintos de los pronombres de complemento indirecto. Los pronombres de complemento directo son *me, mí, te, ti, os,* ***la, las, lo, los***:

> **Lo** contó en cuanto llegó a la reunión.
> **Te** vio ayer.
> Todo el tiempo **las** dice y no tiene remordimiento.

Los pronombres de **CD** —excepto *mí* y *ti*— pueden aparecer *pegados* a verbos conjugados, infinitivos y gerundios. Cuando es así, se los llama ***enclíticos***. En los siguientes ejemplos aparece primero el CD (en letra negrita) que será sustituido por el pronombre que le corresponde. Después vendrá el pronombre de CD también en negrita.

> **el secreto**: Cuénta*lo* a tu mamá. (El pronombre *lo* va pegado al verbo conjugado *cuenta*, con sujeto tácito «tú»).
> **dulces**: ¡Lo sorprendí comiéndo*los*! (El pronombre *los* va pegado al gerundio *comiendo*).
> **manzanas**: Hay que agregar*las* a la lista del súper. (El pronombre *las* va pegado al infinitivo *agregar*).
> **vosotros o vosotras**: Debo entregar*os* a la policía. (El pronombre *os* va pegado al infinitivo *entregar*).

§4.6.4 Pronombres de complemento indirecto (CI)

Son los pronombres personales que pueden estar en lugar del complemento indirecto. Solo los de tercera persona (en letra negrita) son distintos de los pronombres de complemento directo. Los pronombres de CI son *me, mí, te, ti, os,* ***le, les*** y ***se***:

> **Os** advertí que era peligroso, pero no me escuchasteis.
> **Me** dijiste que no viniera.
> **Se** lo compraron a muy bajo precio.

Estos, igual que los pronombres de complemento directo, pueden aparecer *pegados* a verbos, infinitivos y gerundios (excepto *mí* y *ti*). Cuando es así, se los llama —igualmente— *enclíticos*. En los siguientes ejemplos aparece primero el CI (en letra negrita) que será sustituido por el pronombre que le corresponde. Después vendrá el pronombre de CI también en negrita.

tu maestro: Di*le* que no entiendes. (El pronombre *le* va pegado al verbo conjugado *di*, con sujeto tácito «tú»).

los niños: Gritándo*les*, no conseguirás nada. (El pronombre *les* va pegado al gerundio *gritando*).

mí: ¿Alguien quiere explicar*me* lo que sucedió? (El pronombre *me* va pegado al infinitivo *explicar*; *me* sustituye a la primera persona de singular, *mí*. Curiosamente, en este caso, tenemos a un pronombre sustituyendo a otro, pues no podemos decir o escribir «explicarme a yo»).

vosotros o vosotras: Estoy confirmándo*os* sus sospechas. (El pronombre *os* va pegado al gerundio *confirmando*).

Cuando sustituimos tanto el CD como el CI por sus pronombres, **siempre** ponemos primero el pronombre del indirecto —que absolutamente **siempre** será *se* para la tercera persona tanto singular como plural—, y luego agregamos el pronombre de CD. En los siguientes ejemplos, nuevamente aparecen primero los CI y CD (en letra negrita) que serán sustituidos por los pronombres que les corresponde. Después vendrán el pronombre de CI y de CD también en negrita.

mí (CI), **el secreto** (CD): ¡Ya dí*melo* por favor! (*me*, pronombre de CI; *lo*, pronombre de CD).

los niños (CI), **la tarea** (CD): ¿Crees que hacér*sela* sea buena idea? (*se* —como se dijo arriba— puede ser tanto singular como plural. En este caso es plural).

ti (CI), **camisas** (CD): Estoy comprándo*telas* ahora mismo. (*te*, pronombre de CI; *las*, pronombre de CD. *Te* hace referencia al también pronombre «ti», como vimos antes que también sucede con *me* y *mí*).

§4.6.5 Pronombres enclíticos

Son los pronombres personales de complemento directo (*me, te, os, lo, los, la, las*) y de complemento indirecto (*me, te, os, le, les, se*) que pueden *pegarse* a verbos conjugados, infinitivos y gerundios. También son enclíticos los reflexivos (*me*, *nos*, *te*, *se*) y los recíprocos (*nos*, *os* y *se*), que también pueden pegarse a verbos conjugados, infinitivos y gerundios. «Enclítico», de hecho, significa originalmente «apoyado»; es como si el pronombre estuviera recargado en el verbo conjugado, infinitivo o gerundio al que se adhiere:

Haz**lo** como mejor te parezca. (de complemento directo)
Comuníca**le** lo que sientes. (de complemento indirecto)
A veces, confesar**se** es liberador. (reflexivo)
Bañémo**nos** antes de salir. (reflexivo)
¡Están abrazándo**se**! (recíproco)
¡Estabais besándo**os**! (recíproco)

§4.6.6 Pronombres exclamativos

Sirven para formar expresiones exclamativas:

¡Que **qué**!
¡**Quién** dice!
¡**Cómo** crees!

§4.6.7 Pronombres impersonales

Se usan el pronombre reflexivo *se* y los indefinidos *uno* y *una* para expresar que algo *se* hizo en oraciones donde el énfasis está en el hecho en sí, y no en el sujeto que lo realiza o cuando no se quiere ser muy directo y usar los pronombres personales *yo*, *mí* o *nosotros* (*-as*). Los pronombres impersonales son, como ya se dijo, *se*, *uno* y *una*. Estos siempre acompañarán a un verbo conjugado en tercera persona, y las oraciones que forman son uno de los tipos de oraciones impersonales.

¡**Se** hizo la luz! **Uno** nunca sabe... (Por «yo no sé» o «yo no puedo estar seguro»).
Se firmó la ley. Es normal que **una** quiera verse bien. (Por «es normal que yo quiera verme bien»).
Se cayó. ¿Pero qué pensarían de **uno**? (Por «¿pero qué pensarían de mí?» o «...de nosotros?»).

Coloquialmente, en la lengua hablada también se usan los pronombres de segunda persona *tú* y *te* de manera impersonal: «¿Cómo *llegas* (*tú*) al sur de la ciudad?», «*Te vas* (*tú*) por la Avenida de los Insurgentes y *llegas* (*tú*) a ese teatro», «*Tú vas* caminando tranquila cuando *te* sale tremendo animalón y *te* asusta con sus ladridos». Sin embargo, esto pertenece más bien al lenguaje oral y, por tanto, no es recomendable emplear la segunda persona impersonal en la escritura esmerada.

§4.6.8 Pronombres interrogativos

Sirven para formular preguntas: *¿Qué?*, *¿Quién? ¿Cuánto?*...

¿Cuántos tienes?
¿Quiénes vinieron a buscarte?
¿Qué quiso decir?

§4.6.9 Pronombres neutros

Estos tienen género neutro; es decir, que no son ni femeninos ni masculinos, pero sí agrupan sustantivos tanto de un género como del otro. Hay cinco: *eso, esto, aquello, lo* y *ello*.

Lo siento mucho.
Ello es muy importante.
Eso es lo mejor.

Los pronombres demostrativos neutros (*eso, esto, aquello*) jamás han llevado tilde, pues es imposible que uno pretenda usarlos como adjetivos debido a que no admiten de ningún modo servir de modificadores de sustantivos. No podemos decir, por ejemplo, ˟*Colocó ambos pies en **esto** piso* ni ˟*Me gusta más **aquello** banco de madera* o ˟*¡Qué maravilloso es **eso** barco!* En estos casos, solo caben los pronombres demostrativos masculinos singulares *este, aquel* y *ese*, respectivamente: ✓*Colocó ambos pies en **este** piso*, ✓*Me gusta más **aquel** banco de madera* y ✓*¡Qué maravilloso es **ese** barco!*
El pronombre *lo* es pronombre de complemento directo, pero también puede sustituir al atributo con valor sustantivo (es decir, al atributo cuando es pronombre) y al sujeto de la oración copulativa, y es neutro solo cuando dicho

complemento directo (o dicho atributo o dicho sujeto) no tiene género o es neutro también. Estos elementos neutros pueden ser palabras, frases u oraciones independientes o subordinadas:

Piensan dejarme, mas no **lo** conseguirán. (*Lo* sustituye al infinitivo *dejar* más el pronombre *me*, que forman una palabra que carece de género y que aquí es complemento directo del verbo *piensan*).

Haré mi voluntad aunque no **lo** quieras. (*Lo* sustituye a la oración independiente *Haré mi voluntad*. Pero ¿qué es lo que no *quieres*? ¡Que *haga mi voluntad*! Es decir: en la subordinada, *lo* es el complemento directo de *quieras*, cuyo antecedente es la oración principal *Haré mi voluntad*. Si fuéramos a poner el complemento directo en lugar del pronombre que le corresponde, quedaría así: «Haré mi voluntad aunque no quieras que haga mi voluntad»).

Dijeron que llegarían a tiempo, pero siempre **lo** dudé. (*Lo* sustituye a una oración sustantiva que funge como complemento directo).

¿Afirmó eso? Sí, **lo** afirmó. (*Lo* sustituye al pronombre neutro *eso*, que es complemento directo de *afirmó*).

Todo aquello fue muy triste. **Lo** fue. (*Lo* sustituye al pronombre neutro *aquello*, que en este caso es el sujeto de la oración copulativa).

¿Crees que yo soy esto? Sabes que sí **lo** creo. (*Lo* sustituye al pronombre neutro *esto*, que es el atributo de la oración copulativa «yo soy esto»).

¡Vestida así, parezco chango! ¿Qué te digo? Sí, **lo** pareces. (*Lo* sustituye al atributo nominal *chango*).[1]

Si el antecedente o aquello a lo que hace referencia el pronombre *lo* es masculino singular, dicho pronombre (*lo*) también se entenderá como masculino singular (no como neutro).

---

1 Véase el apartado §1.3 de este libro si hubiera dudas sobre qué es el atributo nominal. También puede consultarse el glosario.

El pronombre *ello*, por otro lado, sustituye normalmente a sustantivos abstractos o a series que incluyen elementos tanto masculinos como femeninos, y a oraciones que no tienen género:

Eso del «amor y paz» ya está muy superado, pero tú no dejas de hablar de **ello**. (Sustituye a una serie de sustantivos abstractos).

Compré ropa, zapatos y accesorios de fantasía, y todo **ello** me hace feliz. (Sustituye a una serie que incluye un elemento femenino y dos masculinos).

Ten cuidado con lo que dices: no tienes idea de **ello**. (Sustituye a la oración «lo que dices»).

En los ejemplos anteriores también cabría perfectamente el pronombre neutro *eso*.

§4.6.10 Pronombres numerales

A diferencia de los pronombres **cuantitativos**, los numerales designan a aquello que sustituyen por su número preciso; solo *uno* (*una*) es singular, y todos los demás, plurales; solo *uno* y *una*, *veintiuno* y *veintiuna*, así como los números cerrados *doscientos, doscientas, trescientos, trescientas...* tienen femenino. Además de los anteriores, algunos numerales son los siguientes: *dos, tres, cuatro, cinco... quince, veintitrés, veintiséis... quinientos, quinientas... mil.*[2]

¿En qué página está la información? Está en la **dieciséis**.
¿Cuántos kilos compraste? Compré **treinta**.
¿Cuántas computadoras hay en el laboratorio? Hay **veintiuna**.

---

2 Conviene revisar la *Gramática esencial del español. Introducción al estudio de la lengua*, de Manuel Seco (3.ª ed., 1995, pp. 160-161) para ver a detalle los numerales que forman la lista completa.

§4.6.11 Pronombres personales

Son aquellos que están en lugar de las llamadas *personas gramaticales* y tienen persona (primera, segunda, tercera) y número (singular, plural). Algunos tienen género también (femenino, masculino y neutro), y algunos más caben también en otras clasificaciones, como pronombres de complemento directo e indirecto o posesivos.

Pronombres personales de primera persona de singular: *yo, me, mí, conmigo, mío, mía.*

Pronombres personales de segunda persona de singular: *tú, vos, usted, te, ti, contigo, tuyo, tuya.*

Pronombres personales de tercera persona de singular: *él, ella, ello, sí, consigo, la, lo, le, se, consigo, suyo, suya.*

Pronombres personales de primera persona de plural: *nosotros, nosotras, nos, nuestros, nuestras.*

Pronombres personales de segunda persona de plural: *vosotros, vosotras, ustedes, os, vuestro, vuestra, suyos, suyas.*

Pronombres personales de tercera persona de plural: *ellos, ellas, las, los, les, se, suyos, suyas.*

Vos sabés qué hacer.
Ustedes dirán **lo** que quieran.
Quiero ir **contigo** al baile de graduación.
Ella lo trajo **consigo**.

Es necesario observar que aunque *conmigo, contigo* y *consigo* se consideran pronombres porque son palabras que los incluyen (*migo, tigo, sigo*), al mismo tiempo son formas prepositivas porque están pegadas a la preposición *con*, y no deben separarse. Siempre trabajarán juntas y serán complemento preposicional justamente porque tienen esa forma: preposición vacía (*con*) + pronombre (elemento con valor sustantivo).

§4.6.12 Pronombres posesivos

Expresan posesión o pertenencia, tienen rasgo de **persona gramatical** (primera, segunda, tercera), de **género** (femenino y masculino) y de **número** (singular o plural).

Pronombres posesivos de primera, segunda y tercera personas de singular: *mío*, *mía* *tuyo*, *tuya*, *vuestro*, *vuestra*, *suyo*, *suya*.

Pronombres posesivos de primera, segunda y tercera personas de plural: *míos*, *mías*, *nuestros*, *nuestras*, *tuyos*, *tuyas*, *vuestros*, *vuestras*, *suyos*, *suyas* (estos dos últimos son tanto de segunda como de tercera personas):

Esas pijamas son **vuestras**.
¡Esta es **mía**!
Es toda **suya**, caballero.
¡Entiende que no son **míos** ni **tuyos**, ni —mucho menos— **suyos**!

Es necesario aclarar que cuando estas palabras posesivas acompañan al sustantivo, dejan de ser pronombres y se convierten en adjetivos, y que en estos casos siempre van pospuestas; es decir, que van después de los sustantivos: ✓el padre *mío*, ✓¡Es hija *suya*!, ✓ustedes son el corazón *nuestro*... Pero —hay que insistir— cuando es adjetivo nunca puede ir antepuesto al sustantivo (o sea, antes que él): ˣel *mío* padre, ˣ¡Es *suya* hija!, ˣustedes son el *nuestro* corazón. Para que fuera correcto en este último ejemplo, habría que quitar el artículo *el*: ✓ustedes son *nuestro* corazón.

§4.6.13 Pronombres reflexivos

A veces, los pronombres personales *me*, *te*, *se*, *nos* y *os* forman oraciones en las que el sujeto y el complemento directo son el mismo. De ahí viene su nombre: *reflexivos*. Es como si el sujeto se reflejara a sí mismo en un espejo, y por eso la acción del verbo recayera sobre él:

Me bañé (yo bañé a mí)
Te bañaste (tú bañaste a ti)
Se bañó (él o ella bañó a sí)
Se bañaron (ellos o ellas bañaron a sí mismos)
Nos bañamos (nosotros o nosotras bañamos a nosotros o nosotras)
Os bañasteis (vosotros o vosotras bañasteis a vosotros o vosotras)

§4.6.14 Pronombres recíprocos

Forman oraciones en las que la acción es recíproca; es decir, un sujeto realiza una acción que recae en otro, el cual —a su vez— realiza la misma acción que recae en el primero. Por eso estos verbos siempre se conjugan en plural. Los pronombres recíprocos son *nos, os* y *se*:

Nos escuchamos (el uno al otro) con atención.
Vosotros **os** amáis (el uno al otro) profundamente.
Ustedes **se** odian (el uno al otro) desde hace mucho tiempo.
Ellas **se** saludan (la una a la otra) todas las mañanas.

§4.6.15 Pronombres relativos

Sirven para introducir (enlazar) **oraciones subordinadas**, principalmente **adjetivas,** pero también con valor sustantivo: *que, cual, cuales, quien, quienes, cuanto, cuanta, cuantos, cuantas, cuyo, cuya, cuyos, cuyas*. En los siguientes ejemplos, el pronombre relativo va en letra negrita y con subrayado sencillo junto con el verbo subordinado; el verbo principal tiene doble subrayado:

La caja **que** tiraste a la basura podía ser reciclada. (oración subordinada adjetiva)
Fui a ver esa película, la **cual** es pésima. (oración subordinada adjetiva)
Quienes trajeron vino no bebieron. (oración subordinada sustantiva)
Cuanto diga será usado en su favor. (oración subordinada sustantiva)
Ayer vi a mi amiga **cuyo** marido es abogado. (oración subordinada adjetiva)

Vale la pena hacer un par de observaciones: el relativo *que* admite el artículo *el*; *cual* siempre debe llevar artículo: *el* cual, *la* cual, *los* cuales, *las* cuales. Mientras, *cuyo* y sus variantes son —además de relativos— posesivos.

Aunque la construcción «Ayer vi a mi amiga que su marido es abogado» se emplea, en ocasiones, en el lenguaje oral, no se admite en la norma culta.

En cuanto al pronombre relativo *que*, también es importante señalar que solo introducirá oraciones subordinadas adjetivas. Cuando esta palabra aparece introduciendo subordinadas sustantivas, ya no se le puede considerar pronombre sino conjunción.

Ejercicios

A. Sustituye las frases y oraciones que están en negritas por los pronombres que mejor les queden y reescribe los enunciados con dichos pronombres.

1. **Silvia, Eugenia y Valeria** se fueron de compras.

   _____

2. No seas grosero con **quien más te ama**.

   _____

3. Mira a **los niños indefensos que viven en la calle**.

   _____

4. ¿Conseguiste finalmente **la mesa de la esquina**?

   _____

5. **Los que nunca te cuidaron** no merecen que pienses en eso.

   _____

6. Pon **los cuadernos forrados** sobre la mesa.

   _____

7. Tengo cuatro camas. ¿Me traes **un par**, por favor?

   _____

8. ¿Los libros son **de María**?

   _____

9. Estudiamos a **los animales salvajes**.

_____

10. No sabemos nada de **lo que estás hablando**.

_____

B. Inventa los sustantivos, frases y oraciones sustantivas a los cuales los pronombres en letra negrita pudieron haber sustituido. Por supuesto, hay muchas opciones.

1. Tienes que respetar**la**.

_____

2. Tráeme **aquellos** por favor.

_____

3. ¿Son **suyos**?

_____

4. No quiero pensar en **ello**.

_____

5. ¿**Se lo** dijiste todo?

_____

6. **Ellos** pueden decir misa.

_____

7. **Esa** es de él.

_____

8. **¡Esto** es inaudito!

_____

9. **¿Quién lo** dijo?

_____

10. **Les** traje café.

_____

C. Analiza cómo están utilizándose las palabras en letra negrita y escribe en la línea «pronombre» si se usa como tal o «adjetivo» si está en esa posición.

1. **Esa** es **mía**. _____ / _____

2. **Tú** sabes **que** eres hija **mía**. _____ / _____ / _____

3. **Tu** cuaderno está en **aquella**. _____ / _____

4. Trajeron **cien**, pero son **suyos**. _____ / _____

5. ¡Amigos **míos, este** es mejor! _____ / _____

D. ¿Qué funciones tienen los pronombres subrayados dentro de las siguientes oraciones? Pueden ser sujeto, complemento directo, complemento indirecto o estar dentro de un complemento circunstancial. Escríbelo en la línea.

1. Tú dices muchas tonterías a <u>ellas</u>. _____

2. <u>Ellas</u> piensan que quieres engañarlas. _____

3. Cómpra<u>las</u> en el mercado. _____

4. Pedro y Martín quieren <u>eso</u>. _____

5. Estudié y fui muy feliz en <u>ella</u>. _____

6. ¡A <u>mí</u> no me hablas así! _____

7. Me senté en <u>esta</u> y se rompió. _____

8. Te lo trajo a <u>ti</u>. _____

E. Escribe en la línea de qué clase de pronombre se trata. Recuerda que algunos caben en más de una.

1. cuyas _____

2. estos _____

3. mí _____

4. les _____

5. vosotras _____

6. siete _____

7. alguien _____

8. te _____

9. ¿Cuántos? _____

10. nos _____

11. ello _____

12. vos _____

13. ¡Qué! _____

14. cuales _____

15. lo _____

16. se   _____

17. os   _____

18. las   _____

19. consigo   _____

20. muchos   _____

F. Crea una oración por cada pronombre del ejercicio anterior.

1. _____

2. _____

3. _____

4. _____

5. _____

6. _____

7. _____

8. _____

9. _____

10. _____

11. _____

12. _____

13. _____

14. _____

15. _____

16. _____

17. _____

18. _____

19. _____

20. _____

Capítulo 5

Preposición

§5.1 ¿Qué es la preposición?

Las preposiciones suelen establecer relaciones entre dos o más fenómenos, sean personas, objetos, instituciones o ideas abstractas: «El libro está **sobre** la mesa», «Estamos **en contra de** la propuesta», «Tomaremos el camino **hacia** Santiago», «Permanecerá **bajo** nuestra vigilancia».

Se trata de palabras invariantes —es decir, no tienen ni género ni número— que *introducen* un **término** que la inmensa mayoría de las veces es nominal (o sea que es un <u>sustantivo</u> o una frase u oración sustantiva), pero que también —aunque en menor medida— puede ser adjetival, adverbial y hasta preposicional:

> **para** <u>Claudia</u> (nominal, palabra)
> **entre** los mejores <u>estudiantes</u> (nominal, frase)
> **de** <u>que era su cumpleaños</u> (nominal, **oración subordinada sustantiva**)
> **desde** <u>chiquito</u> (adjetival, palabra)
> **desde** muy <u>joven</u> (adjetival, frase)
> **hasta** <u>allá</u> (adverbial)
> **por** <u>**entre** los dedos</u> (preposicional)

A partir de la preposición, el elemento se llama **complemento preposicional** (o **prepositivo**); muchas veces es **adnominal** (es decir, que modificará a un nombre, a un **sustantivo**), pero también puede modificar a **adjetivos**, **verbos** y **adverbios**:

algodón **de** azúcar (modifica a un **sustantivo**, como lo hacen los **adjetivos**)
cuento **con** ustedes (modifica a un **verbo**, como lo hacen los **adverbios**)
bueno **en** Matemáticas (modifica a un **adjetivo**, como lo hacen los adverbios)
igual **a** tu madre (modifica a un **adverbio**, como lo hacen los adverbios)

Las preposiciones aceptadas por la mayoría de los gramáticos son las siguientes: *a, ante, bajo, cabe* (que ya no se usa; significa «junto a»), *con, contra, de, desde, durante, en, entre, hacia, hasta, mediante, para, por, según, sin, so* (que se usa muy poco; significa «bajo»), *sobre, tras, versus* y *vía*.

§5.1.1 Frase preposicional

Las preposiciones siempre trabajan con otras palabras, por lo que todo el tiempo forman frases. Son ellas las que introducen —conectan— al término (nominal, adjetival, preposicional o adverbial, como se explicó en el apartado anterior) con la palabra a la que modifican, que puede ser un sustantivo, un adjetivo, un verbo o —menos comúnmente— un adverbio: auto *de carreras*, contento *de verte*, llegó *hasta aquí*, menos *a él*.

Así, todo complemento preposicional (en cualquiera de sus funciones: complemento adnominal, complemento de adjetivo, complemento preposicional del verbo, complemento circunstancial o atributo en oraciones copulativas) es una frase, pues las preposiciones no tienen razón de ser si están solas.

Cuando la frase preposicional modifica a un sustantivo (es decir, cuando es un complemento adnominal), tiene la función de adjetivo, por lo que también se la puede llamar *frase adjetiva*: escuela *de prestigio* (en lugar de «escuela *prestigiosa*»), casa *de campo* (en lugar de «casa *campirana*»), tiempo *de lluvias* (en lugar de «tiempo *lluvioso*»).

§5.1.2 Locución preposicional

Las locuciones preposicionales (como todo tipo de locuciones) son frases que tienen forma fija. Esto significa que se comprenden como frases hechas y como una sola preposición. Sin embargo, mucha gente se confunde con las preposiciones de estas locuciones, por muy frases hechas que sean.

La mayoría de ellas se conforman por preposición más sustantivo más preposición; también con sustantivo más preposición y con adjetivo o participio más preposición. Hay —quizá— un par más de fórmulas, pero las mencionadas son las más comunes. Abajo se muestran algunos ejemplos...

Preposición más sustantivo más preposición: *de acuerdo con, so pretexto de, so pena de, con base en, a base de, a costa de, en relación con, de conformidad con, a causa de, a petición de, en* (o *con*) *dirección a, de parte de, con respecto a* (o *de*), *en cuanto a*...

Sustantivo más preposición: *rumbo a, camino de, gracias a, respecto de* (o *a*).

Adjetivo o participio más preposición: *debido a, relacionado con, tocante a*...

§5.2 ¿Qué propiedades tiene la preposición?

Las preposiciones son invariantes, lo que significa que no tienen rasgos de género ni de número y no concuerdan con ninguna otra categoría gramatical. Son palabras simples, pero siempre forman frases que se inician con ellas y son un solo grupo indivisible.

§5.3 ¿Cómo funciona la preposición?

Siempre van antes de aquello que introducen (término): ✓**hacia** su casa, no ˣsu casa **hacia**; ✓**de** la tienda, no ˣla tienda **de**; ✓**con** los mínimos modales, no ˣlos mínimos modales **con**.

Pueden ir dos juntas consecutivamente: **de entre** la multitud, **de a** caballo, **de por** medio... O dos o más en una misma frase: policía **de** tránsito urbano **de** Ciudad Victoria **a** su servicio.

Algunas tienen pleno significado, como *bajo, durante, entre, según, versus* y *vía*, y otras, además, tienen función gramatical, como *a, con, de* y *en* (véase **preposiciones vacías o de puro enlace**); la preposición *a* sirve —entre otras cosas— para introducir **complementos indirectos** y, a veces, los **directos**.

La preposición *de*, por ejemplo, puede significar origen, lo contenido en algo o materia (entre otras acepciones): *viene de Holanda, vaso de agua, mesa de madera*. Pero igualmente puede ser nada más funcional, como en *fuera de la escuela, decepcionado de ustedes*.

La mayoría de las preposiciones tienen significados abstractos que realmente dependen de aquello que introducen; es decir, su significado depende de lo que les sigue. Algunas suelen indicar la posición de unos elementos en relación con otros, como se apuntó al principio de este capítulo: *ante, bajo, cabe, contra, entre, so, sobre* y *tras*. Otras indican dirección u orientación: *a, hacia*. Unas más, finalidad o causa: *para, por*. Unas más, destino, término o límite, ubicación temporal o espacial, compañía, colaboración, medio, cualidad, manera, condición, oposición, origen espacial y temporal, pertenencia, contenido, cantidad, asunto, materia, utilidad o servicio, destinatario, trayecto, ubicación aproximada, duración, privación o carencia: *a, con, contra, de, en, entre, hasta, para, por, sin, sobre, tras*. La preposición *por*, además, introduce el agente en la voz pasiva.

Algunas preposiciones tienen muchos, muchísimos, significados (especialmente *a* y *de*) que sería imposible poner aquí, pero que cualquiera puede consultar en el *Diccionario de la lengua española* en la liga dle.rae.es. Como ejemplo, solo bastarán cinco botones (porque no se pondrán ejemplos de los 27 significados —usos— de la preposición *de*):

vaso **de** Patricia (pertenencia)
vaso **de** vidrio (materia)
vaso **de** agua (lo contenido en algo o la cantidad de algo. Significa que lo que irá dentro del vaso es agua. También, que la cantidad de agua es la que cabe en un vaso, no la de un garrafón o un río, por ejemplo. Por eso no es apropiado decir ni escribir «vaso con agua» si lo que se pide no es un vaso mojado o con cualquier cantidad de agua en él).
clase **de** Física (asunto o materia)
de lunes a viernes (desde)

§5.4 ¿Cómo *no* debe usarse la preposición?

La preposición jamás irá al final de la frase u oración a la que introduce, pues para que lo haga, para que introduzca elementos (palabras, frases u oraciones sustantivas la mayoría de las veces) debe precederlos: ✓**para** que lo haga, no ˣque lo haga **para** (solo sería correcto si fuera otro el sentido); ✓**en** la montaña, no ˣla montaña **en**; ✓**sobre** los mares, no ˣlos mares **sobre**.

El error más común al emplear las preposiciones es usar la incorrecta. Algunas palabras o expresiones admiten varias preposiciones, pero otras solo admiten una. Otras pueden llevar preposición o no llevarla, y otras más no deben llevarlas jamás. Ejemplos:

✓*acordarse **de** que...*, no ˣ*acordarse que...*
✓*dijo que...*, no ˣ*dijo **de** que...*
✓*es que...*, no ˣ*es **de** que...*
✓*necesitar **de**...* o ✓*necesitar...* o ✓*necesitar que...*
✓*requerir* o ✓*requerir que*, no ˣ*requerir **de***
✓**con** *base* **en**, no ˣ**en** *base* **a**
✓**en** *relación* **con** o ✓**con** *relación* **a**, no ˣ**en** *relación* **a**
✓*de acuerdo* **con**..., no ˣ*de acuerdo* **a** (a menos que no sean personas; con estas siempre debe usarse *con*). En otras palabras, si siempre usamos *con* después de *de acuerdo*, nunca nos equivocaremos. Si deseamos emplear *de acuerdo a*, sin embargo, no debe tratarse de personas sino de cosas o conceptos: *de acuerdo a la filosofía hegeliana* —porque la filosofía hegeliana es un concepto—, pero *de acuerdo con Hegel*, porque Hegel era un ser humano.

§5.5 ¿Cómo se relaciona la preposición con otra clase de palabras?

La preposición enlaza a un sustantivo, adjetivo, adverbio, verbo o a otra preposición con un término al cual introduce (y precede siempre). Dicho término suele ser un elemento nominal (sustantivo: palabra, frase u oración), pero en algunos casos puede ser también adjetival, adverbial o hasta preposicional. A continuación se repiten los ejemplos que de esto se pusieron en el apartado §5.1.

Una <u>carta</u> **para** <u>Claudia</u> (enlaza un elemento sustantivo a otro también sustantivo).

Se <u>escondía</u> **entre** los mejores <u>estudiantes</u> (enlaza un verbo a una frase sustantiva).

No se acordó **de** que era su cumpleaños (enlaza un verbo a una **oración subordinada sustantiva**).

Bonito **desde** chiquito (enlaza un adjetivo a otro adjetivo).

Maestro **desde** muy joven (enlaza un sustantivo a una frase adjetiva).

Llegó **hasta** allá (enlaza un verbo a un adverbio).

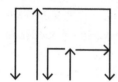

Agua **por entre** los dedos (*entre* enlaza a la preposición *por* a la frase sustantiva «los dedos»; al mismo tiempo, *por* enlaza el sustantivo «agua» con el complemento preposicional «*entre* los dedos»).

A partir de la preposición, y hasta donde acaba el término, se llama **complemento preposicional**. Si este complemento modifica a un sustantivo, se llamará **adnominal** (que significa «junto al nombre»). Si modifica a un adjetivo, se llamará complemento preposicional **del adjetivo**; si modifica a un adverbio, complemento preposicional **del adverbio**. Pero si modifica a un verbo, el complemento podrá ser o **circunstancial** o **preposicional del verbo** (CPV). Para ver cuándo es circunstancial y cuándo es CPV, hay una técnica sencilla que se ve más adelante, en el apartado §5.5.1 «Preposición vacía o de puro enlace». Por lo pronto, a continuación se repiten los ejemplos que de esto se pusieron en el apartado §5.1 «¿Qué es la preposición?»:

algodón **de** azúcar (complemento adnominal, porque modifica al sustantivo *algodón*) cuento **con** ustedes (complemento preposicional del verbo porque modifica al verbo *cuento*, pero en «lo puso **sobre** la mesa», lo subrayado es complemento circunstancial)

bueno **en** matemáticas (complemento preposicional del adjetivo *bueno*)

igual **a** tu madre (complemento preposicional del adverbio *igual*)

Algo curioso ocurre en castellano con las preposiciones *a* y *de*. Son las únicas que se fusionan con el artículo definido masculino singular *el*, y forma las contracciones *al* y *del*, que solo para efectos de análisis gramatical habrán de separarse. Si no hay que analizar gramaticalmente una frase, no hay por qué separarlos. Es decir: es incorrecto que escribamos o pronunciemos, por ejemplo: «Ella es la mamá de el Chapo».

§5.5.1 Preposición vacía o de puro enlace

Las preposiciones *a*, *con*, *de* y *en* se consideran vacías o de puro enlace cuando fungen como mera conexión; es decir, cuando no tienen significado y nada más sirven para unir un elemento a otro. Solo estas preposiciones pueden formar **complemento preposicional del verbo**.

Así, por un lado, cuando en un enunciado encontramos un complemento del predicado que se inicia con alguna de estas cuatro preposiciones, hay que estar alerta para determinar si se trata de un simple complemento circunstancial o si es un complemento preposicional del verbo.

Por otro lado, hay verbos que solo admiten complemento con alguna de estas cuatro preposiciones: «Confiamos *en* su capacidad», «Se alegraron *de* vernos», «¿Te acuerdas *de* tu abuela?», «Soñé *con* ustedes», «Me refiero *a* él», «Hablaron *contigo*», «Hablaron *de* ti...» La que más se usa es *de*. Estos complementos, pues, siempre serán preposicionales del verbo.

Ejercicios

A. Completa el párrafo con las preposiciones que le faltan.

Cuando era niño, mientras cenábamos galletas _____ leche _____ vaca, mi

mamá me ponía la radio _____ que escucháramos cuentos musicalizados.

Preposición

Entonces conocí la historia _____ «Pedro y el lobo»,

_____ compositor soviético Sergio Prokofiev. Como _____ inmediato se

convirtió _____ mi cuento favorito, mi madre me compró el disco

_____ que pudiera ponerlo _____ que me cansara... Su música me

fascinaba; las trompas, que representaban _____ lobo, me ponían los

cabellos _____ punta; recuerdo que cuando escuchaba ese sonido, tomaba

la mano _____ mi progenitora _____ sentirme seguro, y sufría imaginando lo

que pasaría _____ continuación. _____ veces tiraba lo que hubiera _____ la

mesa _____ el susto que me provocaban esos sonidos profundos. Ah, pero

la flauta me alegraba muchísimo. No importaba que hubiera escuchado el

cuento mil veces antes, cada vez que lo oía, me emocionaba _____ nuevo

como la primera vez. Me veía encarnando _____ Pedro, salvando _____

abuelo _____ las garras _____ malvado lobo... Jamás me cansé _____ esa

historia ni _____ esa música. ¡Sin duda, sigue siendo una _____ mis obras

favoritas!

B. Escribe en la línea «correcto» o «incorrecto» según estén bien o mal empleadas las preposiciones.

1. **De acuerdo a** la autora, hay que confiar en los propios instintos.

   _____

2. **Con base en** lo anterior, debemos llegar a una conclusión.

   _____

3. Esta harina está hecha **a base de** avena y amaranto.

   _____

4. Vamos a **enseñarle a cómo** hacer bebidas saludables.

_____

5. La verdad **es de que** vinimos a cenar temprano.

_____

Capítulo 6

Verbo

§6.1 ¿Qué es el verbo?

El verbo es, básicamente, acción (puede ser visible o invisible, interna), pero también puede expresar estados físicos, psicológicos y emocionales.

El verbo es lo más importante dentro de la oración. Sin él no pasaría nada, y nuestros escritos serían prácticamente ininteligibles. Sería como ir a ver una obra de teatro, y encontrarnos con una escenografía, actores, vestuario, iluminación, pero que no sucediera nada, que nadie se moviera o mostrara sentimiento alguno... O ir al cine y solo ver un cuadro estático —como una foto donde tampoco se vea movimiento alguno—, o a un partido de nuestro deporte favorito, pero en el que los jugadores permanecieran inmóviles. Y eso podría ser, quizá, desconcertante y hasta atractivo en un inicio. Podríamos pensar ¿qué sucede? ¿Es esto un performance? ¿Los atletas están protestando por algo? ¿Esta es la propuesta del director? Tal vez, de entrada podría parecernos, incluso, maravilloso... Pero no creo que esa sensación nos durara más de algunos segundos; a lo mejor, hasta unos minutos... Después de un tiempo, sin embargo, desearíamos que sucediera algo, que hubiera *acción*.

La **acción** que expresa el verbo puede ser **física...**

Bailo con mi sombra.
Reíamos a carcajadas.
No **vuelvas** nunca.

...un **estado físico**...

> **Estaba cansada** de dormir.
> **Estuvo alerta** toda la noche.
> **Estaría dormida** si pudiera conciliar el sueño.

...**emocional**...

> **Estuve enojada** durante toda la fiesta.
> **Estarán enamorados** dos segundos.
> Se **contrariaron** por su muerte repentina.

...**o psíquico**...

> **Piensa** en todo lo que ha hecho.
> **Consideraré** los hechos.
> **Supusieron** cómo sucedió.

...un **sentimiento**...

> **Odia** lo relacionado con ella.
> Vosotros **amabais** el espagueti a la boloñesa.
> Ellas **quieren** mucho a sus mascotas.

Asimismo, pueden expresar —sencillamente— **existencia**...

> **Había** tres litros de leche.
> **Hay** más afuera.
> **Habrá** 30 personas en este salón, incluyéndome.

...**o sustancia**

> Él **es** inteligente.
> Los bebés **son** sensibles.
> Esa ropa **era** abrigadora.

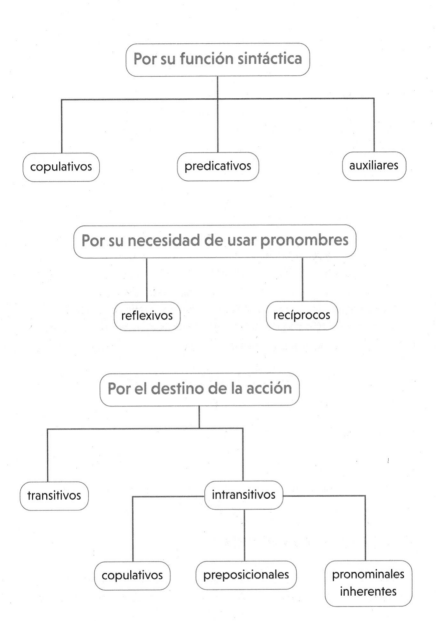

Por su función sintáctica

copulativos · predicativos · auxiliares

Por su necesidad de usar pronombres

reflexivos · recíprocos

Por el destino de la acción

transitivos · intransitivos

copulativos · preposicionales · pronominales inherentes

§6.1.1 Frase verbal (perífrasis verbal o verbo perifrástico)

Las frases verbales son verbos que necesitan completar su acción con más de una palabra. Dicho de otro modo, se trata de verbos perifrásticos o perífrasis verbales, como también son conocidas, y se ven con detalle en el apartado §6.7.1.6.

§6.1.2 Locución verbal

Como sucede con otras clases de locuciones, las verbales son frases hechas e inamovibles que a veces incluyen verboides, y a veces, otros tipos de palabras. En estas no podemos cambiar por otra cosa la parte no personal o el adverbio, verbo o sustantivo con que se forma, porque perdería su sentido.

Alex Grijelmo, en *La gramática descomplicada* (Taurus, Santillana Ediciones Generales, 6.ª reimpresión, 2010, de la 1.ª impresión, 2006, México, p. 242), pone estos ejemplos de locuciones verbales:

Decimos «Te echo de menos», no «Te echo de más»
Decimos «Lo has echado a perder», no «Lo has echado a ganar»
Decimos «Lo daré a conocer», no «Lo daré a desconocer»
Decimos «Hace falta», no «Hace sobra»
Decimos «Vaya usted a saber», no «Vaya usted a desconocer»
Decimos «Echar en cara», no «Echar en pies»
Decimos «Saber a ciencia cierta», no «Saber a ciencia equivocada»

§6.2 ¿Qué *no* es el verbo?

Según la metodología de *Redacción sin dolor*, que aquí empleamos, las formas no personales del verbo (también conocidas como «verboides») *no* son verbos, a pesar de que en las gramáticas se los considere y llame como tales. Hacemos esto para tener mayor claridad, con la finalidad de que el estudiante distinga perfectamente entre un verbo conjugado (el cual nos da toda la información que necesitamos para localizar al sujeto) y aquellas palabras que —como los verbos conjugados— nos dan la idea de acción, pero no nos proporcionan dicha información.

§6.2.1 Verboides (formas no personales del verbo)

Para llegar a comprender qué son los verbos, quizá convenga empezar con lo que *no* son... Suelen llamarse *verbos* a todas las formas en que la idea de acción puede presentarse, como en *caminar, caminado, caminante, caminando* y *caminamos*, por ejemplo. Sin embargo, para efectos prácticos del análisis gramatical —y según la metodología de *Redacción sin dolor*—, solo deberíamos llamar *verbos* a los que están conjugados, como *caminamos*, en el ejemplo anterior. Esto, porque **solo los verbos conjugados pueden ser núcleo de predicado en las oraciones.** Y lo anterior se debe a que la conjugación del verbo nos dice quién realiza la acción (persona) cuántos la realizan (número), desde qué punto de vista (modo) y cuándo (tiempo).

Las otras cuatro palabras que están en el ejemplo (*caminar, caminante, caminado, caminando*) parecen verbos, pero no lo son; dan la idea de acción, pero no dan más que esa información. Se trata de los **verboides** o *formas no personales del verbo*, y existen tres tipos: **infinitivos, participios** (activos y pasivos) y **gerundios.**

§6.2.1.1 Infinitivo

Los infinitivos terminan en *-ar, -er* e *-ir*: *fumar, correr, herir*, y suelen funcionar como sustantivos debido a que son los nombres de los verbos. Decimos, por ejemplo, «la maestra Roxana recibirá un premio», y así sabemos que «Roxana» es el nombre de la maestra. De la misma manera, decimos, también como ejemplo, «el verbo *confundir* me resulta muy claro». Así podemos ver que el infinitivo *confundir* es el nombre de esa acción en particular.

Al infinitivo, como sustantivo, puede antecederlo el artículo *el*: «*El confundir* a sus novias le parece gracioso». Y también puede ser sujeto de una oración: «*Trotar* es saludable». Asimismo, puede fungir como complemento directo («pienso *trotar* esta mañana»), complemento indirecto («echó la culpa de sus malestares físicos a *estar* todo el día sentado») o estar en el complemento preposicional del verbo (me acuerdo de *haber ido* a comprar los zapatos). Pero los infinitivos también se unen a otros verbos conjugados para formar **verbos perifrásticos** (§6.1.1 y §6.7.1.6), como *vamos a **ir**, llegaremos a **comprar**, volverán a **sufrir***.

Gramaticalmente, hay tres conjugaciones en castellano: primera, segunda y tercera (aunque suene a mal chiste)... Lo que decide si un verbo es de primera, segunda o tercera conjugación es la terminación de su infinitivo, de su nombre.

Si termina en -*ar*, será un verbo de primera conjugación; si acaba en -*er*, pertenecerá a los verbos de segunda conjugación; si finaliza en -*ir*, se tratará de un verbo de tercera conjugación.

§6.2.1.2 Participio

Los participios se dividen en dos clases: **activos** y **pasivos**. Los participios **activos** terminan en -*ante* y -*ente*: *estudiante, pasante, doliente*. Suelen tener valor sustantivo: la *estudiante*, los *pasantes*, las *dolientes*. Pero también pueden emplearse como adjetivos: el niño *estudiante*, los ingenieros *pasantes*, las mujeres *dolientes*.

Los participios **pasivos** se dividen en **regulares** e **irregulares**. Los regulares terminan en -*ado* para la primera conjugación (compr*ar* - compr*ado*), e -*ido* para la segunda y la tercera (com*er*- com*ido* / suprim*ir* - suprim*ido*). Los **pasivos irregulares** terminan en -*to*, -*so* y -*cho* (*escrito, impreso, hecho*).

Algunos verbos tienen tanto participio pasivo regular como irregular; algunos ejemplos son *freír* (fre*ído* / frito), *imprimir* (imprim*ido* / impre*so*), *bendecir* (bendec*ido*, bendi*to*). Los participios pasivos funcionan casi siempre como adjetivos, y como tales tienen forma femenina, masculina, singular y plural para poder concordar con los sustantivos a los que modifican: función *iniciada*, textos *escritos*, libro *impreso*, ejercicio *hecho*, clases *dadas*, libretos *aprendidos*.

Cuando los verbos tienen tanto participio pasivo regular como irregular, los regulares suelen usarse para formar los tiempos compuestos de los verbos (con *haber* como auxiliar), mientras que los irregulares casi siempre se usan como adjetivos: «He fre*ído* las papas» / «Compré papas fr*itas*»; «El sacerdote ha bendec*ido* al bebé» / «¡Bendi*to* bebé!». Sin embargo, algunas veces también se usan los irregulares en la formación de los tiempos compuestos: «He *frito* las papas», y cuando solo existe la forma irregular, esa se usa para formar los tiempos compuestos: «Han *escrito* muchos libros».

En otras ocasiones, no obstante lo anterior, los participios pasivos podrán hallarse como sustantivos: «Llegó la *iniciada*», «Pásame el *escrito*», «Ya está listo el *impreso*», «Díctale el *hecho*». Y también pueden juntarse con algunos verbos para formar *perífrasis verbales* (también llamadas *verbos perifrásticos*): «Te *tengo dicho* que eso no se hace», «Me *dejó anonadada*», «Siempre la *trae apurada*»... Otros verbos con los que el participio forma perífrasis son *ir* y *llevar*.

§6.2.1.3 Gerundio

Los **gerundios** tienen terminación -*ando* para la primera conjugación, y -*endo* o -*yendo*, para la segunda y tercera. Nos dan cierta idea de continuidad en la acción; sin embargo, no pueden ser considerados verbos en sí porque no nos sugieren quién realiza la acción ni cuándo ni cuántos la llevan a cabo ni desde qué punto de vista.

Lo anterior, sin embargo, no significa que el gerundio sea inútil o que haya que eliminarlo de la faz de la tierra, como algunos maestros y editores mal informados piensan, pues tiene varios usos correctos y necesarios. Por desgracia, muchísimas veces se usa mal, y por eso hay quienes prefieren prohibirlo.

Los gerundios suelen fungir —por ejemplo— como adverbios de modo, en cuyo caso su acción se entiende como simultánea a la del verbo principal, del cual dependen: «entró *corriendo*», «se fue *saltando*». En los ejemplos anteriores, se entiende que la manera como entró fue *corriendo*, y que el modo como se fue fue *saltando*.

También es posible que la acción del gerundio sea ligeramente anterior a la del verbo principal: «levantándose de la silla, se desmayó», «Contando del diez al cero, le hizo efecto la anestesia». En el primero de estos dos ejemplos, la persona estaba levantándose, y antes de terminar de hacerlo, o justo terminando de hacerlo, se desmayó; en el segundo, la persona contaba del diez al cero, y antes de terminar de hacerlo, se quedó dormida a causa de la anestesia.

Pero es incorrecto que la acción del gerundio sea posterior a la del verbo del cual depende, o que sea consecuencia de este: ˣ«Se desplomó el helicóptero, *muriendo* nueve personas». Si la muerte de las nueve personas ocurrió un microsegundo después del desplome o si murieron a causa de este, no debe usarse el gerundio. Puede arreglarse así: ✓«Se desplomó el helicóptero y *murieron* nueve personas» o ✓«Se desplomó el helicóptero, y a causa de este accidente *murieron* nueve personas». En cualquier caso, la solución incluye conjugar el verbo; es decir, que la palabra que denota la acción deje de ser verboide (gerundio) y se vuelva verbo conjugado.

Otro uso del gerundio es acompañar a los verbos *estar, andar, ir, venir, seguir, tener* y *llevar* para formar verbos perifrásticos: «estoy *caminando* a tu casa», «andabas *comiendo* en la calle», «vamos *llegando* a la fiesta», «vendremos *volando* para verte», «seguía *teniendo* fiebre cuando lo dejé», «tenían *comprando* aquí mucho tiempo», «Llevo *acostumbránd*ome tres meses». Esto es muy común.

Ejemplos:

A. Gerundio como atributo
   1. La niña se quedó *haciendo* berrinches.
   2. Había algunos *tomando* café.

B. Gerundio como elemento interrogativo
   1. *¿Comiendo* a estas horas de la noche?
   2. ¿Sonia *trabajando* con ese señor?

C. Gerundio como elemento exclamativo
   1. ¡Jacob *haciendo* solo la tarea!
   2. ¡Elisa *viajando* con nosotras!

D. Gerundio como condicional
   1. *Practicando* todos los días, dominarás el instrumento.
   2. *Conociéndose* más, tomarán una mejor decisión.

E. Gerundio como concesivo
   1. Aun *padeciendo* dolor de espalda, fue a trabajar.
   2. *Pudiendo* cancelar la boda, se casó.

F. Gerundio en pie de foto, pintura, imagen, grabado, gráfico, cédula, etcétera
   1. Niño *viendo* en lontananza
   2. Mujeres *cosechando* café

G. Gerundio de ubicación u orientación locativa
   1. *Atravesando* la calle, encontrará la Secretaría.
   2. *Dando* la vuelta a la iglesia, está el parque.

H. Gerundio después de la preposición *en*
   1. En *llegando* tu padre, le daré la queja.
   2. En *llegandito* a la casa, me llamas.

I. Gerundio para responder algunas preguntas
   1. ¿Qué haces? *Terminando* de leer esta novela.
   2. ¿En qué andas ahora? *Cocinando* en un nuevo restaurante.

J. Gerundio para exhortar, dirigir o reconvenir
   1. *Circulando*, joven: no estorbe.
   2. ¿Conque *llegando* tarde de nuevo, eh?

En general, en castellano no debemos usar el gerundio como adjetivo: ˣ*cajas **conteniendo** juguetes*, ˣ*niños **usando** pinceles*, ˣ*hormigas **cargando** hojas...* En estos casos, los gerundios deben conjugarse: ✓*cajas **que contienen** juguetes*, ✓*niños **que usan** pinceles*, ✓*hormigas **que cargan** hojas...* A pesar de lo anterior, los gerundios *hirviendo* y *ardiendo* sí se emplean como adjetivos tradicionalmente y este uso se considera correcto: ✓«¡Cuidado con el aceite *hirviendo*!». ✓«Se llevaron a la mujer *ardiendo* en fiebre».

Otro caso en que se permite usar el gerundio como adjetivo es cuando modifica al núcleo del complemento directo de un verbo de percepción sensible (*ver, oír, escuchar, sentir, oler, degustar...*): ✓«Veo el tigre *persiguiendo* a su presa». ✓«Escuchamos al bebé *llorando* toda la noche». ✓«Sintieron la tierra *temblando* bajo sus pies». ✓«Degusto el chocolate *derritiéndo*se en mi boca».

Pero si el verbo conjugado no es de percepción, el gerundio no debe emplearse como adjetivo del núcleo de su complemento directo: ˣ«Compraron manzanas *echándose* a perder». ˣ«Trajiste a la casa trabajo *incomodando* a todos». ˣ«Cargué unas cajas *conteniendo* basura». En los tres ejemplos habría que conjugar el gerundio; en el primero puede haber dos opciones: ✓«Compraron manzanas que estaban echándose a perder» o ✓«Compraron manzanas que se echaron a perder». Si lo correcto es la primera solución, estaba pensándose el gerundio como adjetivo (lo cual es erróneo); si la segunda opción es la acertada, se tenía la idea de que la acción del gerundio era posterior a la del verbo principal (*compraron*), y también es equivocado.

Con el segundo ejemplo pasa lo mismo, pues también hay dos posibles interpretaciones, y ambas son incorrectas. Puede solucionarse de varias maneras: ✓«Trajiste a la casa trabajo que *incomoda* a todos», ✓«Trajiste trabajo a la casa, lo que *incomodó* a todos» o ✓«Trajiste trabajo a la casa, y todos se *incomodaron*». Con el tercer ejemplo es evidente que está usándose el gerundio como adjetivo, lo cual —como se ha venido diciendo— no debe hacerse a menos que se trate del «adjetivo» del núcleo del complemento directo de un verbo de percepción. Puede arreglarse así: «Cargué unas cajas que *contenían* basura».

Para profundizar en los usos y abusos del gerundio, se recomienda que el estudiante consulte el «Apéndice A. El gerundio bien y mal empleado», de la 6.ª edición de *Redacción sin dolor*, de Sandro Cohen (Planeta, México, 2014) que fue consultado durante la escritura de este apartado, así como los libros recomendados al final de este libro.

§6.3 ¿Qué propiedades tiene el verbo?

Decíamos, pues, que solo los verbos conjugados pueden ser núcleo del predicado, ni infinitivos ni participios ni gerundios. El verbo conjugado tiene cuatro *accidentes*, los cuales nos dicen quién, cuántos, desde qué punto de vista y cuándo se realiza la acción: *persona*, *número*, *modo* y *tiempo*.

§6.3.1 Persona y número

A la pregunta ¿quién realiza la acción? responde la *persona*. Solo hay tres: primera, segunda y tercera. A la pregunta ¿cuántos la realizan? responde el *número*: singular (uno) o plural (más de uno). Hay tres personas de singular y tres de plural:

Personas de singular
Primera: yo
Segunda: tú, vos (familiares), usted (formal en todo el mundo de habla hispana)
Tercera: él, ella, ello (y todo lo que no es ni *tú* ni *yo* y es singular)

Personas de plural
Primera: nosotros, nosotras
Segunda: vosotros, vosotras (familiar, solo usado en España), ustedes (formal en Europa; tanto familiar como formal en América)
Tercera: ellos, ellas (y todo lo que no es ni nosotros, nosotras, vosotros, vosotras o ustedes y sea plural)

Nota: Las personas gramaticales no son necesariamente seres humanos. Así, *el perro*, *la pared* y *la bondad* son terceras personas de singular, al igual que *las manadas*, *los mares* y *las relaciones apasionadas* son terceras personas de plural.

§6.3.2 Modo

A la pregunta ¿desde qué punto de vista se expresa esto? responde el **modo**: **indicativo**, **subjuntivo** e **imperativo**. El indicativo señala que una acción sucede o no. Pretende ser real, objetivo. Tiene diez tiempos: un presente, cinco pasados, dos futuros y dos condicionales.

Mariano **trae** los dulces y los globos.
Soledad **arregló** la sala para la fiesta.
Los invitados no **llegarán** puntuales a la cita.

El subjuntivo, por lo contrario, expresa subjetividad, que lo expresado *no* está corroborado, verificado, sino que es virtual. Lo más común es que los verbos expresados en este modo se encuentren en oraciones subordinadas, mientras que los que están en indicativo suelen ser los núcleos de predicado de las oraciones independientes o subordinantes, aunque esto no es regla. Tiene seis **tiempos**: un presente, tres pasados y dos futuros.

En los siguientes ejemplos se muestra con letra negrita el verbo en indicativo, y con cursiva, el verbo en subjuntivo:

Los familiares nos **pidieron** que no le *dijéramos* nada al paciente todavía.
No **podremos guardar** el secreto por mucho tiempo, aunque *queramos* ayudarlos.
El señor **sospecharía** lo que sus hijos le *ocultaran*.

El imperativo es el que usamos para dar órdenes o solicitar favores; para pedirle algo a alguien, vaya. Solo existe en la segunda persona singular y plural (a quien se le pide que haga algo) y en el presente:

¡**Escuchad**, compañeras!
Préstame el taladro, por favor.
Ocultá los dulces, Juan.
Niños, **hagan** la tarea.

§6.3.3 Tiempo

A la pregunta ¿cuándo? responde el tiempo. Hay dos **nomenclaturas** para los tiempos verbales: la académica y la de Andrés Bello (aquí aparecen ambas, como vienen en el *Diccionario de la lengua española*). Y hay tres grandes tiempos: pasado, presente y futuro. El pasado y el futuro tienen variantes, mientras que presente solo hay uno, aunque tiene sus matices dependiendo de cómo se use. (Para mayor información sobre esto y, en general, sobre los verbos, consulta la séptima edición del libro *Redacción sin dolor*, próxima a publicarse, donde la autora de este libro colaboró con cinco capítulos dedicados al verbo).

A continuación se tomaron los verbos adorar (primera conjugación), hacer (segunda conjugación) y sonreír (tercera conjugación) para ejemplificar sus conjugaciones en todos los tiempos, personas y números de los tres modos.

Tiempos de indicativo de *adorar*

NÚMERO	PRONOMBRE	TIEMPO
		Presente
singular	yo	**adoro**
singular	tú/vos/usted	**adoras / adorás / adora**
singular	él/ella	**adora**
plural	nosotros/nosotras	**adoramos**
plural	vosotros/-as/ustedes	**adoráis / adoran**
plural	ellos/ellas	**adoran**

NÚMERO	PRONOMBRE	TIEMPO
		Pretérito imperfecto / Copretérito
singular	yo	**adoraba**
singular	tú/vos/usted	**adorabas / adorabas /adoraba**
singular	él/ella	**adoraba**
plural	nosotros/nosotras	**adorábamos**
plural	vosotros/-as/ustedes	**adorabais / adoraban**
plural	ellos/ellas	**adoraban**

Verbo

NÚMERO	PRONOMBRE	TIEMPO
		Pretérito perfecto simple / Pretérito
singular	yo	**adoré**
singular	tú/vos/usted	**adoraste / adoraste / adoró**
singular	él/ella	**adoró**
plural	nosotros/nosotras	**adoramos**
plural	vosotros/-as/ustedes	**adorasteis / adoraron**
plural	ellos/ellas	**adoraron**

NÚMERO	PRONOMBRE	TIEMPO
		Pretérito perfecto compuesto / Antepresente
singular	yo	**he adorado**
singular	tú/vos/usted	**has adorado / has adorado / ha adorado**
singular	él/ella	**ha adorado**
plural	nosotros/nosotras	**hemos adorado**
plural	vosotros/-as/ustedes	**habéis adorado / han adorado**
plural	ellos/ellas	**han adorado**

NÚMERO	PRONOMBRE	TIEMPO
		Pretérito anterior / Antepretérito
singular	yo	**hube adorado**
singular	tú/vos/usted	**hubiste adorado / hubiste adorado / hubo adorado**
singular	él/ella	**hubo adorado**
plural	nosotros/nosotras	**hubimos adorado**
plural	vosotros/-as/ustedes	**hubisteis adorado / hubieron adorado**
plural	ellos/ellas	**hubieron adorado**

El corazón de la gramática

NÚMERO	PRONOMBRE	TIEMPO
		Pretérito pluscuamperfecto / Antecopretérito
singular	yo	**había adorado**
singular	tú/vos/usted	**habías adorado / habías adorado / había adorado**
singular	él/ella	**había adorado**
plural	nosotros/nosotras	**habíamos adorado**
plural	vosotros/-as/ustedes	**habíais adorado / habían adorado**
plural	ellos/ellas	**habían adorado**

NÚMERO	PRONOMBRE	TIEMPO
		Futuro simple / Futuro
singular	yo	**adoraré**
singular	tú/vos/usted	**adorarás / adorarás / adorará**
singular	él/ella	**adorará**
plural	nosotros/nosotras	**adoraremos**
plural	vosotros/-as/ustedes	**adoraréis / adorarán**
plural	ellos/ellas	**adorarán**

NÚMERO	PRONOMBRE	TIEMPO
		Futuro perfecto / Antefuturo
singular	yo	**habré adorado**
singular	tú/vos/usted	**habrás adorado / habrás adorado / habrá adorado**
singular	él/ella	**habrá adorado**
plural	nosotros/nosotras	**habremos adorado**
plural	vosotros/-as/ustedes	**habréis adorado / habrán adorado**
plural	ellos/ellas	**habrán adorado**

NÚMERO	PRONOMBRE	TIEMPO
		Condicional simple / Pospretérito
singular	yo	**adoraría**
singular	tú/vos/usted	**adorarías / adorarías / adoraría**

Verbo

singular	él/ella	**adoraría**
plural	nosotros/nosotras	**adoraríamos**
plural	vosotros/-as/ustedes	**adoraríais / adorarían**
plural	ellos/ellas	**adorarían**

NÚMERO	PRONOMBRE	TIEMPO *Condicional perfecto /* *Antepospretérito*
singular	yo	**habría adorado**
singular	tú/vos/usted	**habrías adorado / habrías** **adorado / habría adorado**
singular	él/ella	**habría adorado**
plural	nosotros/nosotras	**habríamos adorado**
plural	vosotros/-as/ustedes	**habríais adorado / habrían** **adorado**
plural	ellos/ellas	**habrían adorado**

Tiempos de subjuntivo de *adorar*

NÚMERO	PRONOMBRE	TIEMPO *Presente*
singular	yo	**adore**
singular	tú/vos/usted	**adores / adores / adore**
singular	él/ella	**adore**
plural	nosotros/nosotras	**adoremos**
plural	vosotros/-as/ustedes	**adoréis / adoren**
plural	ellos/ellas	**adoren**

NÚMERO	PRONOMBRE	TIEMPO *Pretérito imperfecto / Pretérito*
singular	yo	**adorara o adorase**
singular	tú/vos/usted	**adoraras o adorases /** **adoraras o adorases / adorara** **o adorase**
singular	él/ella	**adorara o adorase**
plural	nosotros/nosotras	**adoráramos**

plural	vosotros/-as/ustedes	**adorarais o adoraseis / adoraran o adorasen**
plural	ellos/ellas	**adoraran o adorasen**

NÚMERO	PRONOMBRE	TIEMPO *Pretérito perfecto / Antepresente*
singular	yo	**haya adorado**
singular	tú/vos/usted	**hayas adorado / hayas adorado / haya adorado**
singular	él/ella	**haya adorado**
plural	nosotros/nosotras	**hayamos adorado**
plural	vosotros/-as/ustedes	**hayáis adorado / hayan adorado**
plural	ellos/ellas	**hayan adorado**

NÚMERO	PRONOMBRE	TIEMPO *Pretérito pluscuamperfecto / Antepretérito*
singular	yo	**hubiera o hubiese adorado**
singular	tú/vos/usted	**hubieras o hubieses adorado / hubieras o hubieses adorado / hubiera o hubiese adorado**
singular	él/ella	**hubiera o hubiese adorado**
plural	nosotros/nosotras	**hubiéramos o hubiésemos adorado**
plural	vosotros/-as/ustedes	**hubierais o hubieseis adorado / hubieran o hubiesen adorado**
plural	ellos/ellas	**hubieran o hubiesen adorado**

NÚMERO	PRONOMBRE	TIEMPO *Futuro simple / Futuro*
singular	yo	**adorare**
singular	tú/vos/usted	**adorares / adorares / adorare**
singular	él/ella	**adorare**
plural	nosotros/nosotras	**adoráremos**
plural	vosotros/-as/ustedes	**adorareis / adoraren**
plural	ellos/ellas	**adoraren**

Verbo

Número	Pronombre	Tiempo
		Futuro perfecto / Antefuturo
singular	yo	**hubiere adorado**
singular	tú/vos/usted	**hubieres adorado / hubieres adorado / hubiere adorado**
singular	él/ella	**hubiere adorado**
plural	nosotros/nosotras	**hubiéremos adorado**
plural	vosotros/-as/ustedes	**hubiereis adorado / hubieren adorado**
plural	ellos/ellas	**hubieren adorado**

Tiempo de imperativo de *adorar*

Número	Pronombre	Tiempo
		Presente
singular	tú/vos/usted	**adora / adorá / adore**
plural	vosotros/-as/ustedes	**adorad / adoren**

Tiempos de indicativo de *hacer*

Número	Pronombre	Tiempo
		Presente
singular	yo	**hago**
singular	tú/vos/usted	**haces / hacés / hace**
singular	él/ella	**hace**
plural	nosotros/nosotras	**hacemos**
plural	vosotros/-as/ustedes	**hacéis / hacen**
plural	ellos/ellas	**hacen**

Número	Pronombre	Tiempo
		Pretérito imperfecto / Copretérito
singular	yo	**hacía**
singular	tú/vos/usted	**hacías / hacías / hacía**
singular	él/ella	**hacía**
plural	nosotros/nosotras	**hacíamos**
plural	vosotros/-as/ustedes	**hacíais / hacían**
plural	ellos/ellas	**hacían**

El corazón de la gramática

NÚMERO	PRONOMBRE	TIEMPO
		Pretérito perfecto simple / Pretérito
singular	yo	**hice**
singular	tú/vos/usted	**hiciste / hiciste / hizo**
singular	él/ella	**hizo**
plural	nosotros/nosotras	**hicimos**
plural	vosotros/-as/ustedes	**hicisteis / hicieron**
plural	ellos/ellas	**hicieron**

NÚMERO	PRONOMBRE	TIEMPO
		Pretérito perfecto compuesto / Antepresente
singular	yo	**he hecho**
singular	tú/vos/usted	**has hecho / has hecho / ha hecho**
singular	él/ella	**ha hecho**
plural	nosotros/nosotras	**hemos hecho**
plural	vosotros/-as/ustedes	**habéis hecho / han hecho**
plural	ellos/ellas	**han hecho**

NÚMERO	PRONOMBRE	TIEMPO
		Pretérito anterior / Antepretérito
singular	yo	**hube hecho**
singular	tú/vos/usted	**hubiste hecho / hubiste hecho / hubo hecho**
singular	él/ella	**hubo hecho**
plural	nosotros/nosotras	**hubimos hecho**
plural	vosotros/-as/ustedes	**hubisteis hecho / hubieron hecho**
plural	ellos/ellas	**hubieron hecho**

NÚMERO	PRONOMBRE	TIEMPO
		Pretérito pluscuamperfecto / Antecopretérito
singular	yo	**había hecho**
singular	tú/vos/usted	**habías hecho / habías hecho / había hecho**

singular	él/ella	**había hecho**
plural	nosotros/nosotras	**habíamos hecho**
plural	vosotros/-as/ustedes	**habíais hecho / habían hecho**
plural	ellos/ellas	**habían hecho**

NÚMERO	PRONOMBRE	TIEMPO *Futuro simple / Futuro*
singular	yo	**haré**
singular	tú/vos/usted	**harás / harás / hará**
singular	él/ella	**hará**
plural	nosotros/nosotras	**haremos**
plural	vosotros/-as/ustedes	**haréis / harán**
plural	ellos/ellas	**harán**

NÚMERO	PRONOMBRE	TIEMPO *Futuro perfecto / Antefuturo*
singular	yo	**habré hecho**
singular	tú/vos/usted	**habrás hecho / habrás hecho / habrá hecho**
singular	él/ella	**habrá hecho**
plural	nosotros/nosotras	**habremos hecho**
plural	vosotros/-as/ustedes	**habréis hecho / habrán hecho**
plural	ellos/ellas	**habrán hecho**

NÚMERO	PRONOMBRE	TIEMPO *Condicional simple / Pospretérito*
singular	yo	**haría**
singular	tú/vos/usted	**harías / harías / haría**
singular	él/ella	**haría**
plural	nosotros/nosotras	**haríamos**
plural	vosotros/-as/ustedes	**haríais / harían**
plural	ellos/ellas	**harían**

El corazón de la gramática

NÚMERO	PRONOMBRE	TIEMPO *Condicional perfecto / Antepospretérito*
singular	yo	**habría hecho**
singular	tú/vos/usted	**habrías hecho / habrías hecho / habría hecho**
singular	él/ella	**habría hecho**
plural	nosotros/nosotras	**habríamos hecho**
plural	vosotros/-as/ustedes	**habríais hecho / habrían hecho**
plural	ellos/ellas	**habrían hecho**

Tiempos de subjuntivo de *hacer*

NÚMERO	PRONOMBRE	TIEMPO *Presente*
singular	yo	**haga**
singular	tú/vos/usted	**hagas / hagas / haga**
singular	él/ella	**haga**
plural	nosotros/nosotras	**hagamos**
plural	vosotros/-as/ustedes	**hagáis / hagan**
plural	ellos/ellas	**hagan**

NÚMERO	PRONOMBRE	TIEMPO *Pretérito imperfecto / Pretérito*
singular	yo	**hiciera o hiciese**
singular	tú/vos/usted	**hicieras o hicieses / hicieras o hicieses / hiciera o hiciese**
singular	él/ella	**hiciera o hiciese**
plural	nosotros/nosotras	**hiciéramos**
plural	vosotros/-as/ustedes	**hicierais o hicieseis / hicieran o hiciesen**
plural	ellos/ellas	**hicieran o hiciesen**

Verbo

NÚMERO	PRONOMBRE	TIEMPO
		Pretérito perfecto / Antepresente
singular	yo	**haya hecho**
singular	tú/vos/usted	**hayas hecho / hayas hecho / haya hecho**
singular	él/ella	**haya hecho**
plural	nosotros/nosotras	**hayamos hecho**
plural	vosotros/-as/ustedes	**hayáis hecho / hayan hecho**
plural	ellos/ellas	**hayan hecho**

NÚMERO	PRONOMBRE	TIEMPO
		Pretérito pluscuamperfecto / Antepretérito
singular	yo	**hubiera o hubiese hecho**
singular	tú/vos/usted	**hubieras o hubieses hecho / hubieras o hubieses hecho / hubiera o hubiese hecho**
singular	él/ella	**hubiera o hubiese hecho**
plural	nosotros/nosotras	**hubiéramos o hubiésemos hecho**
plural	vosotros/-as/ustedes	**hubierais o hubieseis hecho / hubieran o hubiesen hecho**
plural	ellos/ellas	**hubieran o hubiesen hecho**

NÚMERO	PRONOMBRE	TIEMPO
		Futuro simple / Futuro
singular	yo	**hiciere**
singular	tú/vos/usted	**hicieres / hicieres / hiciere**
singular	él/ella	**hiciere**
plural	nosotros/nosotras	**hiciéremos**
plural	vosotros/-as/ustedes	**hiciereis / hicieren**
plural	ellos/ellas	**hicieren**

El corazón de la gramática

NÚMERO	PRONOMBRE	TIEMPO
		Futuro perfecto / Antefuturo
singular	yo	**hubiere hecho**
singular	tú/vos/usted	**hubieres hecho / hubieres hecho / hubiere hecho**
singular	él/ella	**hubiere hecho**
plural	nosotros/nosotras	**hubiéremos hecho**
plural	vosotros/-as/ustedes	**hubiereis hecho / hubieren hecho**
plural	ellos/ellas	**hubieren hecho**

Tiempo de imperativo de *hacer*

NÚMERO	PRONOMBRE	TIEMPO
		Presente
singular	tú/vos/usted	**haz / hacé / haga**
plural	vosotros/-as/ustedes	**haced / hagan**

Tiempos de indicativo de *sonreír*

NÚMERO	PRONOMBRE	TIEMPO
		Presente
singular	yo	**sonrío**
singular	tú/vos/usted	**sonríes / sonreís / sonríe**
singular	él/ella	**sonríe**
plural	nosotros/nosotras	**sonreímos**
plural	vosotros/-as/ustedes	**sonreís / sonríen**
plural	ellos/ellas	**sonríen**

NÚMERO	PRONOMBRE	TIEMPO
		Pretérito imperfecto / Copretérito
singular	yo	**sonreía**
singular	tú/vos/usted	**sonreías / sonreías / sonreía**
singular	él/ella	**sonreía**
plural	nosotros/nosotras	**sonreíamos**
plural	vosotros/-as/ustedes	**sonreíais / sonreían**
plural	ellos/ellas	**sonreían**

Verbo

NÚMERO	PRONOMBRE	TIEMPO *Pretérito perfecto simple / Pretérito*
singular	yo	**sonreí**
singular	tú/vos/usted	**sonreíste / sonreíste / sonrió**
singular	él/ella	**sonrió**
plural	nosotros/nosotras	**sonreímos**
plural	vosotros/-as/ustedes	**sonreísteis / sonrieron**
plural	ellos/ellas	**sonrieron**

NÚMERO	PRONOMBRE	TIEMPO *Pretérito perfecto compuesto / Antepresente*
singular	yo	**he sonreído**
singular	tú/vos/usted	**has sonreído / has sonreído / ha sonreído**
singular	él/ella	**ha sonreído**
plural	nosotros/nosotras	**hemos sonreído**
plural	vosotros/-as/ustedes	**habéis sonreído / han sonreído**
plural	ellos/ellas	**han sonreído**

NÚMERO	PRONOMBRE	TIEMPO *Pretérito anterior / Antepretérito*
singular	yo	**hube sonreído**
singular	tú/vos/usted	**hubiste sonreído / hubiste sonreído / hubo sonreído**
singular	él/ella	**hubo sonreído**
plural	nosotros/nosotras	**hubimos sonreído**
plural	vosotros/-as/ustedes	**hubisteis sonreído / hubieron sonreído**
plural	ellos/ellas	**hubieron sonreído**

NÚMERO	PRONOMBRE	TIEMPO *Pretérito pluscuamperfecto / Antecopretérito*
singular	yo	**había sonreído**

singular	tú/vos/usted	**habías sonreído / habías sonreído / había sonreído**
singular	él/ella	**había sonreído**
plural	nosotros/nosotras	**habíamos sonreído**
plural	vosotros/-as/ustedes	**habíais sonreído / habían sonreído**
plural	ellos/ellas	**habían sonreído**

NÚMERO	PRONOMBRE	TIEMPO
		Futuro simple / Futuro
singular	yo	**sonreiré**
singular	tú/vos/usted	**sonreirás / sonreirá / sonreirá**
singular	él/ella	**sonreirá**
plural	nosotros/nosotras	**sonreiremos**
plural	vosotros/-as/ustedes	**sonreiréis / sonreirán**
plural	ellos/ellas	**sonreirán**

NÚMERO	PRONOMBRE	TIEMPO
		Futuro perfecto / Antefuturo
singular	yo	**habré sonreído**
singular	tú/vos/usted	**habrás sonreído / habrás sonreído / habrá sonreído**
singular	él/ella	**habrá sonreído**
plural	nosotros/nosotras	**habremos sonreído**
plural	vosotros/-as/ustedes	**habréis sonreído / habrán sonreído**
plural	ellos/ellas	**habrán sonreído**

NÚMERO	PRONOMBRE	TIEMPO
		Condicional simple / Pospretérito
singular	yo	**sonreiría**
singular	tú/vos/usted	**sonreirías / sonreirías / sonreiría**
singular	él/ella	**sonreiría**
plural	nosotros/nosotras	**sonreiríamos**
plural	vosotros/-as/ustedes	**sonreiríais / sonreirían**
plural	ellos/ellas	**sonreirían**

Verbo

NÚMERO	PRONOMBRE	TIEMPO
		Condicional perfecto / Antepospretérito
singular	yo	**habría sonreído**
singular	tú/vos/usted	**habrías sonreído / habrías sonreído / habría sonreído**
singular	él/ella	**habría sonreído**
plural	nosotros/nosotras	**habríamos sonreído**
plural	vosotros/-as/ustedes	**habríais sonreído / habrían sonreído**
plural	ellos/ellas	**habrían sonreído**

Tiempos de subjuntivo de *sonreír*

NÚMERO	PRONOMBRE	TIEMPO
		Presente
singular	yo	**sonría**
singular	tú/vos/usted	**sonrías / sonrías / sonría**
singular	él/ella	**sonría**
plural	nosotros/nosotras	**sonriamos**
plural	vosotros/-as/ustedes	**sonriáis / sonrían**
plural	ellos/ellas	**sonrían**

NÚMERO	PRONOMBRE	TIEMPO
		Pretérito imperfecto / Pretérito
singular	yo	**sonriera o sonriese**
singular	tú/vos/usted	**sonrieras o sonrieses / sonrieras o sonrieses / sonriera o sonriese**
singular	él/ella	**sonriera o sonriese**
plural	nosotros/nosotras	**sonriéramos o sonriésemos**
plural	vosotros/-as/ustedes	**sonrierais o sonrieseis / sonrieran o sonriesen**
plural	ellos/ellas	**sonrieran o sonriesen**

El corazón de la gramática

Número	Pronombre	Tiempo
		Pretérito perfecto / Antepresente
singular	yo	**haya sonreído**
singular	tú/vos/usted	**hayas sonreído / hayas sonreído / haya sonreído**
singular	él/ella	**haya sonreído**
plural	nosotros/nosotras	**hayamos sonreído**
plural	vosotros/-as/ustedes	**hayáis sonreído / hayan sonreído**
plural	ellos/ellas	**hayan sonreído**

Número	Pronombre	Tiempo
		Pretérito pluscuamperfecto / Antepretérito
singular	yo	**hubiera o hubiese sonreído**
singular	tú/vos/usted	**hubieras o hubieses sonreído / hubieras o hubieses sonreído / hubiera o hubiese sonreído**
singular	él/ella	**hubiera o hubiese sonreído**
plural	nosotros/nosotras	**hubiéramos o hubiésemos sonreído**
plural	vosotros/-as/ustedes	**hubierais o hubieseis sonreído / hubieran o hubiesen sonreído**
plural	ellos/ellas	**hubieran o hubiesen sonreído**

Número	Pronombre	Tiempo
		Futuro simple / Futuro
singular	yo	**sonriere**
singular	tú/vos/usted	**sonrieres / sonrieres / sonriere**
singular	él/ella	**sonriere**
plural	nosotros/nosotras	**sonriéremos**
plural	vosotros/-as/ustedes	**sonriereis / sonrieren**
plural	ellos/ellas	**sonrieren**

Número	Pronombre	Tiempo
		Futuro perfecto / Antefuturo
singular	yo	**hubiere sonreído**
singular	tú/vos/usted	**hubieres sonreído /**

		hubieres sonreído / hubiere sonreído
singular	él/ella	hubiere sonreído
plural	nosotros/nosotras	hubiéremos sonreído
plural	vosotros/-as/ustedes	hubiereis sonreído / hubieren sonreído
plural	ellos/ellas	hubieren sonreído

Tiempo de imperativo de *sonreír*

NÚMERO	PRONOMBRE	TIEMPO *Presente*
singular	tú/vos/usted	sonríe / sonreí / sonría
plural	vosotros/-as/ustedes	sonreíd / sonrían

§6.4 ¿Cómo funciona el verbo?

El verbo, como decíamos al inicio de esta entrada, es —básicamente— acción, aunque de diversos tipos. Pensemos que si no pasa nada, si no hay acción, todo lo demás es aburrido aunque pueda parecer muy lindo, atractivo o hasta importante. En un texto, si tenemos sujetos y complementos, pero no tenemos acciones que sucedan, no vamos a entender absolutamente nada. Por eso, el verbo es el **núcleo** del predicado de la oración, lo más importante de ella. Igual que sucede en los átomos, todo gira alrededor del núcleo; en este caso, alrededor del núcleo del predicado, que —hay que insistir— solo puede ser un verbo conjugado.

Hay muchas maneras de clasificar a los verbos, pero como las clasificaciones más grandes son los bloques de verbos **transitivos**, **intransitivos** y **pronominales**, veremos estos en este apartado, y dejaremos las otras clasificaciones para el apartado §6.7 y los que este incluye.

Los verbos transitivos necesitan *transferir* su acción (*transitar* o *recaer*, como su nombre lo indica) a otra cosa, a la cual llamamos *complemento de objeto directo*, *objeto directo* o *complemento directo*. Estos tres nombres son sinónimos, pero —para efectos prácticos— aquí le llamaremos *complemento directo* (CD) y ya.

Los **intransitivos** *no* admiten CD e incluyen a los prepositivos (o *de régimen preposicional*), a los pronominales y a los copulativos.

Cabe mencionar que hay verbos que tienen ambas naturalezas: pueden ser transitivos en algunas acepciones, e intransitivos, en otras. Por ejemplo, el verbo *correr* es intransitivo en la mayoría de sus acepciones, pero es transitivo cuando significa «echar» a alguien de algún lado. Otros verbos con esta doble naturaleza son *creer*, *caer*, *dar*... y muchísimos más.

Transitivo	Intransitivo
Corrió al empleado corrupto.	Corre todas las mañanas.
Cree que tiene todo.	Cree en milagros.
Cayó la noche.	Cayó cuan largo es.
¿Te dio la carta?	¡Me da igual!

Así, pues, dependiendo de la *naturaleza* del verbo, la oración llevará complemento directo o no lo aceptará. ¡O tal vez necesite un complemento preposicional o un atributo! Veamos...

§6.4.1 Verbo transitivo

Si el verbo es **transitivo**, necesitará transferir su acción a *algo*. Ese *algo* es el **complemento directo** (CD). Sobre este CD recaerá la acción del verbo. En «*Compró* <u>chocolates finos</u>», el hecho de *comprar* recae sobre «chocolates finos»; estos son los comprados, y —por lo tanto— la frase «chocolates finos» es el CD.

En «*Había traído* <u>muchos dulces</u>», el hecho de *haber traído* recae sobre «muchos dulces»; estos son los que fueron traídos, y —por lo tanto— la frase «muchos dulces» es el CD. En «*Llevarán* <u>todos los útiles escolares</u>», el hecho de *llevar* recae sobre «todos los útiles escolares»; son estos los que serán llevados, y —por lo tanto— la frase «todos los útiles escolares» es el CD.

Algunas veces, sin embargo, no aparece el CD, pero de todas formas el verbo es transitivo. Digamos que en estos casos se sobreentiende el CD; es como si fuera tácito:

Jeremías *comió* temprano. (No sabemos qué comió exactamente, pero sabemos que comió algo).

Los señores *bebieron* hasta el amanecer. (No sabemos qué bebieron exactamente, y en castellano solemos dar por entendido con este verbo que se trata de bebidas alcohólicas, pero quizá estuvieron bebiendo limonada. La cuestión es que sobreentendemos que bebieron *algo*, y que por eso el verbo es transitivo aunque no pongamos el CD).

Los jóvenes *pescaron* muy temprano esta mañana. (No sabemos exactamente qué pescaron, pero es probable que se trate de pescados o mariscos... o de maridos y novias, pero debemos sobreentender eso por el contexto).

§6.4.2 Verbo intransitivo

Si el verbo es **intransitivo,** no admitirá complemento directo en absoluto: eso no tendría sentido...

Iré al cine mañana. (Nada *será ido* al cine, sino que **yo iré** al cine y ya).
Salieron a correr toda la semana. (Nada *fue salido a correr*; **ellos o ellas salieron** a correr y ya).
Llega usted a tiempo para cenar. (Nada *es llegado a tiempo para cenar*; **usted solo llega** a tiempo para cenar).

Algunos verbos, además de ser intransitivos y no aceptar (por esa razón) CD, necesitan un complemento preposicional del verbo o un atributo.

§6.4.2.1 Verbo prepositivo o de régimen preposicional

Son los que necesitan regir a una o más preposiciones. Su complemento podrá ser circunstancial o preposicional del verbo (CPV). Este último también se conoce como *complemento de régimen preposicional.*

La manera más sencilla para dilucidar si un complemento que empieza con preposición es circunstancial (CC) o si es preposicional del verbo, es —primero— localizando la preposición que está empleándose. Si es cualquiera de las preposiciones llamadas *vacías* (*a, con, de* y *en*), hay que prestar especial atención y —segundo— analizar si dicho complemento pertenece a alguno de los tipos de circunstanciales que existen: agente, causa, concesión, destinatario, destino, finalidad, lugar, materia, medio, modo, instrumento, origen, tiempo. Si no es así, estaremos ante un complemento preposicional del verbo (CPV):

Lo colocó <u>en la mesa</u>. (CC de lugar)
Traduce <u>al francés</u> lo que le manda la editorial. (CPV)
Irá <u>a Polonia</u> el próximo año. (CC de destino)
Se niega <u>a decirnos</u> la verdad. (CPV)

Voy <u>con tu tía Miriam al cine</u>. (CPV / CC destino)
El sonido viene <u>de allá</u>. (CC de origen)

Algunos verbos prepositivos dejan de serlo cuando admiten complemento directo (CD), como *dudar*, *creer* o *confiar*. Podemos *dudar de* algo o alguien o *dudar que algo pase*: «**Dudo de** ese maestro», «**Dudo que sepa** lo que dice»; «**Creo en** ti», «**Creo que no llegaré**». También podemos confiar en alguien o algo y confiar algo directamente: «**Confío en** mis habilidades», «Te **confío un secreto**».

Hay muchos verbos que exigen preposición. Entre ellos están los pronominales, los cuales —además— necesitan un pronombre para funcionar: «**Se confió a** su novia por completo», «**Se empeñan en** decir falsedades», «**Nos moríamos de** sueño en la fiesta».

Los ejemplos de verbos prepositivos que necesitan complemento preposicional del verbo son:

hablar de o **con**
confiar en
empeñarse en
viajar a
morirse de
creer en

Confiamos en tus habilidades. («En tus habilidades» es aquello **en** que confiamos. Necesitamos la preposición vacía *en* para conectar el resto del complemento con el verbo).

Hablan de eso todo el tiempo. («De eso» es de lo que hablan todo el tiempo. Necesitamos la preposición vacía *de* para conectar el resto del complemento con el verbo).

Llegará con Javier a la función. («Con Javier» es con quien llegará a la función. Necesitamos la preposición vacía *con* para conectar el resto del complemento con el verbo).

§6.4.2.2 Verbo copulativo

Si el verbo es **copulativo**, necesitará un **atributo**, ya sea nominal, adjetival, adverbial o preposicional, no un complemento:

Mario **era** intransigente. («Intransigente» es un atributo adjetival, una característica de Mario).

Los soldados **están** encuartelados. («Encuartelados» es el estado —atributo adjetival— en que están los soldados).

Flavio **es** mi marido. («Flavio» [sustantivo] y «mi marido» [frase sustantiva] son la misma persona. Ambos son elementos sustantivos equivalentes. Cuando esto pasa, solemos decir que «Flavio» [o el primer elemento] es el sujeto, y que «mi marido» [o segundo elemento] es el atributo nominal, pero si lo dijéramos al revés, seguiría siendo cierto, pues en estos casos podemos escoger cuál de los dos elementos sustantivos es el sujeto, y cuál forma parte del predicado; es decir que puedo decidir cuál es el sujeto y cuál es su atributo).

Los niños duermen tranquilamente. («Tranquilamente» es el atributo adverbial del sujeto *los niños*).

Mi hija **está** en lista de espera. («En lista de espera» es el atributo preposicional del sujeto «mi hija»).

Este tipo de **oraciones** se llaman *copulativas*. En aquellas donde el verbo une un sustantivo a un adjetivo, a un adverbio o a una frase preposicional, será claro que el elemento sustantivo (sea palabra, frase u oración subordinada sustantiva) fungirá como sujeto, mientras que el elemento adjetival, adverbial o preposicional será el atributo.

Pero en aquellas donde hay dos elementos sustantivos unidos mediante el verbo copulativo, habremos de elegir cuál es el sujeto, y cuál formará parte del predicado; es decir que deberemos elegir cuál es el atributo nominal, como sucede en el tercer ejemplo de los anteriores: «Flavio es mi marido». Aquí puedo decidir que «Flavio» es el sujeto y que tiene como atributo nominal la frase sustantiva «mi marido». O puedo elegir la frase «mi marido» como sujeto y decir que el atributo nominal de «mi marido» es «Flavio». Lo más común es que cuando uno de los elementos sustantivos es un nombre propio (como en este caso), elijamos este como sujeto, por lo que el otro elemento sustantivo fungirá como su atributo nominal.

En oraciones copulativas donde ninguno de los elementos sustantivos es nombre propio, es más evidente que podemos elegir cuál de los dos será el sujeto, y cuál, el atributo nominal:

Mi hermana **es** mi mejor amiga.

En el ejemplo anterior, quizá quiera que «mi hermana» sea el sujeto, y «mi mejor amiga» el atributo nominal, ¡pero bien podría ser al revés! «Mi mejor amiga» puede fungir perfectamente como sujeto, y «mi hermana» puede muy bien ser el atributo nominal de «mi mejor amiga».

Ser y *estar* son los verbos copulativos por excelencia, pero también los verbos *parecer* y *resultar* pueden funcionar copulativamente:

> El bebé **parece** un ángel.
> Eso **parece** bueno.
> Esa **resultó** una gran idea.

Hay otros verbos, llamados *semicopulativos*, que solo a veces funcionan copulativamente. ¿Cómo sabremos si están siendo copulativos? Lo sabremos cuando, al analizar la oración, detectemos **atributo**, sea nominal, adjetival, adverbial o preposicional:

> La niña *duerme* **feliz**.
> Mi prima *quedó* **embarazada**.
> La fiesta *salió* **perfectamente**.

§6.4.3 Verbo pronominal

Algunos verbos necesitan llevar los pronombres personales *me*, *te*, *se*, *nos* u *os*, ya sea que estos los antecedan o que vayan pegados a ellos, como enclíticos (para saber más sobre pronombres enclíticos, ve al apartado §4.6.5). A este tipo de verbos se les llama *verbos pronominales*, y los hay de dos tipos: *reflexivos* y *recíprocos*.

Algunos verbos pronominales son *inherentes*; es decir, que solo pueden funcionar con pronombre. Lo anterior significa que no pueden conjugarse sin los pronombres *me*, *te*, *se*, *nos* u *os*: [x]*yo abstengo*; [x]*tú arrepientes*; [x]*ella atiene*; [x]*nosotros atrevemos*... Estos verbos (pronominales inherentes) son intransitivos y necesitan un complemento preposicional, que aparece subrayado en los siguientes ejemplos. Algunos de estos verbos son los siguientes: *abstenerse, arrepentirse, atenerse, atreverse, dignarse, esforzarse, jactarse, obstinarse, suicidarse*.

Ejemplos:

Debes *abstenerte* <u>de decir mentiras</u>.

¿No *te dignarás* <u>a venir</u>?

Siempre *se jactó* <u>de su buena suerte</u>.

Esforzaos <u>para conseguir</u> lo que queréis.

La mayoría de los verbos pronominales, no obstante lo anterior, son alternantes; o sea que también pueden funcionar sin pronombre, como simples intransitivos o como transitivos:

Ejemplos:

Olvidamos las llaves (transitivo). / *Nos* olvidamos <u>del examen (intransitivo)</u>.
Decidí no volver contigo (transitivo). / *Me* decidí <u>a mudarme (intransitivo)</u>.
Ya acosté al niño (transitivo). / Voy a acostar*me* (intransitivo).
Todavía cree <u>en las hadas</u> (intransitivo). / *Se* cree mucho (intransitivo).
Cayó <u>del tercer piso</u> (intransitivo). / *Se* cayó <u>del tercer piso (intransitivo)</u>.

(Como ya se vio en el apartado §6.4, algunos verbos pueden tener tanto naturaleza transitiva como intransitiva, según estén empleándose. Es el caso aquí de *creer*, que en los ejemplos «Todavía cree en las hadas» y «Se cree mucho» está empleándose como intransitivo, pero en «Cree que todo será fácil» funciona transitivamente).

Algunos verbos pronominales alternantes cambian de significado según sean pronominales o no, como *volver / volverse* (regresar / girar el cuerpo para ver hacia atrás), *apagar / apagarse* («Hacer que el fuego, la luz u otra cosa dejen de arder o de lucir» / morir), *tratar / tratarse* (gestionar algo, hacer un negocio / discurrir o hablar de algo):

Volvió como si nada hubiera pasado. (regresó, no pronominal)
Me volví a verlo con cara de *what*. (girar el cuerpo para ver hacia atrás, pronominal)
Apaga la luz, por favor. (hacer que la luz deje de lucir, no pronominal)
Fue *apagándose* poco a poco. (fue muriéndose, pronominal)
Ya tratamos la venta de la casa. (hacer un negocio, no pronominal)
Se trató de la Segunda Guerra Mundial. (discurrió, habló de, pronominal)

Y otros solo cambian de matiz o se entienden como enfáticos si llevan el pronombre, como *demoró / se demoró, desayunar / desayunarse, enfermar / enfermarse*.

Con el verbo *morir / morirse* sucede que puede ser enfático con el pronombre si su sentido es «dejar de vivir» (aunque solo puede «morirse» si falleció sin que le quitara alguien más la vida). O puede este verbo cambiar de significado con el pronombre si lo que queremos decir es que alguien tiene muchas ganas de algo o si siente algo muy intensamente:

Murió en paz. / Se murió en paz. (cambio de matiz, mismo sentido)
Se muere por ir a la función. / Se muere de risa. (tiene muchas ganas de ir / su risa es muy intensa)

Claro que también podemos decir «muere por ir a la función» o «muere de risa», pero lo más usual es que con estas acepciones se emplee pronominalmente.

§6.4.3.1 Verbo reflexivo

Denota que la acción que realiza el sujeto recae en el sujeto mismo: *aplicarse*, *bañarse*, *calmarse*, *sentarse*...

Se bañó temprano para ir a trabajar.
Me calmé porque podía haberme dado un infarto.
Siéntate a la mesa, pues ya vamos a comer.

§6.4.3.2 Verbo recíproco

Son aquellos que denotan una acción que realiza un sujeto complejo (con dos elementos que conforman su núcleo, como Pedro y Juan, Pepe y María...). A veces el sujeto no es complejo sino simple, pero siempre será plural, como *ellos*, *ellas*, *los amantes*... Estos verbos siempre están conjugados en plural y necesitan los pronombres recíprocos *nos*, *os* y *se* (véase el apartado §4.6.14).

En las oraciones con verbo recíproco, alguien hace algo a otro, y ese otro hace lo mismo al primero:

Nos abrazamos después de la sesión.
¡No *os peleéis* todos los días!
Los novios *se besaban* apasionadamente.

Algunos verbos recíprocos pueden funcionar también reflexivamente, como *besarse*, si alguien se besa a sí mismo; *abrazarse*, si alguien se abraza a sí mismo, o *escucharse*, si alguien se escucha a sí mismo.

Y también hay numerosos verbos de acción recíproca que dejan de serlo sin el pronombre; así, estos conservan su sentido transitivo. Por ejemplo: «Besó la fotografía de su madre antes de dormir», «Abrazó el cuerpo inerte de su mejor amigo», «Escuchó a su hijo con atención».

Podemos colegir, pues, que muchas veces el que un verbo sea recíproco o reflexivo dependerá del contexto, de cómo esté empleado el verbo y del sujeto, pues en los reflexivos —como ya vimos— la acción del verbo recae sobre el sujeto mismo, mientras que en los recíprocos uno hace algo a otro, y este le corresponde al primero, pero ambos forman un solo sujeto plural, sea simple o complejo:[1]

Paulo y Marta se besaron. Sujeto complejo: Paulo y Marta (recíproco)
Los enemigos se besaron. Sujeto simple plural: los enemigos (recíproco)
La niña se besó la mano que se lastimó. Sujeto simple singular (reflexivo)
Los muchachos se sobaron la mano que se habían lastimado. Sujeto simple plural (reflexivo; cada muchacho se sobó su propia mano lastimada)

Por supuesto, hay otras maneras de catalogar, dividir y subdividir los verbos, pero estas son las más importantes en la práctica de la escritura. Las otras tienen que ver con el origen de los verbos o con cómo se formaron o con si están constituidos por una o por más palabras, etcétera. Estas otras clasificaciones se estudian en el apartado §6.7.

§6.4.4 Lógica temporal relativa

Cuando escribimos, elegimos —sea consciente o inconscientemente— un **plano temporal narrativo**. Puede ser el **pasado** (el más común), el **presente** o —mucho menos común, y sí más difícil de mantener— el **futuro**. Para cada uno de estos planos temporales puede haber otros tiempos relativos: hay, pues, pasado del pasado, futuro del pasado, futuro del presente, pasado del presente. Y debemos respetar esta lógica temporal. Lo anterior significa que no hay que brincar de un tiempo a otro irreflexivamente, sino que necesitamos saber qué tiempos usar en relación con el plano temporal base que hemos elegido para narrar tal o cual suceso.

Si el plano temporal narrativo es el **presente**, su pasado puede ser el **pretérito perfecto simple o pretérito** (*hice*), el **pretérito imperfecto o copretérito** (*hacía*), el **pretérito perfecto compuesto o antepresente** (*he hecho*), el

---

1 El sujeto simple puede ser singular (él, ella, Salomón, la mesa) o plural (ellos, ellas, los muchachos, las mesas), pero el sujeto complejo siempre será plural (Salomón y Roberto, Pedro y el lobo, la mesa y las sillas). Para mayor referencia, puedes consultar el segundo capítulo de *Redacción sin dolor*, «El sujeto y sus complementos», 6.ª ed., Planeta, México, 2014.

pretérito perfecto o antepresente de subjuntivo (*haya hecho*) o el **pretérito pluscuamperfecto o antecopretérito** (*había hecho*):

> El valle **está** cubierto por la neblina que **ha bajado** desde muy temprano. No **alcanzan** a verse los montes que nos **rodean**; con trabajo **podemos** ver los árboles que **sembramos** el año pasado, aquí, a unos metros. (No **sabía** que vendrían hoy. De haberlo sabido, les **hubiera preparado** un cafecito con canela). ¡Pero qué barbaridad! No **había reparado** en lo altos y fuertes que **están** mis sobrinos: **tenía** mucho tiempo que no los **veía**. Me **alegra** que **hayan decidido** venir a pasar unos días con nosotros en el aire limpio del campo.

Como puede observarse, el plano temporal narrativo base es el presente, pero no todo puede escribirse en ese tiempo porque hay otras cosas que sucedieron antes de ese presente. Cuando se trata de un pasado inmediato (algo que prácticamente acaba de suceder), usamos el pretérito perfecto compuesto o antepresente (*ha bajado*), porque es un pasado tan reciente que convive con el presente.

Luego el texto va del presente a un pasado un poco más remoto, y para ello emplea el pretérito perfecto simple o pretérito (*sembramos*). Después, para hablar de algo que sucedió en el pasado, pero cuyo comienzo y final no está claro, se usó el pretérito imperfecto o copretérito (*sabía*). Más adelante retomaremos este ejemplo para ver el futuro del pasado, en las líneas donde leemos «(No **sabía** que vendrían hoy. De haberlo sabido, les *hubiera preparado* un cafecito con canela)».

Pero enseguida de estas líneas parentéticas, volvemos al presente narrativo y expresamos el pasado de ese presente (lo que no había percibido antes que siquiera el personaje empezara a hablar o llegaran sus invitados) con el pretérito pluscuamperfecto o antecopretérito (*había reparado*).

Más adelante se expresa el pasado del presente con los pretéritos imperfectos o copretéritos *tenía* y *veía*. Al final, se emplea el pretérito perfecto o antepresente de subjuntivo para describir una acción que ocurrió en un pasado que no está pegado al presente —pero sí cercano— y que no expresa con exactitud cuándo empezó ni cuándo terminó (*hayan decidido*).

Por otro lado, el **futuro** del presente es el **futuro simple** (*haré*) y el **futuro perfecto o antefuturo** (*habré hecho*):

> Me **alegra** que **hayan decidido** venir a pasar unos días con nosotros en el aire limpio del campo. A partir de mañana los chicos me **ayudarán** a

cortar un poco de leña cada día, y la siguiente semana **habremos cortado** suficiente para cocinar el banquete del que **hablamos** anoche.

Aquí podemos ver que el futuro *ayudarán* es el futuro del presente *alegra*; igualmente lo es el futuro perfecto *habremos cortado*. Y el pretérito perfecto *hablamos* es el pasado tanto del presente como del futuro.

¿Pero qué pasaría si el plano narrativo del texto anterior fuera el **pasado**?

El valle **estaba** cubierto por la neblina que **había bajado** desde muy temprano. No **alcanzaban** a verse los montes que nos **rodeaban**; con trabajo **podíamos** ver los árboles que **habíamos sembrado** el año pasado, aquí, a unos metros. (No **sabía** que **llegarían** ese día. De haberlo sabido, les **hubiera preparado** un cafecito con canela). ¡Pero qué barbaridad! No **había reparado** en lo altos y fuertes que **estaban** mis sobrinos: **tenía** mucho tiempo que no los **veía**. Me **alegró** que **hubieran decidido** venir a pasar unos días con nosotros en el aire limpio del campo. A partir del día siguiente los chicos me **ayudaron** a cortar un poco de leña cada día, y la siguiente semana **habíamos cortado** suficiente para cocinar el banquete del que **habíamos hablado** la anoche anterior.

Como podemos observar, tanto el pretérito perfecto simple o pretérito (*alegró*, *ayudaron*) como el pretérito imperfecto o copretérito (*tenía*, *estaba*, *alcanzaban*, *rodeaban*, *podíamos*, *sabía*, *estaban*, *veía*) están exactamente en el mismo «nivel» narrativo. Pero no es así con el pretérito pluscuamperfecto o antecopretérito de indicativo (*había bajado*, *habíamos sembrado*, *había reparado*, *habíamos cortado*, *habíamos hablado*) ni con el pretérito pluscuamperfecto de subjuntivo (*hubiera preparado*, *hubieran decidido*), que son —ambos— el pasado del pasado...

Ahora veamos que el pasado tiene dos futuros: el condicional simple (**haría**) y el condicional perfecto (**habría hecho**). En el caso de nuestro ejemplo, en «(No **sabía** que **llegarían** ese día. De haberlo sabido, les **hubiera preparado** un cafecito con canela)» vemos el pasado —*sabía*— y su futuro, *llegarían*, que en realidad es un condicional simple. Y, como es normalmente, con el condicional «De haberlo sabido», se emplea el pretérito pluscuamperfecto de subjuntivo (*hubiera preparado*).

Y... ¿qué pasaría si el plano narrativo de este escrito fuera el **futuro**?

El valle **estará** cubierto por la neblina que **habrá bajado** desde muy temprano. No **alcanzarán** a verse los montes que nos **rodearán**; con trabajos

podremos ver los árboles que **habríamos sembrado** el año anterior, aquí, a unos metros. (No **habré sabido** que **llegarían** ese día. De haberlo sabido, les **habría preparado** un cafecito con canela). ¡Pero qué barbaridad! No **habré reparado** hasta después de un rato en lo altos y fuertes que **estarán** mis sobrinos: **tendría** mucho tiempo sin verlos. Me **alegrará** que **hubieran decidido** venir a pasar unos días con nosotros en el aire limpio del campo. A partir del día siguiente los chicos me **ayudarían** a cortar un poco de leña cada día, y la siguiente semana **habríamos cortado** suficiente para cocinar el banquete del que **habríamos hablado** la anoche anterior.

Podemos notar que el pasado del futuro (*estará*, *alcanzarán*, *rodearán*, *podremos*, *estarán*, *alegrará*) es el futuro perfecto (*habrá bajado*, *habremos sembrado*, *habré reparado*). ¡Pero también el condicional perfecto (*habríamos sembrado*, *habríamos hablado*) es pasado del futuro (*podremos*)! Y, además, este mismo tiempo (condicional perfecto: *habríamos cortado*) ¡es también el futuro del futuro (*la siguiente semana*)! Es decir: el futuro perfecto es el pasado del futuro, y el condicional perfecto es tanto el pasado como el futuro del futuro. Y esto es así porque este tiempo (el condicional perfecto) denota una acción venidera pero anterior a otra que ya ha sido realizada. O sea que tiene matiz tanto de futuro como de pasado.

Lo mismo sucede con el condicional simple (*llegarían*, *tendrían*), que también puede ser tanto futuro del futuro como pasado inmediato del futuro. Por otro lado, tanto *hubiera* más participio pasivo (*hubiera preparado*) como *habría* más participio pasivo (*habría preparado*) son dos maneras distintas de expresar el mismo tiempo verbal: **condicional perfecto**. La diferencia es que si sentimos que es muy probable que hubiéramos realizado aquello de lo que se habla, usamos *habría* más participio pasivo (*habría preparado*), mientras que si nos parece que era muy poco probable que lo hiciéramos, empleamos *hubiera* más participio pasivo (*hubieran decidido*).

Nota: El pretérito pluscuamperfecto del subjuntivo y el condicional perfecto tienen la misma forma: *hubiera* o *habría hecho*.

§6.5 ¿Cómo *no* debe usarse el verbo?

No deberíamos emplear verbos transitivos como si fueran intransitivos, como en el caso, muy extendido, de *iniciar*. Alguien inicia algo. Por ello, según la norma culta es incorrecto decir y escribir ˣ«El partido *inició* a las seis». ¿Qué o quién *inició* a las seis el partido? ¿O qué *inició* el partido a las seis? ¿No querría decirse, en realidad, ✓«el partido *empezó* a las seis»? *Empezar* sí es intransitivo, aunque también puede funcionar transitivamente. También podría usarse un pronombre antes del verbo *iniciar* para emplearlo «legalmente» (volverse pronominal, con voz pasiva refleja): ✓«El partido <u>se *inició*</u> a las seis». Es como decir «el partido fue iniciado a las seis». Como *se inició* es voz pasiva refleja, no hay agente. Simplemente se inició; es decir, dio inicio, comenzó o empezó.

Hasta hace muy poco, la Real Academia de la Lengua no había aceptado las acepciones intransitivas del verbo *aplicar*. Ya las aceptó, aunque solo como americanismo. Esto significa que si alguien decide emplear *aplicar* en ejemplos como los que están entre paréntesis («aplican restricciones» o «aplicó para una beca»), ya podrá argumentar que ambas están aceptadas. Sin embargo, quien desee seguir esmerándose en su habla y en su escritura principalmente, podrá seguir la norma culta, según la cual habría que replantear los ejemplos anteriores: «se aplican restricciones» y «solicitó una beca» (no «aplicó para...»).

Tampoco deberíamos hacerlo al revés: no deberíamos usar un verbo intransitivo como transitivo, como era el caso de *regresar*, tan extendido en algunos países de América que la Real Academia ya lo aceptó como transitivo en este continente. Originalmente, *regresar* era solo intransitivo; es decir: si la cosa no tenía manera de regresar sola, la cosa no regresaba sino que se devolvía: ✓«Devuélveme el libro que te presté», en lugar de ˣ«Regrésame el libro que te presté». Pero como sucedió con *aplicar*, quien decida emplear *regresar* transitivamente podrá argumentar que ya está aceptada esa acepción, mientras que quien decida usarlo solo intransitivamente, también podrá argumentar que prefiere usar la norma culta.

Quizás en el futuro se acepte también *iniciar* como intransitivo, pero mientras eso sucede, la recomendación es que solo se emplee *iniciar* con complemento directo (✓«El árbitro *inició* el partido a las seis») o que se use en su lugar un sinónimo que sí tenga naturaleza intransitiva (✓«La película *empezó* a tiempo», ✓«La función *comenzó* tarde»), o que se emplee el pronombre *se* (✓«La fiesta **se** *inició* cuando llegaste»).

En cuanto a los verbos de régimen preposicional, hay que usar la preposición adecuada, no cualquiera. Y si el verbo no tiene régimen preposicional, no hay que ponerle preposición alguna. Un ejemplo muy común de esta confusión es este: ˣ«Me acuerdo que sí guardé el teléfono», ˣ«Recuerdo de que vine ayer a la escuela». Aquí, la preposición *de* está en el enunciado equivocado: ✓«Me acuerdo **de** que sí guardé el teléfono» y ✓«<u>Recuerdo que</u> vine ayer a la escuela». Siempre que haya duda de si tal o cual verbo va con tal o cual preposición, hay que consultar el *Diccionario panhispánico de dudas* (DPD) de la Real Academia de la Lengua Española. Está en la misma página electrónica donde se encuentra el *Diccionario de la lengua española* (DLE): rae.es; aquí pueden desplegarse también otros diccionarios muy útiles. [También puede hacerse la prueba de la pregunta: «¿Qué recuerdas?» *Recuerdo **que***, no ***de que***. «¿De qué te acuerdas?» *Me acuerdo **de que***, no ***que***].

Cabe recordar en este apartado que los **verboides** o **formas no personales del verbo** no son verbos y que —por ello— no pueden ser núcleo del predicado. Si no hay un verbo conjugado entre la mayúscula y el punto, difícilmente será comprendido por el lector lo que ahí esté escrito.

Para terminar, es incorrecto brincar de un tiempo verbal a otro así como así. Es necesario estudiar, comprender, aprender y repasar la lógica temporal relativa. Puedes consultar esto también en *Redacción sin dolor* a partir de la sexta edición, o en las obras de referencia que recomendamos al final de este libro.

§6.6 ¿Cómo se relaciona el verbo con otra clase de palabras?

El **verbo** se relaciona con **sustantivos, pronombres, frases sustantivas** y hasta **oraciones sustantivas** (es decir, cualquier elemento sustantivo) cuando cualquiera de estos funciona como sujeto, complemento directo, complemento indirecto o atributo:

Susana **consiguió** *lo que necesitaba* para organizar la ponencia.
La mamá de mi amigo **vino a cenar** a la casa ayer.
Vi *la lluvia* cayendo furiosamente.
Pina les **rompió** a los niños sus pantalones favoritos.
Nosotros **atestiguamos** todo.

Se relaciona con **verboides** para formar **verbos perifrásticos** de diversos tipos que aquí no cabe mencionar (los tipos), y con las **preposiciones** que *ligan* unos con otros:

Voy *a ir* al cine en un rato.
Estoy *cantando* bajito, mamá.
Corazón, **acabo** *de llegar*.
Habiendo *aclarado* lo anterior, me **voy** *a dormir*.

También se relaciona con cualquier preposición que introduzca un complemento circunstancial (también llamado *adverbial*) o uno preposicional del verbo:

Habla *de* sus sueños y aspiraciones.
Llega *con* desparpajo y me roba un beso el descarado.
Nos **vemos** *en* la escuela mañana.
Váyanse *con* cuidado.
Lo **compré** *para* tu colección.

Como podrás imaginar, por supuesto, el verbo se relaciona con simples **adverbios**, **frases** y **locuciones adverbiales** e, incluso, con **oraciones adverbiales** (también conocidas como circunstanciales):

Llega *temprano mañana*, por favor.
Vino *enseguida* a mi casa.
Cuando **aprendas** *a no mentir*, **hablamos** seriamente.

Cuando el verbo es copulativo, se relaciona directamente con el **adjetivo**, **adverbio** o **frase preposicional** que funciona como atributo, o con el o los elementos sustantivos que funcionan como sujeto y atributo, o con el adverbio, frase u oración adverbial que funja como complemento circunstancial:

¡*Nada* **era** *cierto*!
Ella **es** *mi novia*.
Estaban *desnudos* en casa de su suegra.
Parecía *cierto*.
Eso **era** *demasiado bueno* para ser verdad.

§6.7 Clases de verbos

Como se dijo en el apartado §6.4, hay diversas maneras de clasificar a los verbos. Las más comunes son las siguientes: por su estructura, por su conjugación, por su función sintáctica, por su necesidad de usar pronombres y por el destino de la acción.

Por su estructura, se dividen en simples, primitivos, derivados, compuestos, prepositivos y perifrásticos. Por su conjugación, se separan en regulares, irregulares, defectivos e impersonales o unipersonales. Por su función sintáctica, se clasifican en copulativos, predicativos y auxiliares. Por su necesidad de usar pronombres (pronominales, que también son intransitivos), tenemos a los reflexivos y a los recíprocos. Y por el destino de su acción están los transitivos e intransitivos; estos últimos incluyen a los prepositivos, a los pronominales y a los copulativos.

Debido a que los verbos que se clasifican por el destino de su acción y por su necesidad de usar pronombres se vieron con detenimiento en los apartados §6.4, §6.4.1, §6.4.2, §6.4.2.1, §6.4.2.2, §6.4.3, §6.4.3.1 y §6.4.3.2, aquí no se repetirán sino que solo se verán los demás.

Como ya podrá imaginar el estudiante, después de haber leído este capítulo, un solo verbo puede caber en más de una clasificación, pues —por ejemplo— *ser* es tanto simple como irregular, intransitivo, copulativo y auxiliar... Lo mismo sucede con la mayoría de ellos, pues entran en diferentes clasificaciones. También puede ponerse a los preposicionales en la clasificación «por su estructura», y a los copulativos, en la clasificación «por su función sintáctica».

§6.7.1 Verbos clasificados por su estructura

Se dividen en simples, primitivos, derivados y compuestos.

§6.7.1.1 Verbos simples

Están conformados por una sola palabra, y suelen ser los mismos que los primitivos: *confiar, pensar, volar, entender, temer, leer, parir, fingir, intuir...*

§6.7.1.2 Verbos primitivos

No provienen de ninguna otra palabra sino que surgieron originalmente como verbos: *dar, escuchar, lavar, ver, aprender, vencer, urdir, reír, partir...*

§6.7.1.3 Verbos derivados

Provienen de otras palabras, pertenecientes a otras categorías gramaticales y, por ello, necesitan de afijos derivativos (pueden ser prefijos —que van antes de la raíz de la palabra—, sufijos —que van después— o ambos):

modernizar (del adjetivo *moderno*, con sufijo)

almacenar (del sustantivo *almacén*, con sufijo)
entristecer (del adjetivo *triste*, con prefijo y sufijo)
acercar (del adverbio *cerca*, con prefijo y sufijo)
atardecer (del adverbio *tarde*, con prefijo y sufijo)
fantasear (del sustantivo *fantasía*, con sufijo)

§6.7.1.4 Verbos compuestos

Se forman por dos palabras; normalmente, por un adverbio y un verbo o un sustantivo y un verbo. Algunos necesitan una vocal que los enlace:

malgastar (adverbio y verbo)
malcriar (adverbio y verbo)
maniatar (sustantivo y verbo, enlazados por la vocal *i*)
malinterpretar (adverbio y verbo)
bienvivir (adverbio y verbo)
fotograbar (sustantivo y verbo)

Es muy importante **no confundir** los *verbos* compuestos con los *tiempos* compuestos, como los siguientes: *he dicho, habríamos traído, habrán comprado...*

§6.7.1.5 Verbos prepositivos o de régimen preposicional

Véase el apartado §6.4.2.1 de este libro.

§6.7.1.6 Verbos perifrásticos (perífrasis verbales o frases verbales)

Como se mencionó en el apartado §6.1.1, estos verbos necesitan más de una palabra para completar su acción, por lo que se vuelven frases. De ahí vienen sus nombres: *frase verbal, verbo perifrástico* (*peri* = «rodeo»; *frástico* = de «frase») y *perífrasis verbal*. Se forman con un verbo auxiliar conjugado y un verboide (formas no personales del verbo), el cual aportará la acción. Estas dos formas verbales (una conjugada y una no personal) podrán estar unidas por preposición o conjunción o sin ellas.

A veces aparecen un verbo conjugado y un verboide juntos y no están formando perífrasis verbal, sino que la forma no conjugada es en realidad el complemento directo del verbo conjugado:

Enunciado:
Quiero ir al cine esta tarde.

Análisis gramatical:
Sujeto: tácito, «yo»
Núcleo del predicado: «quiero»
Complemento directo: «ir»
Complemento circunstancial de destino: «al cine»
Complemento circunstancial de tiempo: «esta tarde».

Para diferenciar este caso de un verdadero verbo perifrástico, podemos hacer las pruebas para hallar el complemento directo y preguntarnos si el sentido del verbo conjugado cambia si está en conjunto con el verboide. No es lo mismo, por ejemplo, «debo confesar mis pecados» (es mi obligación confesarlos) que «debo mis pecados» (no he pagado mis pecados).

Sabemos que *confesar* no es complemento directo porque no podemos sustituir «confesar» ni «confesar mis pecados» por el pronombre que le corresponde (*lo*): «lo debo». En el caso de «debo mis pecados» sí puedo sustituir «mis pecados» por *los*: «los debo».

Si hacemos la prueba de la voz pasiva, queda así: «mis pecados deben ser confesados por mí» no «confesar mis pecados es debido por mí». ¡No tiene sentido! En otras palabras, «mis pecados» es complemento directo del verbo perifrástico *debo confesar*. ¿Qué debo confesar? *Mis pecados*. Debo confesar*los*.

Hay varias maneras de formar verbos perifrásticos. Las más frecuentes son las siguientes:

Auxiliar + infinitivo: debo decir, parece insinuar, pretende confundir...
Auxiliar + participio: tengo prohibido, traes desmayado, lleva coleccionados...
Auxiliar + gerundio: sigue viniendo, anda corriendo, está comiendo...
Auxiliar + conjunción *que* + infinitivo: hay que conseguir, tenemos que relacionar, habrá que hacer...
Auxiliar + preposición *a*, *de, por* o —en menor medida— *en* + infinitivo: ponte a barrer, debe de estar, quedó en ir, empezaré por narrar, estaba por llegar...

Auxiliar + preposición *por* + participio: dará por hecho, dio por sentado, di por firmado...

Vale la pena comentar que *deber* y *deber de* no significan lo mismo. *Deber* implica obligación, mientras que *deber de* implica posibilidad o probabilidad. Por lo tanto, en el ejemplo «Tu madre *debe* estar en la casa», se afirma que es obligación de la madre estar en la casa. Pero en el ejemplo «Tu madre *debe de* estar en la casa» se supone que está en la casa porque es probable que esté ahí.

Es necesario decir, también, que los tiempos compuestos de los verbos son, según muchos gramáticos, un tipo de perífrasis verbal, como lo es igualmente la construcción ser + participio, propia de la voz pasiva. En el caso de los tiempos compuestos, el auxiliar **siempre** será *haber* (y **siempre** irá conjugado); en el de la voz pasiva, el auxiliar **siempre** será *ser*. En ambos casos, como sucede con el resto de los verbos perifrásticos, la forma no personal de los verbos (verboides) es la que aporta la acción.

hemos hecho, **han afirmado**, **he propuesto** (tiempos compuestos de *hacer*, *afirmar* y *proponer*)

fue comprado, **es pospuesto**, **será derribado** (voz pasiva de *comprar*, *posponer* y *derribar*)

Por último, cabe recordar que es importante no confundir los verbos perifrásticos (perífrasis verbales o frases verbales) con las locuciones verbales, que son estructuras fijas, como se vio en el apartado §6.1.2.

§6.7.2 Verbos clasificados por su conjugación

Esta clasificación está relacionada con cómo se conjugan los verbos. Pueden ser regulares, irregulares, defectivos e impersonales o unipersonales.

§6.7.2.1 Verbos regulares

Estos verbos mantienen su raíz original a lo largo de la conjugación, y sus terminaciones son las tradicionales para la conjugación a la que pertenecen (primera, *-ar*; segunda, *-er*; tercera, *-ir*). Como ejemplo, conjugaremos en sus tiempos simples los verbos 1) *abrazar*, 2) *comprender* y 3) *dividir*.

1. **abrazar**

   raíz: *abraz*   desinencia o terminación: *-ar*   conjugación: 1.ª

Hay que recordar que, ortográficamente, la *z* cambia a *c* ante las vocales *e* e *i*, y que esto no se considera una irregularidad. Se separará la raíz de la desinencia para que sea evidente la regularidad en la conjugación.

Tiempos simples de indicativo de *abrazar*

NÚMERO	PRONOMBRE	TIEMPO
		Presente
singular	yo	**abraz**-o
singular	tú / vos / usted	**abraz**-as / **abraz**-ás / **abraz**-a
singular	él / ella	**abraz**-a
plural	nosotros / nosotras	**abraz**-amos
plural	vosotros / -as/ ustedes	**abraz**-áis / **abraz**-an
plural	ellos / ellas	**abraz**-an

NÚMERO	PRONOMBRE	TIEMPO
		Pretérito imperfecto / Copretérito
singular	yo	**abraz**-aba
singular	tú / vos / usted	**abraz**-abas / **abraz**-abas / **abraz**-aba
singular	él/ ella	**abraz**-aba
plural	nosotros / nosotras	**abraz**-ábamos
plural	vosotros / -as / ustedes	**abraz**-abais / **abraz**-aban
plural	ellos / ellas	**abraz**-aban

NÚMERO	PRONOMBRE	TIEMPO
		Pretérito perfecto simple / Pretérito
singular	yo	**abrac**-é
singular	tú / vos / usted	**abraz**-aste / **abraz**-aste / **abraz**-ó

Verbo

singular	él / ella	**abraz**-ó
plural	nosotros / nosotras	**abraz**-amos
plural	vosotros / -as / ustedes	**abraz**-asteis / **abraz**-aron
plural	ellos / ellas	**abraz**-aron

NÚMERO	PRONOMBRE	TIEMPO *Futuro simple / Futuro*
singular	yo	**abraz**-aré
singular	tú / vos / usted	**abraz**-arás / **abraz**-arás / **abraz**-ará
singular	él / ella	**abraz**-ará
plural	nosotros / nosotras	**abraz**-aremos
plural	vosotros / -as / ustedes	**abraz**-aréis / **abraz**-arán
plural	ellos / ellas	**abraz**-arán

NÚMERO	PRONOMBRE	TIEMPO *Condicional simple / Pospretérito*
singular	yo	**abraz**-aría
singular	tú / vos / usted	**abraz**-arías / **abraz**-arías / **abraz**-aría
singular	él / ella	**abraz**-aría
plural	nosotros / nosotras	**abraz**-aríamos
plural	vosotros / -as / ustedes	**abraz**-aríais / **abraz**-arían
plural	ellos / ellas	**abraz**-arían

Tiempos simples de subjuntivo de *abrazar*

NÚMERO	PRONOMBRE	TIEMPO *Presente*
singular	yo	**abrac**-e
singular	tú / vos / usted	**abrac**-es / **abrac**-es / **abrac**-e
singular	él / ella	**abrac**-e
plural	nosotros / nosotras	**abrac**-emos
plural	vosotros / -as / ustedes	**abrac**-éis / **abrac**-en
plural	ellos / ellas	**abrac**-en

El corazón de la gramática

NÚMERO	PRONOMBRE	TIEMPO
		Pretérito imperfecto / Pretérito
singular	yo	**abraz**-ara o **abraz**-ase
singular	tú / vos / usted	**abraz**-aras o **abraz**-ases /
		abraz-aras o **abraz**-ases /
		abraz-ara o **abraz**-ase
singular	él / ella	**abraz**-ara o **abraz**-ase
plural	nosotros / nosotras	**abraz**-áramos o **abraz**-ásemos
plural	vosotros / -as / ustedes	**abraz**-arais o **abraz**-aseis /
		abraz-aran o **abraz**-asen
plural	ellos / ellas	**abraz**-aran o **abraz**-asen

NÚMERO	PRONOMBRE	TIEMPO
		Futuro simple / Futuro
singular	yo	**abraz**-are
singular	tú / vos / usted	**abraz**-ares / **abraz**-ares /
		abraz-are
singular	él / ella	**abraz**-are
plural	nosotros / nosotras	**abraz**-áremos
plural	vosotros / -as / ustedes	**abraz**-areis / **abraz**-aren
plural	ellos / ellas	**abraz**-aren

Tiempo de imperativo de *abrazar*

NÚMERO	PRONOMBRE	TIEMPO
		Presente
singular	tú / vos / usted	**abraz**-a / **abraz**-á / **abrac**-e
plural	vosotros / -as / ustedes	**abraz**-ad / **abrac**-en

2. **comprender**
   raíz: *comprend*   desinencia o terminación: *-er*   conjugación: 2.ª

Verbo

Tiempos simples de indicativo de *comprender*

NÚMERO	PRONOMBRE	TIEMPO
		Presente
singular	yo	**comprend**-o
singular	tú / vos / usted	**comprend**-es / **comprend**-és / **comprend**-e
singular	él / ella	**comprend**-e
plural	nosotros / nosotras	**comprend**-emos
plural	vosotros / -as / ustedes	**comprend**-éis / **comprend**-en
plural	ellos / ellas	**comprend**-en

NÚMERO	PRONOMBRE	TIEMPO
		Pretérito imperfecto / Copretérito
singular	yo	**comprend**-ía
singular	tú / vos / usted	**comprend**-ías / **comprend**-ías / **comprend**-ía
singular	él / ella	**comprend**-ía
plural	nosotros / nosotras	**comprend**-íamos
plural	vosotros / -as / ustedes	**comprend**-íais / **comprend**-ían
plural	ellos / ellas	**comprend**-ían

NÚMERO	PRONOMBRE	TIEMPO
		Pretérito perfecto simple / Pretérito
singular	yo	**comprend**-í
singular	tú / vos / usted	**comprend**-iste / **comprend**-iste / **comprend**-ió
singular	él / ella	**comprend**-ió
plural	nosotros / nosotras	**comprend**-imos
plural	vosotros / -as / ustedes	**comprend**-isteis / **comprend**-ieron
plural	ellos / ellas	**comprend**-ieron

El corazón de la gramática

NÚMERO	PRONOMBRE	TIEMPO
		Futuro simple / Futuro
singular	yo	**comprend**-eré
singular	tú / vos / usted	**comprend**-erás /
		comprend-erás /
		comprend-erá
singular	él / ella	**comprend**-erá
plural	nosotros / nosotras	**comprend**-eremos
plural	vosotros / -as / ustedes	**comprend**-eréis /
		comprend-erán
plural	ellos / ellas	**comprend**-erán

NÚMERO	PRONOMBRE	TIEMPO
		Condicional simple / Pospretérito
singular	yo	**comprend**-ería
singular	tú / vos / usted	**comprend**-erías /
		comprend-erías /
		comprend-ería
singular	él / ella	**comprend**-ería
plural	nosotros / nosotras	**comprend**-eríamos
plural	vosotros / -as / ustedes	**comprend**-eríais /
		comprend-erían
plural	ellos / ellas	**comprend**-erían

Tiempos simples de subjuntivo de *comprender*

NÚMERO	PRONOMBRE	TIEMPO
		Presente
singular	yo	**comprend**-a
singular	tú / vos / usted	**comprend**-as / **comprend**-as /
		comprend-a
singular	él / ella	**comprend**-a
plural	nosotros / nosotras	**comprend**-amos
plural	vosotros / -as / ustedes	**comprend**-áis / **comprend**-an
plural	ellos / ellas	**comprend**-an

Verbo

NÚMERO	PRONOMBRE	TIEMPO
		Pretérito imperfecto / Pretérito
singular	yo	**comprend**-iera o **comprend**-iese
singular	tú / vos / usted	**comprend**-ieras o **comprend**-ieses / **comprend**-ieras o **comprend**-ieses / **comprend**-iera o **comprend**-iese
singular	él / ella	**comprend**-iera o **comprend**-iese
plural	nosotros / nosotras	**comprend**-iéramos o **comprend**-iésemos
plural	vosotros / -as / ustedes	**comprend**-ierais o **comprend**-ieseis / **comprend**-ieran o **comprend**-iesen
plural	ellos / ellas	**comprend**-ieran o **comprend**-iesen

NÚMERO	PRONOMBRE	TIEMPO
		Futuro simple / Futuro
singular	yo	**comprend**-iere
singular	tú / vos / usted	**comprend**-ieres / **comprend**-ieres / **comprend**-iere
singular	él / ella	**comprend**-iere
plural	nosotros / nosotras	**comprend**-iéremos
plural	vosotros / -as / ustedes	**comprend**-iereis / **comprend**-ieren
plural	ellos / ellas	**comprend**-ieren

Tiempo de imperativo de *comprender*

NÚMERO	PRONOMBRE	TIEMPO *Presente*
singular	tú / vos / usted	**comprend**-e / **comprend**-é / **comprend**-a
plural	vosotros / -as / ustedes	**comprend**-ed / **comprend**-an

3. **dividir**
   raíz: *divid*   desinencia o terminación: *-ir*   conjugación: 3.ª

Tiempos simples de indicativo de *dividir*

NÚMERO	PRONOMBRE	TIEMPO *Presente*
singular	yo	**divid**-o
singular	tú / vos / usted	**divid**-es / **divid**-ís / **divid**-e
singular	él / ella	**divid**-e
plural	nosotros / nosotras	**divid**-imos
plural	vosotros / -as/ ustedes	**divid**-ís / **divid**-en
plural	ellos / ellas	**divid**-en

NÚMERO	PRONOMBRE	TIEMPO *Pretérito imperfecto / Copretérito*
singular	yo	**divid**-ía
singular	tú / vos / usted	**divid**-ías / **divid**-ías / **divid**-ía
singular	él / ella	**divid**-ía
plural	nosotros / nosotras	**divid**-íamos
plural	vosotros / -as / ustedes	**divid**-íais / **divid**-ían
plural	ellos / ellas	**divid**-ían

Verbo

Número	Pronombre	Tiempo
		Pretérito perfecto simple /
		Pretérito
singular	yo	**divid**-í
singular	tú / vos / usted	**divid**-iste / **divid**-iste / **divid**-ió
singular	él / ella	**divid**-ió
plural	nosotros / nosotras	**divid**-imos
plural	vosotros / -as / ustedes	**divid**-isteis / **divid**-ieron
plural	ellos / ellas	**divid**-ieron

Número	Pronombre	Tiempo
		Futuro simple / Futuro
singular	yo	**divid**-iré
singular	tú / vos / usted	**divid**-irás / **divid**-irás / **divid**-irá
singular	él / ella	**divid**-irá
plural	nosotros / nosotras	**divid**-iremos
plural	vosotros / -as / ustedes	**divid**-iréis / **divid**-irán
plural	ellos / ellas	**divid**-irán

Número	Pronombre	Tiempo
		Condicional simple / Pospretérito
singular	yo	**divid**-iría
singular	tú / vos / usted	**divid**-irías / **divid**-irías / **divid**-iría
singular	él / ella	**divid**-iría
plural	nosotros / nosotras	**divid**-iríamos
plural	vosotros / -as / ustedes	**divid**-iríais / **divid**-irían
plural	ellos / ellas	**divid**-irían

Tiempos simples de subjuntivo de *dividir*

Número	Pronombre	Tiempo
		Presente
singular	yo	**divid**-a
singular	tú / vos / usted	**divid**-as / **divid**-as / **divid**-a
singular	él / ella	**divid**-a
plural	nosotros / nosotras	**divid**-amos

plural	vosotros / -as / ustedes	**divid**-áis / **divid**-an
plural	ellos / ellas	**divid**-an

NÚMERO	PRONOMBRE	TIEMPO
		Pretérito imperfecto / Pretérito
singular	yo	**divid**-iera o **divid**-iese
singular	tú / vos / usted	**divid**-ieras o **divid**-ieses /
		divid-ieras o **divid**-ieses /
		divid-iera o **divid**-iese
singular	él / ella	**divid**-iera o **divid**-iese
plural	nosotros / nosotras	**divid**-iéramos o **divid**-iésemos
plural	vosotros / -as / ustedes	**divid**-ierais o **divid**-ieseis /
		divid-ieran o **divid**-iesen
plural	ellos / ellas	**divid**-ieran o **divid**-iesen

NÚMERO	PRONOMBRE	TIEMPO
		Futuro simple / Futuro
singular	yo	**divid**-iere
singular	tú / vos / usted	**divid**-ieres / **divid**-ieres /
		divid-iere
singular	él / ella	**divid**-iere
plural	nosotros / nosotras	**divid**-iéremos
plural	vosotros / -as / ustedes	**divid**-iereis / **divid**-ieren
plural	ellos / ellas	**divid**-ieren

Tiempo de imperativo de *dividir*

NÚMERO	PRONOMBRE	TIEMPO
		Presente
singular	tú / vos / usted	**divid**-e / **divid**-í / **divid**-a
plural	vosotros / -as / ustedes	**divid**-id / **divid**-an

§6.7.2.2 Verbos irregulares

Estos pueden tener cambios en la raíz, las desinencias o en ambas. Se conjugarán aquí, como ejemplo, los verbos 1) *jugar*, 2) *saber* y 3) *traducir*.

1. **jugar**

   raíz: *jug* / **jueg*   desinencia o terminación: *-ar*   conjugación: 1.ª

Cabe recordar que la letra *g* debe llevar la vocal *u* ante *e* e *i* para conservar su sonido duro, y que eso no se considera una irregularidad. La irregularidad aquí está en *ju* / *jue*.

Tiempos simples de indicativo de *jugar*

NÚMERO	PRONOMBRE	TIEMPO
		Presente
singular	yo	***jueg**-o
singular	tú / vos / usted	***jueg**-as / **jug**-ás / ***jueg**-a
singular	él / ella	***jueg**-a
plural	nosotros / nosotras	**jug**-amos
plural	vosotros / -as / ustedes	**jug**-ais / ***jueg**-an
plural	ellos / ellas	***jueg**-an

NÚMERO	PRONOMBRE	TIEMPO
		Pretérito imperfecto / Copretérito
singular	yo	**jug**-aba
singular	tú / vos / usted	**jug**-abas / **jug**-abas / **jug**-aba
singular	él / ella	**jug**-aba
plural	nosotros / nosotras	**jug**-ábamos
plural	vosotros / -as / ustedes	**jug**-abais / **jug**-aban
plural	ellos / ellas	**jug**-aban

El corazón de la gramática

NÚMERO	PRONOMBRE	TIEMPO *Pretérito perfecto simple / Pretérito*
singular	yo	**jugu**-é
singular	tú / vos / usted	**jug**-aste / **jug**-aste / **jug**-ó
singular	él / ella	**jug**-ó
plural	nosotros / nosotras	**jug**-amos
plural	vosotros / -as / ustedes	**jug**-asteis / **jug**-aron
plural	ellos / ellas	**jug**-aron

NÚMERO	PRONOMBRE	TIEMPO *Futuro simple / Futuro*
singular	yo	**jug**-aré
singular	tú / vos / usted	**jug**-arás / **jug**-arás / **jug**-ará
singular	él / ella	**jug**-ará
plural	nosotros / nosotras	**jug**-aremos
plural	vosotros / -as / ustedes	**jug**-aréis / **jug**-arán
plural	ellos / ellas	**jug**-arán

NÚMERO	PRONOMBRE	TIEMPO *Condicional simple / Pospretérito*
singular	yo	**jug**-aría
singular	tú / vos / usted	**jug**-arías / **jug**-arías / **jug**-aría
singular	él / ella	**jug**-aría
plural	nosotros / nosotras	**jug**-aríamos
plural	vosotros / -as / ustedes	**jug**-aríais / **jug**-arían
plural	ellos / ellas	**jug**-arían

Tiempos simples de subjuntivo de *jugar*

NÚMERO	PRONOMBRE	TIEMPO *Presente*
singular	yo	*****juegu**-e
singular	tú / vos / usted	*****juegu**-es / *****juegu**-es / *****juegu**-e
singular	él / ella	*****juegu**-e
plural	nosotros / nosotras	**jugu**-emos

| plural | vosotros / -as / ustedes | **jugu**-éis / **juegu**-en |
| plural | ellos / ellas | *__juegu__-en |

NÚMERO	PRONOMBRE	TIEMPO
		Pretérito imperfecto / Pretérito
singular	yo	**jug**-ara o **jug**-ase
singular	tú / vos / usted	**jug**-aras o **jug**-ases / **jug**-aras o **jug**-ases / **jug**-ara o **jug**-ase
singular	él / ella	**jug**-ara o **jug**-ase
plural	nosotros / nosotras	**jug**-áramos o **jug**-ásemos
plural	vosotros / -as / ustedes	**jug**-arais o **jug**-aseis / **jug**-aran o **jug**-asen
plural	ellos / ellas	**jug**-aran o **jug**-asen

NÚMERO	PRONOMBRE	TIEMPO
		Futuro simple / Futuro
singular	yo	**jug**-are
singular	tú / vos / usted	**jug**-ares / **jug**-ares / **jug**-are
singular	él / ella	**jug**-ara
plural	nosotros / nosotras	**jug**-áremos
plural	vosotros / -as / ustedes	**jug**-areis / **jug**-aren
plural	ellos / ellas	**jug**-aren

Tiempo de imperativo de *jugar*

NÚMERO	PRONOMBRE	TIEMPO
		Presente
singular	tú / vos / usted	*__jueg__-a / **jug**-á / *__juegu__-e
plural	vosotros / -as / ustedes	**jug**-ad / *__juegu__-en

2. **saber**
   raíz: *sab* / **s* / **sup* / **sep*   desinencia o terminación: *-er*
   conjugación: 2.ª

El corazón de la gramática

Tiempos simples de indicativo de *saber*

NÚMERO	PRONOMBRE	TIEMPO
		Presente
singular	yo	***s**-é
singular	tú/vos / usted	**sab**-es / **sab**-és / **sab**-e
singular	él / ella	**sab**-e
plural	nosotros / nosotras	**sab**-emos
plural	vosotros / -as / ustedes	**sab**-éis / **sab**-en
plural	ellos / ellas	**sab**-en

NÚMERO	PRONOMBRE	TIEMPO
		Pretérito imperfecto / Copretérito
singular	yo	**sab**-ía
singular	tú / vos / usted	**sab**-ías / **sab**-ías / **sab**-ía
singular	él / ella	**sab**-ía
plural	nosotros / nosotras	**sab**-íamos
plural	vosotros / -as / ustedes	**sab**-íais / **sab**-ían
plural	ellos / ellas	**sab**-ían

NÚMERO	PRONOMBRE	TIEMPO
		Pretérito perfecto simple / Pretérito
singular	yo	***sup**-e
singular	tú / vos / usted	***sup**-iste / ***sup**-iste / ***sup**-o
singular	él / ella	***sup**-o
plural	nosotros / nosotras	***sup**-imos
plural	vosotros / -as / ustedes	***sup**-isteis / ***sup**-ieron
plural	ellos / ellas	***sup**-ieron

NÚMERO	PRONOMBRE	TIEMPO
		Futuro simple / Futuro
singular	yo	**sab**-ré
singular	tú / vos / usted	**sab**-rás / **sab**-rás / **sab**-rá
singular	él / ella	**sab**-rá
plural	nosotros / nosotras	**sab**-remos

| plural | vosotros / -as / ustedes | **sab**-réis / **sab**-rán |
| plural | ellos / ellas | **sab**-rán |

NÚMERO	PRONOMBRE	TIEMPO
		Condicional simple / Pospretérito
singular	yo	**sab**-ría
singular	tú / vos / usted	**sab**-rías / **sab**-rías / **sab**-ría
singular	él / ella	**sab**-ría
plural	nosotros / nosotras	**sab**-ríamos
plural	vosotros / -as / ustedes	**sab**-ríais / **sab**-rían
plural	ellos / ellas	**sab**-rían

Tiempos simples de subjuntivo de *saber*

NÚMERO	PRONOMBRE	TIEMPO
		Presente
singular	yo	*sep-a
singular	tú / vos / usted	*sep-as / *sep-as / *sep-a
singular	él / ella	*sep-a
plural	nosotros / nosotras	*sep-amos
plural	vosotros / -as / ustedes	*sep-áis / *sep-an
plural	ellos / ellas	*sep-an

NÚMERO	PRONOMBRE	TIEMPO
		Pretérito imperfecto / Pretérito
singular	yo	*sup-iera o *sup-iese
singular	tú / vos / usted	*sup-ieras o *sup-ieses / *sup-ieras o *sup-ieses / *sup-iera o *sup-iese
singular	él / ella	*sup-iera o *sup-iese
plural	nosotros / nosotras	*sup-iéramos o *sup-iésemos
plural	vosotros / -as / ustedes	*sup-ierais o *sup-ieseis / *sup-ieran o *sup-iesen
plural	ellos / ellas	*sup-ieran o *sup-iesen

El corazón de la gramática

NÚMERO	PRONOMBRE	TIEMPO
		Futuro simple / Futuro
singular	yo	***sup**-iere*
singular	tú / vos / usted	***sup**-ieres / ***sup**-ieres / ***sup**-iere*
singular	él / ella	***sup**-iere*
plural	nosotros / nosotras	***sup**-ieremos*
plural	vosotros / -as / ustedes	***sup**-iereis / ***sup**-ieren*
plural	ellos / ellas	***sup**-ieren*

Tiempo de imperativo de *saber*

NÚMERO	PRONOMBRE	TIEMPO
		Presente
singular	tú / vos / usted	**sab**-e / **sab**-é / ***sep**-a
plural	vosotros / -as / ustedes	**sab**-ed / ***sep**-an

3. **traducir**

    raíz: *traduc* / **traduzc* / **traduj*   desinencia o terminación: *-ir*
    conjugación: 3.ª

Tiempos simples de indicativo de *traducir*

NÚMERO	PRONOMBRE	TIEMPO
		Presente
singular	yo	***traduzc**-o
singular	tú / vos / usted	**traduc**-es / **traduc**-ís / **traduc**-e
singular	él / ella	**traduc**-e
plural	nosotros / nosotras	**traduc**-imos
plural	vosotros / -as / ustedes	**traduc**-ís / **traduc**-en
plural	ellos / ellas	**traduc**-en

Verbo

NÚMERO	PRONOMBRE	TIEMPO *Pretérito imperfecto /* *Copretérito*
singular	yo	**traduc**-ía
singular	tú / vos / usted	**traduc**-ías / **traduc**-ías / **traduc**-ía
singular	él / ella	**traduc**-ía
plural	nosotros / nosotras	**traduc**-íamos
plural	vosotros / -as / ustedes	**traduc**-íais / **traduc**-ían
plural	ellos / ellas	**traduc**-ían

NÚMERO	PRONOMBRE	TIEMPO *Pretérito perfecto simple /* *Pretérito*
singular	yo	***traduj**-e
singular	tú / vos / usted	***traduj**-iste / ***traduj**-iste / ***traduj**-o
singular	él / ella	***traduj**-o
plural	nosotros / nosotras	***traduj**-imos
plural	vosotros / -as / ustedes	***traduj**-isteis / ***traduj**-eron
plural	ellos / ellas	***traduj**-eron

NÚMERO	PRONOMBRE	TIEMPO *Futuro simple / Futuro*
singular	yo	**traduc**-iré
singular	tú / vos / usted	**traduc**-irás / **traduc**-irás / **traduc**-irá
singular	él / ella	**traduc**-irá
plural	nosotros / nosotras	**traduc**-iremos
plural	vosotros / -as / ustedes	**traduc**-iréis / **traduc**-irán
plural	ellos / ellas	**traduc**-irán

NÚMERO	PRONOMBRE	TIEMPO *Condicional simple / Pospretérito*
singular	yo	**traduc**-iría
singular	tú / vos / usted	**traduc**-irías / **traduc**-irías / **traduc**-iría

singular	él / ella	**traduc**-iría
plural	nosotros / nosotras	**traduc**-iríamos
plural	vosotros / -as / ustedes	**traduc**-iríais / **traduc**-irían
plural	ellos / ellas	**traduc**-irían

Tiempos simples de subjuntivo de *traducir*

NÚMERO	PRONOMBRE	TIEMPO
		Presente
singular	yo	*****traduzc**-a
singular	tú / vos / usted	*****traduzc**-as / *****traduzc**-as / *****traduzc**-a
singular	él / ella	*****traduzc**-a
plural	nosotros / nosotras	*****traduzc**-amos
plural	vosotros / -as / ustedes	*****traduzc**-áis / *****traduzc**-an
plural	ellos / ellas	*****traduzc**-an

NÚMERO	PRONOMBRE	TIEMPO
		Pretérito imperfecto / Pretérito
singular	yo	*****traduj**-era o *****traduj**-ese
singular	tú / vos / usted	*****traduj**-eras o *****traduj**-eses / *****traduj**-eras o *****traduj**-eses / *****traduj**-era o *****traduj**-ese
singular	él / ella	*****traduj**-era o *****traduj**-ese
plural	nosotros / nosotras	*****traduj**-éramos o *****traduj**-ésemos
plural	vosotros / -as / ustedes	*****traduj**-erais o *****traduj**-eseis / *****traduj**-eran o *****traduj**-esen
plural	ellos / ellas	*****traduj**-eran o *****traduj**-esen

NÚMERO	PRONOMBRE	TIEMPO
		Futuro simple / Futuro
singular	yo	*****traduj**-ere
singular	tú / vos / usted	*****traduj**-eres / *****traduj**-eres / *****traduj**-ere
singular	él / ella	*****traduj**-ere

plural	nosotros / nosotras	*traduj-éremos
plural	vosotros / -as / ustedes	*traduj-ereis / *traduj-eren
plural	ellos / ellas	*traduj-eren

Tiempo de imperativo de *traducir*

NÚMERO	PRONOMBRE	TIEMPO *Presente*
singular	tú / vos / usted	traduc-e / traduc-í / *traduzc-a
plural	vosotros / -as / ustedes	traduc-id / *traduzc-an

§6.7.2.3 Verbos defectivos

Estos verbos solo se conjugan en algunos tiempos, modos o personas. Se ejemplificará esto con los verbos 1) *acaecer* y 2) *concernir* en todos los tiempos simples de indicativo y subjuntivo, y en tercera persona tanto singular como plural, pues no pueden conjugarse en ninguna de las demás personas ni en el modo imperativo.

1. **acaecer**
   participio: *acaecido*   gerundio: acaeciendo

Tiempos simples de indicativo de *acaecer*

NÚMERO	PERSONA	TIEMPO *Presente*
singular	tercera	acaece
plural	tercera	acaecen

NÚMERO	PERSONA	TIEMPO *Pretérito imperfecto / Copretérito*
singular	tercera	acaecía
plural	tercera	acaecían

El corazón de la gramática

NÚMERO	PERSONA	TIEMPO
		Pretérito perfecto simple / Pretérito
singular	tercera	acaeció
plural	tercera	acaecieron

NÚMERO	PERSONA	TIEMPO
		Futuro simple / Futuro
singular	tercera	acaecerá
plural	tercera	acaecerán

NÚMERO	PERSONA	TIEMPO
		Condicional simple / Pospretérito
singular	tercera	acaecería
plural	tercera	acaecerían

Tiempos simples de subjuntivo de *acaecer*

NÚMERO	PERSONA	TIEMPO
		Presente
singular	tercera	acaezca
plural	tercera	acaezcan

NÚMERO	PERSONA	TIEMPO
		Pretérito imperfecto / Pretérito
singular	tercera	acaeciera o acaeciese
plural	tercera	acaecieran o acaeciesen

NÚMERO	PERSONA	TIEMPO
		Futuro simple / Futuro
singular	tercera	acaeciere
plural	tercera	acaecieren

2. **concernir**

participio: *concernido*   gerundio: concerniendo

Tiempos simples de indicativo de *concernir*

NÚMERO	PERSONA	TIEMPO
		Presente
singular	tercera	concierne
plural	tercera	conciernen

NÚMERO	PERSONA	TIEMPO
		Pretérito imperfecto / Copretérito
singular	tercera	concernía
plural	tercera	concernían

NÚMERO	PERSONA	TIEMPO
		Pretérito perfecto simple / Pretérito
singular	tercera	concernió
plural	tercera	concernieron

NÚMERO	PERSONA	TIEMPO
		Futuro simple / Futuro
singular	tercera	concernirá
plural	tercera	concernirán

NÚMERO	PERSONA	TIEMPO
		Condicional simple / Pospretérito
singular	tercera	concerniría
plural	tercera	concernirían

Tiempos simples de subjuntivo de *concernir*

NÚMERO	PERSONA	TIEMPO
		Presente
singular	tercera	concierna
plural	tercera	conciernan

NÚMERO	PERSONA	TIEMPO
		Pretérito imperfecto / Pretérito
singular	tercera	concerniera o concerniese
plural	tercera	concernieran o concerniesen

NÚMERO	PERSONA	TIEMPO
		Futuro simple / Futuro
singular	tercera	concerniere
plural	tercera	concernieren

Otros verbos defectivos son *abarse*, *abolir*, *atañer*, *aterir*, *compungir*, *desabrir*, *ocurrir* (en su acepción de acaecer y en su uso pronominal), *soler*...

§6.7.2.4 Verbos impersonales o unipersonales

Son aquellos que en algunos de sus sentidos solo pueden conjugarse en tercera persona de singular, aunque algunos aceptan la tercera de plural. Esto se debe a que no tienen sujeto alguno, pero deben conjugarse para fungir como núcleo del predicado. Estos verbos forman las llamadas *oraciones unimembres*, que solo tienen un miembro (el predicado) en lugar de dos (sujeto y predicado).

Debido a que no pueden conjugarse en todas las personas, también podemos considerarlos *defectivos*. Los principales son *haber*, en su sentido de *existir*; *hacer*, cuando indica tiempo atmosférico o cronológico, y los copulativos *ser* y *estar*, cuando expresan también tiempo atmosférico o cronológico.

Haber —según la norma culta— **solo debe conjugarse en la tercera persona singular**: ✓«**hay una** silla»; ✓«**hay cinco** sillas». ✓«**Había una** silla; **había cinco** sillas». ✓«**Habrá una** silla; ✓«**habrá cinco** sillas». ✓«**Hay cinco** personas aquí, conmigo incluida» o ✓«**somos cinco** personas aquí»; ✓«**Debe *haber* una** cama»; ✓«**debe *haber* cinco** camas». Insisto en que esta es la norma culta. Por favor, evita pluralizar el verbo *haber* en su sentido de existir en el habla y la escritura esmerada: ×«*habían cinco* sillas»; ×«*habrán cinco* sillas»; ×«*habemos cinco* personas»; ×«*debe*n *haber cinco* camas». Como auxiliar, sin embargo, *haber* se conjuga en todos los tiempos, modos y personas: *habíamos llegado.*

Hacer será impersonal o unipersonal —como ya se dijo— cuando indique tiempo atmosférico («hace calor», «hace frío») o cronológico («hace mucho tiempo», «hacía años»). La misma función tienen *ser* y *estar*: «era verano», «es de mañana», «son las once», «está oscureciendo», «está haciéndose tarde».

§6.7.3 Verbos clasificados por su función sintáctica

Se dividen en copulativos, predicativos y auxiliares.

§6.7.3.1 Verbos copulativos

Véase el apartado §6.4.2.2.

§6.7.3.2 Verbos predicativos

Son los verbos conjugados. Se llaman así porque el verbo conjugado es el núcleo del predicado: «Mañana *comerán* pescado», «Los soldados se *negaron* a seguir las órdenes», «*Dicen* que los médicos de ese hospital *son* muy buenos».

§6.7.3.3 Verbos auxiliares

Son los que pierden parcialmente su sentido para que podamos formar verbos perifrásticos (frases verbales o perífrasis verbales), incluidos los tiempos compuestos y la voz pasiva (véase el apartado §6.7.1.6). El que pierdan su significado permite que el verboide que los acompaña (infinitivo, participio o gerundio) aporte la acción a la perífrasis. Así, en «voy a comer», el auxiliar *voy* nos indica la persona que realiza la acción (primera de singular, *yo*) y el tiempo (futuro), pero el significado, la acción propiamente dicha, la da el infinitivo *comer*.

Debido a que es el verbo auxiliar la parte del verbo perifrástico que está conjugada, podríamos decir que este será el núcleo del núcleo del predicado.

Es decir, el núcleo del predicado de la oración «Voy a comer arepas con que-
so» es *voy a comer* porque es el verbo completo, pero —a la vez— aunque no
haya gramática que lo asigne así, en términos prácticos, el verdadero núcleo
es *voy* (aunque carezca de significado aquí por ser auxiliar) porque es la parte
conjugada de la perífrasis verbal. Los principales verbos auxiliares son **haber**,
ser y **estar**. Otros auxiliares son *andar, deber, deber de, dejar, echar, ir, llevar,
parecer, ponerse, quedar, romper, seguir, tener, traer, venir.*

§6.7.3.3.1 Tiempos compuestos

Haber es el verbo auxiliar con que se forman los tiempos compuestos al sumár-
sele el participio de la acción que está conjugándose. A continuación, como
ejemplo, se conjugará el verbo *decir* en sus tiempos compuestos...

Tiempos compuestos de indicativo de *decir*

NÚMERO	PRONOMBRE	TIEMPO *Pretérito perfecto compuesto / Antepresente*
singular	yo	he dicho
singular	tú / vos / usted	has dicho / has dicho / ha dicho
singular	él / ella	ha dicho
plural	nosotros / nosotras	hemos dicho
plural	vosotros / -as / ustedes	habéis dicho / han dicho
plural	ellos / ellas	han dicho

Verbo

NÚMERO	PRONOMBRE	TIEMPO
		Pretérito anterior / Antepretérito
singular	yo	hube dicho
singular	tú / vos / usted	hubiste dicho / hubiste dicho / hubo dicho
singular	él / ella	hubo dicho
plural	nosotros / nosotras	hubimos dicho
plural	vosotros / -as / ustedes	hubisteis dicho / hubieron dicho
plural	ellos / ellas	hubieron dicho

NÚMERO	PRONOMBRE	TIEMPO
		Pretérito pluscuamperfecto / Antecopretérito
singular	yo	había dicho
singular	tú / vos / usted	habías dicho / habías dicho / había dicho
singular	él / ella	había dicho
plural	nosotros / nosotras	habíamos dicho
plural	vosotros / -as / ustedes	habíais dicho / habían dicho
plural	ellos / ellas	habían dicho

NÚMERO	PRONOMBRE	TIEMPO
		Futuro perfecto / Antefuturo
singular	yo	habré dicho
singular	tú / vos / usted	habrás dicho / habrás dicho / habrá dicho
singular	él / ella	habrá dicho
plural	nosotros / nosotras	habremos dicho
plural	vosotros / -as / ustedes	habréis dicho / habrán dicho
plural	ellos / ellas	habrán dicho

El corazón de la gramática

NÚMERO	PRONOMBRE	TIEMPO *Condicional perfecto /* *Antepospretérito*
singular	yo	habría dicho
singular	tú / vos / usted	habrías dicho / habrías dicho / habría dicho
singular	él / ella	habría dicho
plural	nosotros / nosotras	habríamos dicho
plural	vosotros / -as / ustedes	habríais dicho / habrían dicho
plural	ellos / ellas	habrían dicho

Tiempos compuestos de subjuntivo de *decir*

NÚMERO	PRONOMBRE	TIEMPO *Pretérito perfecto / Antepresente*
singular	yo	haya dicho
singular	tú / vos / usted	hayas dicho / hayas dicho / haya dicho
singular	él / ella	haya dicho
plural	nosotros / nosotras	hayamos dicho
plural	vosotros / -as / ustedes	hayáis dicho / hayan dicho
plural	ellos / ellas	hayan dicho

NÚMERO	PRONOMBRE	TIEMPO *Pretérito pluscuamperfecto /* *Antepretérito*
singular	yo	hubiera o hubiese dicho
singular	tú / vos / usted	hubieras o hubieses dicho / hubieras o hubieses dicho / hubiera o hubiese dicho
singular	él / ella	hubiera o hubiese dicho
plural	nosotros / nosotras	hubiéramos o hubiésemos dicho
plural	vosotros / -as / ustedes	hubierais o hubieseis dicho / hubieran o hubiesen dicho
plural	ellos / ellas	hubieran o hubiesen dicho

NÚMERO	PRONOMBRE	TIEMPO
		Futuro perfecto / Antefuturo
singular	yo	hubiere dicho
singular	tú / vos / usted	hubieres dicho / hubieres dicho / hubiere dicho
singular	él / ella	hubiere dicho
plural	nosotros / nosotras	hubiéremos dicho
plural	vosotros / -as / ustedes	hubiereis dicho / hubieren dicho
plural	ellos / ellas	hubieren dicho

§6.7.3.3.2 *Voz pasiva*

En castellano tenemos voz activa, voz pasiva y voz pasiva refleja. La que más usamos es la activa, en la que alguien o algo hace algo. Le siguen en frecuencia de uso la pasiva refleja y la pasiva:

Voz activa: Laura cantó un aria muy famosa en su concierto.
Voz pasiva: Un aria muy famosa fue cantada por Laura en su concierto.
Voz pasiva refleja: Se canta esa aria muy seguido. Se vende esta casa. Ayer se firmó la ley.

En inglés es mucho más común la voz pasiva que en español, y a veces por eso detectamos cuando una obra no está bien traducida del todo de ese idioma al nuestro: ¡tiene muchas oraciones en voz pasiva! Esto se debe a que el traductor simplemente calcó la usanza inglesa en vez de poner lo originalmente escrito en inglés como se diría o escribiría naturalmente en castellano.

En general, usamos la voz pasiva para dar mayor énfasis al hecho que a quien lo realiza porque este no es realmente importante. Pero si se desea ocultarlo a propósito, lo más natural es usar, simplemente, la pasiva refleja:

Voz activa: Los legisladores de izquierda aprobaron el acuerdo en la sesión anterior.
Voz pasiva: El acuerdo fue aprobado por los legisladores de izquierda en la sesión anterior.
Voz pasiva refleja: El acuerdo se aprobó en la sesión anterior.

Como puede observarse en el ejemplo, empleando la pasiva refleja no se revela en absoluto quién aprobó el acuerdo. Esto, hay que insistir, es lo más frecuente. Entonces, ¿cuándo usamos la voz pasiva? La usamos en muy contadas ocasiones en que queremos hacer énfasis en el hecho, pero sin dejar de mencionar a quien lo realizó, y para confirmar —en el análisis gramatical— que lo que creemos que es el complemento directo realmente lo es.

Para poder poner una oración en voz pasiva, el verbo original en voz activa debe ser transitivo. Esto, para que su acción recaiga en otra cosa, a la cual llamamos *complemento de objeto directo*, *objeto directo* o —simplemente— *complemento directo* (CD). Basta seguir unos sencillos pasos para llevar una oración de voz activa a voz pasiva:

1. Analizar la oración en voz activa:
   Matilde escribió tres obras en dos años.
   sujeto: Matilde
   NP: escribió
   CD: tres obras
   CC de tiempo: en dos años

2. Cambiar de lugar el sujeto y lo que creemos que es el CD. Al hacer esto, los elementos cambian también de nombre. El sujeto original se vuelve *agente*, y el CD, *sujeto pasivo* o *paciente*.

   Matilde escribió **tres obras** en dos años.
   Tres obras escribió **Matilde** en dos años.
   Sujeto pasivo o paciente: tres obras
   NP: escribió
   Agente: Matilde
   CC de tiempo: en dos años

3. Se pone el verbo *ser* conjugado en el tiempo del verbo original, pero concordando en número con el CD original (sujeto pasivo o paciente en la voz pasiva) en lugar del verbo original.

   Tres obras **fueron** Matilde en dos años.

4. Se pone el participio pasivo del verbo original junto al verbo auxiliar *ser* conjugado.

Tres obras	fueron **escritas**	Matilde en dos años.

5. Se agrega la preposición *por* antepuesta al agente (sujeto en la voz activa).

Tres obras	fueron escritas	**por**	Matilde en dos años.

6. Si hay complementos circunstanciales, estos pueden ir donde estaban originalmente o ponerse en otros lugares. Esto *no* afecta la estructura de la voz pasiva.

Tres obras fueron escritas por Matilde en dos años.
O
En dos años, tres obras fueron escritas por Matilde.
O
Tres obras —en dos años— fueron escritas por Matilde.
O
Tres obras fueron escritas, en dos años, por Matilde.

Este es el esquema de la transformación de voz activa a pasiva (la enumeración corresponde a los pasos antes mencionados):

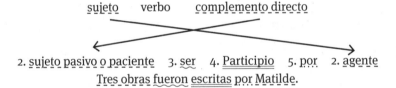

Como puede observarse, el verbo originalmente simple se convierte en perifrástico al pasar la oración de voz activa a pasiva con la ayuda del verbo auxiliar *ser* y el participio pasivo de la acción original: *fueron escritas.*

§6.7.4 Verbos clasificados por su necesidad de usar pronombres (pronominales)

Se dividen en reflexivos y recíprocos. Véanse los apartados §6.4.3, §6.4.3.1 y §6.4.3.2.

§6.7.5 Verbos clasificados por el destino de su acción

Se dividen en transitivos e intransitivos. Dentro de estos últimos, hay algunos que simplemente no aceptan complemento directo, y otros, que son copulativos, prepositivos o pronominales. Tanto los transitivos y los simples intransitivos —como los prepositivos y los copulativos— están en los apartados §6.4, §6.4.1, §6.4.2, §6.4.2.1 y §6.4.2.2. Los pronominales se encuentran en las secciones §6.4.3, §6.4.3.1 y §6.4.3.2. Por esta razón se remite al estudiante a dichas partes de este libro.

§6.7.6 Otras clasificaciones de los verbos

§6.7.6.1 Verbos de emoción

Estos dan nombre a la acción de sentir cada cosa que experimentamos no física sino emocionalmente: *aborrecer, adorar, alegrar, amar, apasionar, apasionarse, odiar, entristecer...*

§6.7.6.2 Verbos de pensamiento

Son los que se relacionan con las acciones de la mente: *analizar, considerar, creer, meditar, pensar, ponderar, soñar...*

§6.7.6.3 Verbos de percepción

Son los que tienen que ver con los sentidos: *degustar, escuchar, ver, oír, oler, olfatear, palpar, sentir, tocar...* Por extensión, *presentir.*

§6.7.6.4 Verbos enunciativos

Son los que se relacionan con el acto de hablar: *afirmar, comentar, comunicar, decir, enunciar, gritar, mencionar, susurrar, pronunciar...* Por extensión, *escribir, redactar, textear.*

§6.7.6.5 Verbo sustantivo

Es el verbo *ser*. No hay otro. Lo es porque expresa la sustancia de que algo o alguien está hecho. El atributo de este verbo es algo que define intrínsecamente al sujeto: «Ella *es* bondadosa», «Él *es* rumano», «Ellos *son* de izquierda»...

Ejercicios

A. Escribe en la línea que está a la derecha de cada palabra la abreviatura que corresponda dependiendo de si es verbo conjugado (vbo.), infinitivo (inf.), participio activo (PA), participio pasivo regular (PPR), participio pasivo irregular (PPI) o gerundio (ger.).

1. salido	_____	9. solicitado	_____	17. temer	_____
2. comprar	_____	10. dormido	_____	18. aullando	_____
3. restauro	_____	11. asustar	_____	19. impreso	_____
4. comandante	_____	12. vivimos	_____	20. amante	_____
5. admiraba	_____	13. picar	_____	21. superado	_____
6. rumiando	_____	14. solicitante	_____	22. alarmante	_____
7. saltando	_____	15. angustiado	_____	23. volasteis	_____
8. expuesto	_____	16. nadaron	_____	24. venido	_____

B. Subraya los verboides de las siguientes proposiciones e identifica cómo están siendo usados. Escríbelo en la raya. Pueden estar funcionando como sustantivos, como adjetivos, como adverbios o como parte de un verbo perifrástico.

1. Necesito comprar atún. _____

2. Tenemos que ir al doctor. _____

3. Doblando la esquina, encontrarás la panadería. _____

4. ¡Comer es delicioso! _____

5. La mercancía fue entregada ayer. _____

6. Parece una estudiante muy entregada. _____

7. Entró corriendo y gritando como salvaje. _____

8. Jugar es muy importante para los niños. _____

9. Aprendí a jugar ajedrez en la adolescencia. _____

10. Es la mejor pasante de su generación. _____

C. Analiza cómo está siendo usado el gerundio en los siguientes enunciados, y escribe en la línea si el uso es correcto o incorrecto.

1. Perdió el control del auto estrellándose contra el muro de contención.

   _____

2. Siguiendo las indicaciones, consiguió armar la nave espacial de juguete.

   _____

3. Traje el burro cargando los leños.

   _____

4. Veo a París volando desde el avión.

   _____

5. Estábamos brincando de gusto cuando llegó.

   _____

6. ¡Cuidado con el agua hirviendo!

_____

7. En llegandito te comunicas con tu papá.

_____

8. Jugábamos con el arma, disparándose sin querer.

_____

9. Nos conocimos en septiembre, contrayendo nupcias en diciembre.

_____

10. Me alegra que andes organizando la competencia.

_____

D. Identifica y subraya los núcleos de predicado (NP) de las siguientes proposiciones. Puede haber uno o más en cada una. Si hay verbos perifrásticos,
subraya con línea sencilla el verbo completo, y con doble, el núcleo.

1. Solicitamos que cancelen la deuda adquirida.

2. Habiendo caído la noche, se dispusieron a leer un cuento.

3. Los muchachos llegaron a cenar sin que nadie los invitara.

4. Cuando se dice que alguien es guapo, hay que recordar que en gustos
se rompen géneros.

5. Sin parpadear siquiera, los sujetos aniquilaron a toda una comunidad.

6. La mayor amenaza viene de los grupos antivacunas, según afirmó la
Organización Mundial de la Salud.

7. Actualmente hay científicos que trabajan en una vacuna de amplio espectro para combatir la influenza.

8. Siendo las tres de la tarde, doy por terminado el diplomado en Justicia Social.

9. Los bomberos ayudaron a rescatar a los niños que habían quedado atrapados entre los escombros.

10. La Fuerza Aérea de ningún país está autorizada a volar en cielo extranjero sin permiso del país dueño de ese espacio aéreo.

E. Analiza los infinitivos *arar*, *tener*, *urdir*. Separa su raíz de la desinencia, anota a qué conjugación pertenecen (1.ª, 2.ª o 3.ª), cuál es su participio activo (PA), su participio pasivo (PP), su gerundio (ger.), y conjúgalos en todas sus personas, números, tiempos y modos. Si su raíz cambia en algún punto de la conjugación, anota la otra (u otras) formas de la raíz también, y en la conjugación pon un asterisco [*] antes del verbo conjugado. Puedes seguir los ejemplos de los verbos irregulares del apartado §6.7.2.2.

I. **Arar**
1. Infinitivo: arar   2. Raíz: _____ 3. Desinencia: _____

4. Conjugación: _____   5. PA: _____   6. PP: _____

7. ger.: _____

Verbo

Tiempos de indicativo de *arar*

NÚMERO	PRONOMBRE	TIEMPO Presente
singular	yo	_____
singular	tú / vos / usted	_____ / _____
		/ _____
singular	él / ella	_____
plural	nosotros / nosotras	_____
plural	vosotros / -as / ustedes	_____ /
		_____
plural	ellos / ellas	_____

NÚMERO	PRONOMBRE	TIEMPO Pretérito imperfecto / Copretérito
singular	yo	_____
singular	tú / vos / usted	_____ / _____
		/ _____
singular	él / ella	_____
plural	nosotros / nosotras	_____
plural	vosotros / -as / ustedes	_____ /
		_____
plural	ellos / ellas	_____

El corazón de la gramática

Número	Pronombre	Tiempo *Pretérito perfecto simple /* *Pretérito*
singular	yo	_____
singular	tú / vos / usted	_____ / _____
		/ _____
singular	él / ella	_____
plural	nosotros / nosotras	_____
plural	vosotros / -as / ustedes	_____ /
		_____
plural	ellos / ellas	_____

Número	Pronombre	Tiempo *Pretérito perfecto* *compuesto / Antepresente*
singular	yo	_____
singular	tú / vos / usted	_____ / _____
		/ _____
singular	él / ella	_____
plural	nosotros / nosotras	_____
plural	vosotros / -as / ustedes	_____ /
		_____
plural	ellos / ellas	_____

Verbo

NÚMERO	PRONOMBRE	TIEMPO Pretérito anterior / Antepretérito
singular	yo	_____
singular	tú / vos / usted	_____ / _____
		/ _____
singular	él / ella	_____
plural	nosotros / nosotras	_____
plural	vosotros / -as / ustedes	_____ /
		_____
plural	ellos / ellas	_____

NÚMERO	PRONOMBRE	TIEMPO Pretérito pluscuamperfecto / Antecopretérito
singular	yo	_____
singular	tú / vos / usted	_____ / _____
		/ _____
singular	él / ella	_____
plural	nosotros / nosotras	_____
plural	vosotros / -as / ustedes	_____ /
		_____
plural	ellos / ellas	_____

El corazón de la gramática

NÚMERO	PRONOMBRE	TIEMPO *Futuro simple / Futuro*
singular	yo	_____
singular	tú / vos / usted	_____ / _____
		/ _____
singular	él / ella	_____
plural	nosotros / nosotras	_____
plural	vosotros / -as / ustedes	_____ /
		_____
plural	ellos / ellas	_____

NÚMERO	PRONOMBRE	TIEMPO *Futuro perfecto / Antefuturo*
singular	yo	_____
singular	tú / vos / usted	_____ / _____
		/ _____
singular	él / ella	_____
plural	nosotros / nosotras	_____
plural	vosotros / -as / ustedes	_____ /
		_____
plural	ellos / ellas	_____

Verbo

NÚMERO	PRONOMBRE	TIEMPO *Condicional simple /* *Pospretérito*
singular	yo	_____
singular	tú / vos / usted	_____ / _____
		/ _____
singular	él / ella	_____
plural	nosotros / nosotras	_____
plural	vosotros / -as / ustedes	_____ /
		_____
plural	ellos / ellas	_____

NÚMERO	PRONOMBRE	TIEMPO *Condicional perfecto /* *Antepospretérito*
singular	yo	_____
singular	tú / vos / usted	_____ / _____
		/ _____
singular	él / ella	_____
plural	nosotros / nosotras	_____
plural	vosotros / -as / ustedes	_____ /
		_____
plural	ellos / ellas	_____

El corazón de la gramática

Tiempos de subjuntivo de *arar*

NÚMERO	PRONOMBRE	TIEMPO *Presente*
singular	yo	_____
singular	tú / vos / usted	_____ / _____
		/ _____
singular	él / ella	_____
plural	nosotros / nosotras	_____
plural	vosotros / -as / ustedes	_____ /
		_____
plural	ellos / ellas	_____

NÚMERO	PRONOMBRE	TIEMPO *Pretérito imperfecto /* *Pretérito*
singular	yo	_____
singular	tú / vos / usted	_____ / _____
		/ _____
singular	él / ella	_____
plural	nosotros / nosotras	_____
plural	vosotros / -as / ustedes	_____ /
		_____
plural	ellos / ellas	_____

Verbo

NÚMERO	PRONOMBRE	TIEMPO *Pretérito perfecto / Antepresente*
singular	yo	_____
singular	tú / vos / usted	_____ / _____
		/ _____
singular	él / ella	_____
plural	nosotros / nosotras	_____
plural	vosotros / -as / ustedes	_____ /
		_____
plural	ellos / ellas	_____

NÚMERO	PRONOMBRE	TIEMPO *Pretérito pluscuamperfecto / Antepretérito*
singular	yo	_____
singular	tú / vos / usted	_____ / _____
		/ _____
singular	él / ella	_____
plural	nosotros / nosotras	_____
plural	vosotros / -as / ustedes	_____ /
		_____
plural	ellos / ellas	_____

El corazón de la gramática

NÚMERO	PRONOMBRE	TIEMPO Futuro simple / Futuro
singular	yo	_____
singular	tú / vos / usted	_____ / _____
		/ _____
singular	él / ella	_____
plural	nosotros / nosotras	_____
plural	vosotros / -as / ustedes	_____ /
		_____
plural	ellos / ellas	_____

NÚMERO	PRONOMBRE	TIEMPO Futuro perfecto / Antefuturo
singular	yo	_____
singular	tú / vos / usted	_____ / _____
		/ _____
singular	él / ella	_____
plural	nosotros / nosotras	_____
plural	vosotros / -as / ustedes	_____ /
		_____
plural	ellos / ellas	_____

Verbo

Tiempo de imperativo de *arar*

NÚMERO	PRONOMBRE	TIEMPO *Presente*
singular	tú / vos / usted	_____ / _____
		/ _____
plural	vosotros / -as / ustedes	_____ /
		_____

II. **Tener**

1. Infinitivo: tener   2. Raíz: _____   3. Desinencia: _____

4. Conjugación: _____   5. PA: _____   6. PP: _____

7. ger.: _____

Tiempos de indicativo de *tener*

NÚMERO	PRONOMBRE	TIEMPO *Presente*
singular	yo	_____
singular	tú / vos / usted	_____ / _____
		/ _____
singular	él / ella	_____
plural	nosotros / nosotras	_____
plural	vosotros / -as / ustedes	_____ /
		_____
plural	ellos / ellas	_____

El corazón de la gramática

NÚMERO	PRONOMBRE	TIEMPO *Pretérito imperfecto / Copretérito*
singular	yo	_____
singular	tú / vos / usted	_____ / _____
		/ _____
singular	él / ella	_____
plural	nosotros / nosotras	_____
plural	vosotros / -as / ustedes	_____ /
		_____
plural	ellos / ellas	_____

NÚMERO	PRONOMBRE	TIEMPO *Pretérito perfecto simple / Pretérito*
singular	yo	_____
singular	tú / vos / usted	_____ / _____
		/ _____
singular	él / ella	_____
plural	nosotros / nosotras	_____
plural	vosotros / -as / ustedes	_____ /
		_____
plural	ellos / ellas	_____

Verbo

NÚMERO	PRONOMBRE	TIEMPO *Pretérito perfecto compuesto / Antepresente*
singular	yo	_____
singular	tú / vos / usted	_____ / _____
		/ _____
singular	él / ella	_____
plural	nosotros / nosotras	_____
plural	vosotros / -as / ustedes	_____ /
		_____
plural	ellos / ellas	_____

NÚMERO	PRONOMBRE	TIEMPO *Pretérito anterior / Antepretérito*
singular	yo	_____
singular	tú / vos / usted	_____ / _____
		/ _____
singular	él / ella	_____
plural	nosotros / nosotras	_____
plural	vosotros / -as / ustedes	_____ /
		_____
plural	ellos / ellas	_____

El corazón de la gramática

Número	Pronombre	Tiempo *Pretérito pluscuamperfecto / Antecopretérito*
singular	yo	_____
singular	tú / vos / usted	_____ / _____
		/ _____
singular	él / ella	_____
plural	nosotros / nosotras	_____
plural	vosotros / -as / ustedes	_____ /
		_____
plural	ellos / ellas	_____

Número	Pronombre	Tiempo *Futuro simple / Futuro*
singular	yo	_____
singular	tú / vos / usted	_____ / _____
		/ _____
singular	él / ella	_____
plural	nosotros / nosotras	_____
plural	vosotros / -as / ustedes	_____ /
		_____
plural	ellos / ellas	_____

Verbo

NÚMERO	PRONOMBRE	TIEMPO *Futuro perfecto / Antefuturo*
singular	yo	_____
singular	tú / vos / usted	_____ / _____
		/ _____
singular	él / ella	_____
plural	nosotros / nosotras	_____
plural	vosotros / -as / ustedes	_____ /
		_____
plural	ellos / ellas	_____

NÚMERO	PRONOMBRE	TIEMPO *Condicional simple /* *Pospretérito*
singular	yo	_____
singular	tú / vos / usted	_____ / _____
		/ _____
singular	él / ella	_____
plural	nosotros / nosotras	_____
plural	vosotros / -as / ustedes	_____ /
		_____
plural	ellos / ellas	_____

El corazón de la gramática

Número	Pronombre	Tiempo *Condicional perfecto /* *Antepospretérito*
singular	yo	_____
singular	tú / vos / usted	_____ / _____
		/ _____
singular	él / ella	_____
plural	nosotros / nosotras	_____
plural	vosotros / -as / ustedes	_____ /
		_____
plural	ellos / ellas	_____

Tiempos de subjuntivo de *tener*

Número	Pronombre	Tiempo *Presente*
singular	yo	_____
singular	tú / vos / usted	_____ / _____
		/ _____
singular	él / ella	_____
plural	nosotros / nosotras	_____
plural	vosotros / -as / ustedes	_____ /
		_____
plural	ellos / ellas	_____

Verbo

NÚMERO	PRONOMBRE	TIEMPO *Pretérito imperfecto /* *Pretérito*
singular	yo	_____
singular	tú / vos / usted	_____ / _____
		/ _____
singular	él / ella	_____
plural	nosotros / nosotras	_____
plural	vosotros / -as / ustedes	_____ /
		_____
plural	ellos / ellas	_____

NÚMERO	PRONOMBRE	TIEMPO *Pretérito perfecto /* *Antepresente*
singular	yo	_____
singular	tú / vos / usted	_____ / _____
		/ _____
singular	él / ella	_____
plural	nosotros / nosotras	_____
plural	vosotros / -as / ustedes	_____ /
		_____
plural	ellos / ellas	_____

El corazón de la gramática

NÚMERO	PRONOMBRE	TIEMPO *Pretérito pluscuamperfecto / Antepretérito*
singular	yo	_____
singular	tú / vos / usted	_____ / _____ / _____
singular	él / ella	_____
plural	nosotros / nosotras	_____
plural	vosotros / -as / ustedes	_____ / _____
plural	ellos / ellas	_____

NÚMERO	PRONOMBRE	TIEMPO *Futuro simple / Futuro*
singular	yo	_____
singular	tú / vos / usted	_____ / _____ / _____
singular	él / ella	_____
plural	nosotros / nosotras	_____
plural	vosotros / -as / ustedes	_____ / _____
plural	ellos / ellas	_____

Verbo

NÚMERO	PRONOMBRE	TIEMPO *Futuro perfecto / Antefuturo*
singular	yo	_____
singular	tú / vos / usted	_____ / _____
		/ _____
singular	él / ella	_____
plural	nosotros / nosotras	_____
plural	vosotros / -as / ustedes	_____ /
		_____
plural	ellos / ellas	_____

Tiempo de imperativo de *tener*

NÚMERO	PRONOMBRE	TIEMPO *Presente*
singular	tú / vos / usted	_____ / _____
		/ _____
plural	vosotros / -as / ustedes	_____ /
		_____

III. **Urdir**
1. Infinitivo: urdir   2. Raíz: _____   3. Desinencia: _____

4. Conjugación: _____   5. PA: _____   6. PP: _____

7. ger.: _____

El corazón de la gramática

Tiempos de indicativo de *urdir*

NÚMERO	PRONOMBRE	TIEMPO *Presente*
singular	yo	_____
singular	tú / vos / usted	_____ / _____
		/ _____
singular	él / ella	_____
plural	nosotros / nosotras	_____
plural	vosotros / -as / ustedes	_____ /
		_____
plural	ellos / ellas	_____

NÚMERO	PRONOMBRE	TIEMPO *Pretérito imperfecto / Copretérito*
singular	yo	_____
singular	tú / vos / usted	_____ / _____
		/ _____
singular	él / ella	_____
plural	nosotros / nosotras	_____
plural	vosotros / -as / ustedes	_____ /
		_____
plural	ellos / ellas	_____

Verbo

NÚMERO	PRONOMBRE	TIEMPO *Pretérito perfecto simple /* *Pretérito*
singular	yo	_____
singular	tú / vos / usted	_____ / _____
		/ _____
singular	él / ella	_____
plural	nosotros / nosotras	_____
plural	vosotros / -as / ustedes	_____ /
		_____
plural	ellos / ellas	_____

NÚMERO	PRONOMBRE	TIEMPO *Pretérito perfecto* *compuesto / Antepresente*
singular	yo	_____
singular	tú / vos / usted	_____ / _____
		/ _____
singular	él / ella	_____
plural	nosotros / nosotras	_____
plural	vosotros / -as / ustedes	_____ /
		_____
plural	ellos / ellas	_____

El corazón de la gramática

NÚMERO	PRONOMBRE	TIEMPO *Pretérito anterior / Antepretérito*
singular	yo	_____
singular	tú / vos / usted	_____ / _____
		/ _____
singular	él / ella	_____
plural	nosotros / nosotras	_____
plural	vosotros / -as / ustedes	_____ /
		_____
plural	ellos / ellas	_____

NÚMERO	PRONOMBRE	TIEMPO *Pretérito pluscuamperfecto / Antecopretérito*
singular	yo	_____
singular	tú / vos / usted	_____ / _____
		/ _____
singular	él / ella	_____
plural	nosotros / nosotras	_____
plural	vosotros / -as / ustedes	_____ /
		_____
plural	ellos / ellas	_____

Verbo

NÚMERO	PRONOMBRE	TIEMPO
		Futuro simple / Futuro
singular	yo	_____
singular	tú / vos / usted	_____ / _____
		__ / _____
singular	él / ella	_____
plural	nosotros / nosotras	_____
plural	vosotros / -as / ustedes	_____ /
		_____
plural	ellos / ellas	_____

NÚMERO	PRONOMBRE	TIEMPO
		Futuro perfecto / Antefuturo
singular	yo	_____
singular	tú / vos / usted	_____ / _____
		__ / _____
singular	él / ella	_____
plural	nosotros / nosotras	_____
plural	vosotros / -as / ustedes	_____ /
		_____
plural	ellos / ellas	_____

El corazón de la gramática

NÚMERO	PRONOMBRE	TIEMPO *Condicional simple /* *Pospretérito*
singular	yo	_____
singular	tú / vos / usted	_____ / _____
		/ _____
singular	él / ella	_____
plural	nosotros / nosotras	_____
plural	vosotros / -as / ustedes	_____ /
		_____
plural	ellos / ellas	_____

NÚMERO	PRONOMBRE	TIEMPO *Condicional perfecto /* *Antepospretérito*
singular	yo	_____
singular	tú / vos / usted	_____ / _____
		/ _____
singular	él / ella	_____
plural	nosotros / nosotras	_____
plural	vosotros / -as / ustedes	_____ /
		_____
plural	ellos / ellas	_____

Verbo

Tiempos de subjuntivo de *urdir*

NÚMERO	PRONOMBRE	TIEMPO *Presente*
singular	yo	_____
singular	tú / vos / usted	_____ / _____
		/ _____
singular	él / ella	_____
plural	nosotros / nosotras	_____
plural	vosotros / -as / ustedes	_____ /
		_____
plural	ellos / ellas	_____

NÚMERO	PRONOMBRE	TIEMPO *Pretérito imperfecto /* *Pretérito*
singular	yo	_____
singular	tú / vos / usted	_____ / _____
		/ _____
singular	él / ella	_____
plural	nosotros / nosotras	_____
plural	vosotros / -as / ustedes	_____ /
		_____
plural	ellos / ellas	_____

El corazón de la gramática

NÚMERO	PRONOMBRE	TIEMPO *Pretérito perfecto / Antepresente*
singular	yo	_____
singular	tú / vos / usted	_____ / _____
		/ _____
singular	él / ella	_____
plural	nosotros / nosotras	_____
plural	vosotros / -as / ustedes	_____ /
		_____
plural	ellos / ellas	_____

NÚMERO	PRONOMBRE	TIEMPO *Pretérito pluscuamperfecto / Antepretérito*
singular	yo	_____
singular	tú / vos / usted	_____ / _____
		/ _____
singular	él / ella	_____
plural	nosotros / nosotras	_____
plural	vosotros / -as / ustedes	_____ /
		_____
plural	ellos / ellas	_____

Verbo

NÚMERO	PRONOMBRE	TIEMPO *Futuro simple / Futuro*
singular	yo	_____
singular	tú / vos / usted	_____ / _____
		/ _____
singular	él / ella	_____
plural	nosotros / nosotras	_____
plural	vosotros / -as / ustedes	_____ /
		_____
plural	ellos / ellas	_____

NÚMERO	PRONOMBRE	TIEMPO *Futuro perfecto / Antefuturo*
singular	yo	_____
singular	tú / vos / usted	_____ / _____
		/ _____
singular	él / ella	_____
plural	nosotros / nosotras	_____
plural	vosotros / -as / ustedes	_____ /
		_____
plural	ellos / ellas	_____

Tiempo de imperativo de *urdir*

NÚMERO	PRONOMBRE	TIEMPO *Presente*
singular	tú / vos / usted	_____ / _____
		/ _____
plural	vosotros / -as / ustedes	_____ /
		_____

F. Identifica los verbos en las siguientes proposiciones y escribe si son transitivos o intransitivos.

1. Subimos de madrugada a la habitación. _____

2. Los científicos lograron editar el ADN humano. _____

3. Irán por todas sus cosas mañana. _____

4. Superaremos esto, como todo lo demás. _____
5. Han confiado en ellos más que en mí. _____

6. Confirmó la cita anoche. _____

7. Se atendrá a las consecuencias. _____

8. Habrán conseguido su cometido. _____

9. Mantener la calma no es fácil en estas situaciones. _____

10. Mañana cobraré el cheque. _____

G. Analiza los siguientes enunciados; subraya el complemento prepositivo y en la línea escribe si se trata de un complemento circunstancial (y de qué tipo) o si es un complemento preposicional del verbo (CPV).

1. Salimos de fiesta la semana pasada. _____

2. Cuentas conmigo siempre. _____

3. Hablamos de todo un poco. _____

4. Lo vi en 1985 por última vez. _____

5. ¿Ustedes creen en esas cosas? _____

6. Camina sobre la mesa. _____

7. Cuidamos de los ancianos desde 1935. _____

8. Se encuentran en la cafetería. _____

9. Se encubren entre ellos. _____

10. ¿Lo hicieron para nosotros? _____

H. Analiza las siguientes oraciones copulativas. Encierra el núcleo del predicado (NP) entre dos barras diagonales [/.../]. En caso de que haya más de un verbo, encierra solo el NP copulativo. Señala el sujeto con doble subrayado, y el atributo, con subrayado sencillo. Si el sujeto es tácito, escribe una *T* entre corchetes y cuál podría ser; ejemplo: [T, «yo»].

1. Mis primos están de vacaciones.

2. La familia parece desorientada.

3. Ellos son los instructores de danza que vienen de Moscú.

4. Vuestra madre se quedó cocinando la cena.

5. Tu maestro me parece conocido.

6. ¿Estás cómodo?

7. Sus antepasados fueron vikingos.

8. Marisol baila feliz por toda la casa.

9. Esa película es más que engañosa.

10. Todos nos sentimos oprimidos.

I. En el siguiente fragmento están subrayados unos infinitivos que deberían estar conjugados según la lógica temporal relativa del texto, **cuyo plano narrativo es el pasado**. Conjuga esos infinitivos y colócalos en su lugar al reescribir el texto en las líneas que siguen al párrafo. Si ves infinitivos sin subrayar, déjalos tal cual.

Marisa
Yliana Cohen

<u>Llegar</u> un verano <u>hacer</u> muchos años. <u>Venir</u> con sus padres a pasar unos días, pues el médico le <u>haber</u> recomendado que <u>salir</u> de la Ciudad de México para que <u>respirar</u> aire puro y se <u>relajar</u>.

<u>Ser</u> así como, después de un largo viaje por Veracruz y Puebla, <u>llegar</u> a Cuetzalan. Yo <u>trabajar</u> como guía de turistas los fines de semana, y en vacaciones me <u>ir</u> a Jalapa a vender las blusas, tortilleros, separadores de libros, diademas y demás bordados artesanales que <u>hacer</u> mi madre. <u>Ser</u> tanta nuestra necesidad económica, que <u>perder</u> un año en la primaria porque me <u>ir</u> de pinta a conseguir turistas o a vender las artesanías. Lo de la venta se lo <u>dar</u> todo a mi mamá, pero de lo que me <u>pagar</u> como guía —que no <u>ser</u> siempre la misma cantidad— me <u>guardar</u> un poco: <u>soñar</u> con juntar lo suficiente para irme a la Ciudad de México a trabajar como peón con mi padre y mis hermanos mayores. Pero ese verano la <u>conocer</u>, y eso <u>cambiar</u> todo. Yo <u>acabar</u> de pasar a sexto año, cuando <u>deber</u> haber pasado a primero de secundaria.

_____

_____

_____

_____

_____

_____

_____

_____

_____

_____

_____

_____

_____

_____

_____

_____

_____

_____

_____

J. Escribe un texto breve, de entre 100 y 150 palabras, cuyo plano narrativo sea el presente. Recuerda seguir la lógica temporal relativa.

_____

_____

_____

_____

_____
_____
_____
_____
_____
_____
_____
_____
_____
_____
_____
_____

K. ¿Qué clase de verbos son los siguientes infinitivos? Recuerda que los verbos pueden caber en varias clasificaciones al mismo tiempo. Puedes consultar el _Diccionario de la lengua española_ (DLE) en línea si tienes dudas. Este te dirá si el verbo es transitivo, intransitivo o pronominal en todas o en algunas de sus acepciones. Si el verbo en cuestión puede ser pronominal, pero no está expresado así en el infinitivo (ej. condenar_se_), solo pon si es transitivo o intransitivo: haz caso omiso de su cualidad de pronominal.

Por ejemplo, **ser**: intransitivo, copulativo, irregular, sustantivo

1. dar _____

2. explicarse _____

Verbo

3. explicar   _____

4. nombrar   _____

5. curiosear   _____

6. haber puesto   _____

7. comulgar   _____

8. estar   _____

9. odiarse   _____

10. cultivar   _____

11. venir   _____

12. ser estrenado   _____

13. sacar   _____

14. malcriar   _____

15. salir   _____

16. llenar   _____

17. ir a conocer   _____

18. dejar   _____

19. llegar   _____

20. migrar   _____

21. ceder   _____

22. maltratar   _____

23. desobedecer _____

24. dejar de venir _____

25. alegrarse _____

26. aterir _____

L. Pasa de voz activa a voz pasiva las siguientes proposiciones, y escribe cómo
queda la proposición en la línea de abajo. Si no es posible hacer la conversión, en la línea escribe «No se puede».

1. El presidente confirmó que rifará el avión.

   _____

2. A nadie le interesan los juegos de azar como a él.

   _____

3. Su padrastro invirtió en ese negocio todo lo que les quedaba.

   _____

4. Hice el examen esta tarde.

   _____

5. Salimos durante tres años.

   _____

6. Ustedes llevaron lo que hacía falta.

   _____

7. Ellos son los mismos de antes.

   _____

8. Sabía que habían ido temprano a verla.

_____

9. Harán la tarea en cuanto lleguen a casa.

_____

10. Esas plantas crecieron solas a lo largo del río.

_____

M. Analiza los siguientes enunciados. Encierra entre barras diagonales [/.../] los NP que lleven pronombre, sea que este lo anteceda o que sea enclítico, y subraya los pronombres que los acompañan. En la línea escribe si son acciones reflexivas o recíprocas.

1. Me moría de pena. _____

2. ¿Os levantáis tan tarde siempre? _____

3. Nos contentamos esta mañana. _____

4. ¿Te lavaste las manos? _____

5. Se quieren muchísimo. _____

6. Vete a caminar un rato. _____

7. Sírvanse solo lo que van a comer. _____

8. Abracémonos con fuerza. _____

9. Mírense a los ojos. _____

10. Véanse en el espejo. _____

Capítulo 7

Adverbio

§7.1 ¿Qué es el adverbio?

Los adverbios modifican principalmente a los **verbos** (de ahí su nombre, que significa *junto al verbo*), pero también a los **adjetivos**, a otros adverbios y a oraciones completas. Igualmente, algunos pueden modificar a **frases sustantivas** (con valor sustantivo), a **pronombres** y a frases que empiezan con **preposición** (**preposicionales**). Los tres últimos casos son menos comunes que los cuatro primeros:

ya llegó: **ya** → llegó (modifica al verbo)

bien fría: **bien** → fría (modifica al adjetivo)

muy mal: **muy** → **mal** (modifica a otro adverbio)

Generalmente, no buscan durante más de una semana:

      Generalmente, → <u>no buscan durante más de una semana</u> (modifica a toda la oración)

incluso los padres de Francisco:

      incluso → <u>los padres de Francisco</u> (modifica a una frase sustantiva)

casi todas: **casi** → todas (modifica a un pronombre)

siempre en su casa:

      siempre → <u>en su casa</u> (modifica a una frase que empieza con preposición)

Los adverbios son muy versátiles, y algunos pueden acomodarse en varias subclases a la vez. Además, sería imposible hacer una lista de absolutamente todos; sin embargo, tenemos aquí un buen número de ellos que servirán como ejemplos.

Esta categoría gramatical suele presentar la *circunstancia* en que algo sucede o se realiza, y por ello suelen ser el **complemento circunstancial** (adverbial) de las oraciones. Hay varios tipos de adverbios: **absolutos, adjetivales, comparativos,** de **acumulación,** de **afirmación,** de **cantidad,** de **consecuencia,** de **duda** o **insinuación,** de **exclusión,** de **intensidad,** de **lugar,** de **modo,** de **negación,** de **oposición,** de **tiempo, exclamativos** e **interrogativos.**

§7.1.1 Frase adverbial

Es una frase adverbial cualquier grupo de palabras que exprese la circunstancia en que se realiza la acción del verbo. Suelen empezar con preposición y, en ese sentido, son consideradas una especie de frases preposicionales: *en casa de mi tía, hacia la escuela, sin que nadie lo viera, con la mayor discreción, a la mañana siguiente, al otro día...*

Hay muchas clases de complementos circunstanciales (adverbiales): adición, agente, causa, compañía, comparación, consecuencia, concesión, condición, contraste, destinatario, destino, excepción, finalidad, intensidad, instrumento, lugar, medio, modo, tiempo, origen, restricción.

Ejemplos:

Encima de ser guapa, es inteligente. (adición)
Los cambios fueron hechos por profesionales. (agente)
Lo dejó porque ya no lo amaba. (causa)
Vi la película con mi papá. (compañía)
Nunca hizo las cosas como tú. (comparación)
Reprobaste el examen final, así que volverás a cursar la materia. (consecuencia)
Aunque no me haga caso, siempre voy a respetarlo. (concesión)
Si no terminas la tarea a tiempo, no podrás jugar. (condición)
Uno se cuida mucho, mientras que los vecinos ni mascarilla usan. (contraste)
Trajo chocolates para todos. (destinatario)
Vamos para Cartagena. (destino)
Fue toda la familia, excepto los hijos de mi tío Nacho. (excepción)
Migraron para tener más oportunidades. (finalidad)
Los vecinos donaron cuanto pudieron. (intensidad)
Cuando nací, me sacaron con fórceps. (instrumento)
Los dejó en la escuela. (lugar)

Me lo mandó <u>por correo electrónico</u>. (medio)
Entró <u>gritando desaforadamente</u>. (modo)
<u>Mañana</u> nos vemos. (tiempo)
Vengo <u>de Brasil</u>. (origen)
<u>Hasta donde sé</u>, eso no es así. (restricción)

Es común que se escriban varias frases adverbiales (circunstanciales) seguidas en una proposición. E, incluso, es posible mezclar simples adverbios con frases y oraciones adverbiales:

Me lo encontré <u>ahí</u> <u>ayer</u> <u>por la tarde</u> <u>como si no hubiera hecho nada</u>.

Como puede verse, en el ejemplo anterior tenemos dos adverbios (*ahí* y *ayer*), una frase adverbial (*por la tarde*) y una oración adverbial (*como si no hubiera hecho nada*). También puede observarse que no es necesario poner comas entre estos elementos circunstanciales. Ello se debe a que aparecen después del núcleo del predicado de la oración principal. Si uno estuviera antes del verbo principal, podríamos —si quisiéramos— poner una coma después:

<u>Ahí</u>, me lo encontré <u>ayer</u> <u>por la tarde</u> <u>como si no hubiera hecho nada</u>.
<u>Ayer</u>, me lo encontré <u>ahí</u> <u>por la tarde</u> <u>como si no hubiera hecho nada</u>.
<u>Por la tarde</u>, me lo encontré <u>ahí</u> <u>ayer</u> <u>como si no hubiera hecho nada</u>.
<u>Como si no hubiera hecho nada</u>, me lo encontré <u>ahí</u> <u>ayer</u> <u>por la tarde</u>.

Puede apreciarse que en los primeros dos ejemplos la coma después de los adverbios *ahí* y *ayer* se antoja innecesaria, mientras que en el tercero cabe mejor, aunque podríamos quitarla y no pasaría nada. Sin embargo, en el último ejemplo, la coma parece muy adecuada; no es indispensable, pero sí ayuda en la lectura. Así, decimos que si invertimos uno de los complementos circunstanciales (adverbiales), la coma es discrecional (es decir: debemos analizar si vale la pena ponerla o no). Pero si invertimos más de uno, debemos separar con comas cada uno, y el único que puede llevar la coma o prescindir de ella es el último elemento:

<u>Como si no hubiera hecho nada</u>, <u>ayer</u>, <u>por la tarde</u>, me lo encontré <u>ahí</u>.
<u>Como si no hubiera hecho nada</u>, <u>ayer</u>, <u>por la tarde</u> me lo encontré <u>ahí</u>.

O puede ser que *ayer* esté modificando a *por la tarde*, y no se necesite la coma. Esto dependerá de cómo el redactor lo piense:

Como si no hubiera hecho nada, ayer por la tarde me lo encontré ahí.

Pero si no dejamos la coma entre *como si no hubiera hecho nada* y *ayer*, parece que cuando no hizo nada fue ayer: «Como si no hubiera hecho nada ayer, por la tarde me lo encontré ahí». La posible ambigüedad anterior nos obliga a poner la coma, pues —de no ponerla— cambiaría el sentido. Esto, nuevamente, depende de la intención de quien escribe.

Como se estudió en el apartado §6.2.1.3, los gerundios funcionan a veces como adverbios. Y debido a que este verboide y el participio pasivo son dos de las formas no personales del verbo, algunos gramáticos consideran que las frases adverbiales que incluyen participios pasivos y gerundios son oraciones subordinadas, y otros no lo creen así. En este libro *no* se consideran oraciones subordinadas sino simples frases porque —para efectos de claridad en el análisis— solo consideramos núcleo del predicado a los verbos conjugados, no a los verboides, y eso son los participios y los gerundios. Así, pues, hay frases adverbiales que incluyen a dichos verboides (muchas veces van antepuestos al núcleo del predicado): *iniciada la función, habiendo aclarado lo anterior, una vez concluida la sesión...*

Iniciada la función, no se permitirá la entrada.
Habiendo aclarado lo anterior, continuemos con lo que falta.
Una vez concluida la sesión, habrá que cerrar la puerta con doble llave.

Lo que sí sucede en estos casos es que cuando estos elementos adverbiales preceden al núcleo del predicado, la coma que los separa del resto del enunciado es **obligatoria**.

§7.1.2 Locución adverbial

A diferencia de las frases adverbiales, las *locuciones adverbiales* son grupos de palabras inamovibles, fijas, que trabajan juntas como un solo adverbio. Muchas locuciones adverbiales se forman con preposición, pero se diferencian de las frases adverbiales y de los complementos preposicionales justamente porque **funcionan** como una sola palabra inamovible, fija, lexicalizada.

Estas son las más frecuentes combinaciones para formar locuciones adverbiales, aunque seguramente no son las únicas...

Preposición más adverbio: *de a poco*...

Me ha ido ganando *de a poco*.

Preposición más adjetivo o participio pasivo: *en serio, por completo, a escondidas, a la larga, a lo grande, a lo mejor, de lo lindo, por lo visto*...

Te lo digo *en serio*.
Se rio *de lo lindo*.
A la larga podría ser peor.

Preposición más sustantivo o frase sustantiva: *sin problema, a mares, de maravilla, a la carrera, de un jalón, a fuego lento, de mi puño y letra*...

Lloraba *a mares*.
Ando *a la carrera*.
Se pone *a fuego lento*.

También pueden formarse con correlación de preposiciones: *de cuando en cuando, de acá para allá, de vez en cuando, de mal en peor*...

Nos visita *de cuando en cuando*.
Solo camina *de allá para acá*.
Lo veo *de vez en cuando*.
Este muchacho va *de mal en peor*.

Otras se forman coordinando dos adverbios: *más o menos, ni más ni menos, tarde o temprano*...

Te fue *más o menos* en el examen.
¿A quién eligieron? ¡A mí, *ni más ni menos*!
Volveréis *tarde o temprano*.

Algunas frases sustantivas que dan la idea de cantidad, grado y tiempo (incluidos los días de la semana) son, igualmente, locuciones adverbiales porque fungen como un solo adverbio:
Cantidad o grado: *muchos días, muchas veces, una milla, una inmensidad, una fortuna, un ojo de la cara*.

Pernoctó aquí *muchas veces*.
Está *una milla* más adelante.
Me costó *un ojo de la cara*.

Tiempo: *el viernes* (*los viernes, los días viernes*), *unos minutos, aquel día, esta mañana, cinco semanas, el día de ayer, el año pasado...*

Solo daba clases *los días viernes*.
Aquel día estábamos desayunando cuando empezó a temblar.
Lo vio por última vez *el año pasado*.

A veces, la línea que diferencia a las *frases* adverbiales de las *locuciones* adverbiales es muy delgada, y la mayor parte del tiempo en realidad no es muy importante si estamos seguros de que se trata de unas o de otras. Lo que sí es necesario aprender a reconocer es que hay locuciones adverbiales que **no funcionan como complemento circunstancial**, sino que sirven para orientar al lector en la manera como debe interpretar lo que sigue en relación con lo dicho antes o con el contexto. Cuando esto sucede, dichas frases o locuciones funcionan de manera absoluta (véase el apartado §7.6.1 «Adverbios absolutos»), y —como los adverbios absolutos— suelen ir al principio del enunciado o en medio de él (muchas veces, antecediendo al verbo, aunque no necesariamente), pero siempre separados del resto de la proposición con coma; llevará una, después, si está al principio, o dos, si está en medio, y una antes, si viene al final.

A estas locuciones adverbiales se las llama **conectores discursivos**. Ahora bien, no todos los conectores discursivos son adverbiales, pero sí la mayoría. Los que no lo son pueden ser conjunciones que coordinan o subordinan (*pero, mas, sino que, pues...*), preposiciones (*sobre*) y hasta interjecciones (*claro, bueno, por fin*).[1] Los conectores discursivos que sí son adverbiales pueden ser simples adverbios (*además, así, encima...*); sin embargo, la mayoría son frases, y por eso se pusieron en este subapartado.

---

1 Para estudiar más a fondo los conectores discursivos, revisa el capítulo 30, apartado §30.9 y subapartados de la *Nueva gramática de la lengua española. Manual* (Real Academia Española, Asociación de Academias de la Lengua Española, Espasa Libros, Editorial Planeta Mexicana, México, 2010, pp. 595-599), en el cual está basada esta parte del capítulo.

De acuerdo con la *Nueva gramática de la lengua española. Manual*,[2] de donde se tomó la siguiente clasificación de los conectores discursivos, estos son los grupos fundamentales según su significado:

1. Aditivos y de precisión o particularización: *a decir verdad, además, análogamente, aparte, asimismo, de hecho, encima, en el fondo, en realidad, es más, por añadidura, por otro lado, por si fuera poco, sobre todo.*
2. Adversativos y contraargumentativos: *ahora bien, (antes) al contrario, antes bien, después de todo, empero, en cambio, eso sí, no obstante, por el contrario, sin embargo, todo lo contrario.*
3. Concesivos: *así y todo, aun así, con todo, de cualquier manera, de todas (formas / maneras), de todos modos, en cualquier caso.*
4. Consecutivos e ilativos: *así pues, consiguientemente, de (este / ese) modo, en consecuencia, entonces, por consiguiente, por ende, por lo tanto, por tanto, pues.*
5. Explicativos: *a saber, es decir, esto es, o sea.*
6. Reformuladores: *dicho con otras palabras, dicho en otros términos, dicho de otra (forma / manera), de otro modo, más claramente, más llanamente, hablando en plata.*
7. Ejemplificativos: *así, así por ejemplo, así tenemos, por ejemplo, verbigracia.*
8. Rectificativos: *más bien, mejor dicho, por mejor decir.*
9. Recapitulativos: *a fin de cuentas, al fin y al cabo, en conclusión, en definitiva, en fin, en resumen, en resumidas cuentas, en síntesis, en suma, en una palabra, resumiendo, total.*
10. De ordenación: *a continuación, antes (de / que) nada, de (una / otra) parte, en (primer / segundo...) lugar / término, finalmente, para empezar, para terminar, primeramente.*
11. De apoyo argumentativo: *así las cosas, dicho esto, en vista de ello, pues bien.*
12. De digresión: *a propósito, a todo esto, dicho sea de paso, entre paréntesis, por cierto.*

Cuando un texto no tiene conectores discursivos o no tiene los adecuados, puede resultar desarticulado, acartonado, ser muy difícil de leer o —incluso— de comprender. Debido a lo anterior, es indispensable, por el bien de nuestra

2 Real Academia Española, Asociación de Academias de la Lengua Española, Espasa Libros, Editorial Planeta Mexicana, México, 2010, p. 597.

comunicación (especialmente la escrita), que empleemos los conectores adecuados según lo que deseamos expresar.

§7.1.3 Oración adverbial (circunstancial)

Las **oraciones circunstanciales** o adverbiales *son subordinadas.*[3] Esto significa que dependen del verbo de la oración principal. Sin embargo —aunque tengan su propio verbo conjugado (que es el núcleo del predicado de la oración subordinada)—, funcionan exactamente igual que un simple adverbio o frase adverbial, y son complementos circunstanciales (los verbos subordinados están resaltados en letra negrita; los principales, con letra cursiva, y lo adverbial o circunstancial, está con subrayado ondulado):

«*Llegó* cuando le **dio** la gana» funciona igual que «*Llegó* la semana pasada» y que «*Llegó* ayer».

«*Hablé* con ella donde **habíamos quedado** de vernos» funciona de la misma manera que «*Hablé* con ella en esa cafetería» y que «*Hablé* con ella ahí».

«*Duerme* como lo **hacías** tú» funciona como «*Duerme* como tú» y como «*Duerme* así».

Como puede observarse, con las oraciones adverbiales (o subordinadas circunstanciales) se da mucha más información que con las frases adverbiales o con los simples adverbios. Siempre habremos de elegir lo que mejor convenga a nuestro escrito.

¡Pero no te dejes engañar! Algunas veces encontramos oraciones que se consideran circunstanciales (adverbiales) porque lo parecen, pero en realidad están **funcionando como sustantivos**. Tal es el caso de las siguientes (los verbos subordinados están resaltados en letra negrita; los principales, con letra

---

3 Ve a las entradas «subordinación», «oraciones subordinadas» y «oraciones subordinadas circunstanciales» en el glosario de este libro para mayor referencia. También puedes revisar el capítulo 4, «Oraciones compuestas», de *Redacción sin dolor* (Sandro Cohen, 6.ª ed., Planeta, México, 2014). O los otros textos de referencia que se recomiendan al final de este libro.

cursiva, y lo que aparentemente es adverbial o circunstancial está con subrayado ondulado):

No *sé* si **iré** mañana a trabajar.
¿Entendiste cómo **había que hacer**lo?
*Tienes que preguntar*le dónde **van a hacer** la tarea.

En el primer ejemplo, «si iré mañana a trabajar» tiene la apariencia de oración subordinada circunstancial condicional, pero más bien está fungiendo como complemento directo (CD) de la oración principal «No sé». Aquí, las tres pruebas del CD:

No *sé* si **iré** mañana a trabajar.
1.   ¿Qué no sé? Si iré mañana a trabajar.
2.   No lo sé.
3.   Si iré a trabajar mañana no es sabido por mí.

En el segundo ejemplo sucede lo mismo. «Cómo había que hacerlo» parece una oración subordinada circunstancial de modo, pero realmente está funcionando como complemento directo (CD) de la oración principal «¿Entendiste...?». Aquí están las tres pruebas del CD:

¿Entendiste cómo **había que hacer**lo?
1.   ¿Qué entendiste? Cómo había que hacerlo.
2.   ¿Lo entendiste?
3.   ¿Cómo había que hacerlo fue entendido por ti?

Y en el tercero pasa lo mismo que en los dos anteriores. «Dónde van a hacer la tarea» es —solo aparentemente— oración subordinada circunstancial de lugar, pero en realidad es el complemento directo (CD) de la oración principal «Tienes que preguntarle». Aquí están las tres pruebas del CD:

*Tienes que preguntar*le dónde **van a hacer** la tarea.
1.   ¿Qué tienes que preguntarle? Dónde van a hacer la tarea.
2.   Tienes que preguntárselo.
3.   Dónde van a hacer la tarea tiene que ser preguntado por ti a él [ella].

En estos casos, las oraciones aparentemente adverbiales son —en realidad— sustantivas, pues esa es su función, como ya pudo comprobarse. Si no lo fueran, no podrían ser CD, pues hay que recordar que «aquello sobre lo cual recae la acción del verbo» (definición de *complemento directo*) siempre es un elemento sustantivo (sea palabra, frase u oración).

§7.2 ¿Qué propiedades tiene el adverbio?

Los adverbios son palabras invariantes (y también hay <u>frases y hasta oraciones con valor adverbial</u>, como acaba de verse en los apartados §7.1.1 y §7.1.2). Que sean *invariantes* significa que no presentan rasgos ni de género ni de número, por lo que no concuerdan en nada de esto con aquello a lo cual modifican:

Así piensa.
Resolverán **inclusive** la página diez.
El volumen está **muy** alto.
Tu amor es **demasiado poco** para mí.
Eres **poco** común.

§7.3 ¿Cómo funciona el adverbio?

Por un lado, los adverbios son muy versátiles, por lo cual —como decíamos— pueden modificar a verbos, a adjetivos, a otros adverbios, a toda una oración, a una frase sustantiva completa, a un pronombre o a una frase preposicional:

Ahí viene: **Ahí** →viene (modifica al verbo)
muy caliente: **muy** →caliente (modifica al adjetivo)
muy bien: **muy** →**bien** (modifica a otro adverbio)
Tristemente, murió antes de conocer la verdad
Tristemente, →<u>murió antes de conocer la verdad</u> (modifica a toda la oración)
incluso tus maestros:
incluso →<u>tus maestros</u> (modifica a una frase sustantiva)
casi nadie: **casi** →nadie (modifica a un pronombre)
comúnmente con razón:
comúnmente →<u>con razón</u> (modifica a una frase preposicional)

Por otro lado, los adverbios también comparten algunas cualidades con otras categorías gramaticales, así que podemos encontrar varios de estos empleados como adjetivos o como pronombres.

La manera de distinguir si dichas palabras son adverbios, adjetivos o pronombres es observar cómo se comportan: si modifican a un sustantivo, serán adjetivos; si están en lugar de un sustantivo, serán pronombres; si modifican a un verbo, a un adjetivo, a otro adverbio, a toda una oración, a una frase sustantiva completa, a un pronombre o a una frase preposicional, será un adverbio:

ADVERBIO	ADJETIVO	PRONOMBRE
demasiado poco	**demasiado** dinero	**todo** está de cabeza
poco común	**poco** cariño	**poco** quedó de mí
bastante rápido	**bastantes** quesos	**muchas** faltaron
llueve **mucho**	**mucha** agua	
es **todo** tuyo	**todos** los hilos	

Como se dijo en un principio, cuando los adverbios (sean palabras, frases u oraciones subordinadas) modifican a los verbos, nos dicen las circunstancias en que sucede su acción. Estas son las siguientes: agente (en la voz pasiva), cantidad, causa, compañía, concesión, condición, destinatario, destino, finalidad, instrumento, lugar, materia, medio, modo, origen, tiempo.

Algunos ejemplos de adverbios, frases y oraciones subordinadas circunstanciales (adverbiales) son las siguientes:

- agente: *por ti, por quienes lo quieren, por mi mamá*
- cantidad: *más, menos, un poco, mucho*
- causa: *por mi culpa, porque lo quería, por diversión*
- compañía: *con Toño, con mi mamá, con sus amigos*
- concesión: *aunque te enojes, a pesar de su condición, aun cuando no queramos*
- condición: *de ser así, de haber sabido, de seguir así, si me quisiera, si llamara*
- destinatario: *para el pueblo, para todos, para quien desee escuchar*
- destino: *adonde no nos encuentre, hacia el sur, al mercado, a Cartagena*
- finalidad: *para atenderlas bien, con la finalidad de salir adelante, a fin de superarse*
- instrumento: *con la llave maestra, con el mapa, con una lija, con el GPS*

- lugar: *en mi casa, a dos metros de aquí, aquí, allá, por ahí, donde me dijiste*
- materia: *de tela, de tepezcohuite, de leche, de cartón, de plástico*
- medio: *por correo convencional, en línea, por teléfono, por foto, en taxi*
- modo: *de corazón, con agradecimiento, razonadamente, bien, mal*
- origen: *de Nueva York, desde mi país, desde lo más recóndito del planeta*
- tiempo: *ahora mismo, mañana, pasada la medianoche, hace un año, a las seis*

En este punto es necesario comentar que no siempre que veamos la preposición *con* más un elemento sustantivo (nombre propio o frase sustantiva) estaremos forzosamente ante un complemento circunstancial de compañía. Esto depende del tipo de verbo. En los ejemplos «Fui al cine *con Toño*», «Estoy *con mi mamá*», «Viaja *con sus amigos*», los complementos son circunstanciales, pero en los siguientes no lo son porque no se trata de compañía: «Habla <u>con Toño</u>», «Sueña <u>con mi mamá</u>», «Nos sorprendió <u>con sus amigos</u>».

En estos últimos casos, el sujeto no *habla* en compañía de Toño, sino que se dirige a él; no *sueña* en compañía de mi mamá, sino que ella aparece en sus sueños; no nos *sorprendió* en compañía de sus amigos, sino que esos amigos fueron la sorpresa. Se trata, pues, de complementos preposicionales del verbo. Recordemos que la preposición *con* es vacía (carente de significado) a veces. Por esto hay que tener especial cuidado con los elementos que aparentan ser circunstanciales, pero que pueden resultar preposicionales del verbo.

Por otro lado, como puede observarse en los ejemplos de complementos circunstanciales de tiempo, con el verbo impersonal *hacer* se forman oraciones que, si bien no son estrictamente subordinadas (según la metodología de *Redacción sin dolor*), fungen como complemento circunstancial de tiempo: «Lo vi *hace un año*», «*Hacía meses* no venía», «Desapareció *hace tres días*». Esto significa que tienen valor adverbial y funcionan como simples frases aunque incluyan verbo conjugado.

§7.4 ¿Cómo *no* debe usarse?

Es importante observar que si las palabras que pueden fungir también como adjetivos y pronombres no tienen la forma de masculino singular, no pueden ser adverbios, pues estos —como ya se vio— son invariantes.

Para muestra, un botón: en un ejemplo del bloque anterior, la palabra *todo* puede fungir como adverbio, como adjetivo y como pronombre, pero si se presenta como femenino singular (*toda*) o plural (*todas*) o como masculino plural (*todos*), no puede ser de ninguna manera adverbio, sino que solo podrá ser adjetivo o pronombre. Veamos otros ejemplos:

✓*demasiada* ropa (adjetivo: modifica a sustantivo)

ˣ*demasiada* poco (*demasiada* quiere fungir como adverbio porque pretende modificar al adverbio *poco*, pero se presenta como femenino singular, por lo que es en realidad un adjetivo, y no tiene sentido)

✓*demasiado* poco (adverbio: modifica a adverbio)

✓*poca* soltura (adjetivo: modifica a sustantivo)

ˣ*pocas* común (*pocas* quiere fungir como adverbio porque pretende modificar al adjetivo *común*, pero se presenta como femenino plural, por lo que es adjetivo, y no tiene sentido)

✓*poco* común (adverbio: modifica a adjetivo)

✓*muchas* mujeres (adjetivo: modifica a sustantivo)

ˣ*muchos* común (*muchos* quiere fungir como adverbio porque pretende modificar a un adjetivo, pero se presenta como masculino plural, por lo que es adjetivo, y no tiene sentido)

✓comió *mucho* (adverbio: modifica a verbo)

✓*muchos* llegaron *temprano* (pronombre *muchos*: funge como sujeto del verbo *llegaron*, que a su vez es modificado por el adverbio *temprano*)...

§7.5 ¿Cómo se relaciona el adverbio con otra clase de palabras?

Como hemos visto, el adverbio modifica a varias categorías gramaticales: verbos, adjetivos, otros adverbios, oraciones enteras, frases sustantivas, preposicionales y a algunos pronombres...

A verbos:

Corre felizmente: Corre ← **felizmente**
Llegó temprano: Llegó ← **temprano**
Compró barato: Compró ← **barato**

A adjetivos:

muy veloz: **muy** → veloz
bien alto: **bien** → alto
bastante fuerte: **bastante** → fuerte

A otros adverbios:
muy poco: **muy→poco**
mucho más lentamente: **mucho→más→lentamente**
quizá casi tan vorazmente: **quizá→casi→tan→vorazmente**

A oraciones:
Felizmente, se casaron después de sortear muchos obstáculos:
Felizmente, → se casaron después de sortear muchos obstáculos.
Por desgracia, no será posible que se realice la operación:
Por desgracia, → no será posible que se realice la operación.
No obstante, eso no debería suceder en países desarrollados:
No obstante, → eso no debería suceder en países desarrollados.

A frases sustantivas:
solo tu intuición de madre: **solo** → tu intuición de madre
prácticamente todos los hombres: **prácticamente** → todos los hombres

A frases preposicionales:
casi sin molestias: **casi** → sin molestias
solamente con ustedes: **solamente** → con ustedes
incluso bajo su tutela: **incluso** → bajo su tutela

A pronombres:
solo nosotros: **solo** → nosotros
siempre tú: **siempre** → tú
casi ninguna: **casi** → ninguna

Incluso puede suceder que mientras un adverbio está modificando a otro adverbio, este último esté modificando a otro elemento...

...A verbos y a otros adverbios en la misma proposición:

Camina ← **despreocupadamente**   pero...

Camina **muy** → **despreocupadamente**

Subió las escaleras **tristemente**   pero...

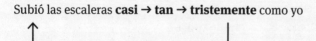

Subió las escaleras **casi → tan → tristemente** como yo

Por último, es muy importante recordar que la función adverbial no se limita a palabras, sino que hay varias **frases** o **locuciones** adverbiales e incluso oraciones adverbiales que, como tales, cumplen la función de modificar a otras categorías gramaticales, especialmente a verbos, adjetivos, otros adverbios y a **proposiciones** enteras, como se ha visto a lo largo de este capítulo.

§7.6 Clases de adverbios

§7.6.1 Adverbios absolutos

Se conocen también como «adverbios oracionales», ya sea porque ellos mismos parecen funcionar independientemente de la oración o porque modifiquen a la oración en su totalidad.

Casi siempre van al principio de la proposición, mas pueden ir también en medio o al final, separados siempre por **coma**. Si el adverbio absoluto va al principio, la coma irá donde termina; si va en medio, se aislará con una coma antes y otra después, y si va al final, llevará una coma antes: «Francamente, no quiero hablar contigo» o «No quiero, francamente, hablar contigo» o «No quiero hablar contigo, francamente».

Muchos de los adverbios absolutos terminan en -*mente*, y a estos —en general— se les llama *adverbios modales*, pero ello no significa que todos los adverbios de modo que tengan esta terminación funcionen de manera absoluta o que los que lo hacen solo puedan funcionar así.

Hay varios tipos de adverbios absolutos terminados en -*mente*. Algunos expresan la forma como se enuncia (se comunica) lo que sigue (es decir, la oración en sí):

Honestamente, no sé qué haces aquí.

El adverbio *honestamente* puede interpretarse como «te lo digo con honestidad: no sé qué haces aquí». Se da por hecho que quien habla está siendo honesto. Y el adverbio no parece estar modificando realmente a la oración que le sigue, sino que parece ser una en sí mismo.

Estos adverbios —llamados, igualmente, *de la enunciación*— también pueden solicitar algo a quien se dirige el mensaje:

Honestamente, ¿te parece que hiciste bien?

En este caso, a diferencia del anterior, quien habla no está siendo honesto, sino que está pidiendo honestidad a su interlocutor, y puede interpretarse algo así: «dime de manera honesta: ¿te parece que hiciste bien?». ¡Y tampoco parece formar parte de la oración a la que antecede sino ser una oración él solo!

Adverbios de este tipo son *honestamente, francamente, fríamente, sinceramente...* Por supuesto, el que puedan usarse de esta manera no significa que no puedan modificar a un verbo; por ejemplo:

Lo **dijo** ← **honestamente** frente a todos los invitados.

En este caso, el adverbio *honestamente* está modificando al verbo *dijo*, su función más natural, por lo que a todas luces forma parte de la proposición; es decir, no está siendo usado de manera absoluta u oracional sino que nos dice de qué manera lo dijo: lo dijo honestamente.

Otros adverbios que se usan de manera absoluta u oracional son los llamados *evaluativos* (de *evaluar*), que dan un juicio positivo o negativo de lo que les sigue:

Afortunadamente, ya se graduó de la secundaria.

En este ejemplo, el juicio es positivo; podemos observar que la intención del adverbio es evaluar de afortunado el hecho de que se haya graduado. Podría interpretarse así: «Es una fortuna: ya se graduó de la secundaria». Pero el juicio también podría ser negativo:

Desafortunadamente, murió intestado.

Aquí interpretamos que es desafortunado el hecho de que haya muerto antes de hacer su testamento. Adverbios de este tipo son *felizmente, tristemente, afortunadamente, desafortunadamente, milagrosamente, desgraciadamente...*

Otro tipo de juicio es el que puede hacerse sobre lo que sucedió en lo expresado en la oración, pero basado en la *expectativa* que se tenía:

Increíblemente, terminó la carrera en primer lugar.

En este ejemplo se expresa que no se esperaba que quien ganó el primer lugar fuera a hacerlo; no habla de cómo ganó la carrera, sino de que el hecho de que la haya ganado resulta increíble porque no era esa la expectativa. De la misma manera, la expectativa pudo ser satisfecha, como en el siguiente ejemplo:

Obviamente, terminó la carrera en primer lugar.

Adverbios de este tipo son *increíblemente, sorprendentemente, curiosamente, irónicamente, paradójicamente, obviamente...*

Otros más expresan obligación o necesidad y también pueden estar actuando de modo absoluto:

Necesariamente, tendrá que ir a declarar a la estación de policía.

Adverbios de este tipo son *necesariamente, obligatoriamente, indefectiblemente, inevitablemente...*

Todavía hay otros adverbios que intensifican o atenúan lo que se asevera en la oración y que tampoco parecen formar parte de ella:

Naturalmente, cumplirá con todas sus nuevas obligaciones.
Supuestamente, cumplirá con todas sus nuevas obligaciones.

Como puede deducirse, en el primer ejemplo, *naturalmente* intensifica lo que se asevera, mientras que en el segundo, *supuestamente* lo atenúa.
Adverbios que intensifican son *obviamente, evidentemente, claramente, ciertamente, efectivamente, indudablemente, naturalmente, realmente, verdaderamente...*
Adverbios que atenúan son *supuestamente, aparentemente, presumiblemente, teóricamente...*

Otros adverbios que suelen estar al margen de la oración son los que expresan **duda o insinuación**, posibilidad y veracidad:

Quizá no salgan de la cárcel en muchos años.

Como puede verse, *quizá* (o *quizás*) no modifica al verbo *salgan* ni al adverbio *no*; modifica a toda la oración al insinuar la posibilidad de que no salgan de la cárcel en muchos años. Al mismo tiempo expresa duda. En este caso, *quizá* (o cualquiera de sus sinónimos) no necesita la coma del adverbio absoluto porque se interpreta como una oración subordinada que especifica que se duda de que algo suceda o no suceda: «A lo mejor no salen de la cárcel en muchos años», «Tal vez no salgan de la cárcel en muchos años», «Posiblemente no salgan de la cárcel en muchos años»... Únicamente con estos se deja la coma fuera aunque se trate de adverbios y frases adverbiales absolutos.

Adverbios de este tipo son *quizá(s)*, *acaso*, *igual*, *capaz* (*que*), *tal vez*, *posiblemente*, *probablemente*, *seguramente*, *a lo mejor*...

Hay que recordar que todos los tipos de adverbios que aparecen aquí como absolutos también pueden funcionar de manera natural modificando a otras categorías gramaticales, como se ve en el ejemplo «Lo **dijo ← honestamente** frente a todos los invitados», donde *honestamente* no está siendo absoluto (u oracional) sino que está modificando al verbo *dijo*, pues expresa que la manera como lo dijo fue honesta.

Nota: Es muy importante recordar que la función adverbial no se limita a palabras sino que hay muchas **frases** y **locuciones** adverbiales (incluso oraciones adverbiales) que se usan de manera absoluta:

La verdad, no me parece justo. (locución adverbial enunciativa)

A lo mejor no vienen a la fiesta. (locución adverbial de duda o insinuación)

Con seguridad, llegarán a tiempo. (locución adverbial que expresa obligación o necesidad)

Pese a quien le pese, iremos a la boda. (oración adverbial concesiva; o sea que implica que se supera un obstáculo)

En efecto, todo fue un malentendido. (locución adverbial que intensifica)

Desde luego, se hará hasta lo imposible. (locución adverbial que intensifica)

Al parecer, vendremos a trabajar el fin de semana (locución adverbial que atenúa)

Por lo visto, habrá que hacer más pan. (locución adverbial que atenúa)

§7.6.2 Adverbios adjetivales

Estos adverbios tienen la forma de adjetivo masculino singular. De hecho, muchos adjetivos fungen a veces como adverbios: corre *rápido*, comió *mucho*, camina *feliz*... El primero y el tercero están en lugar de *rápidamente* y de *felizmente*.

§7.6.3 Adverbios comparativos

Sirven para hacer comparaciones: «Él es *mejor* que el anterior», «Tú eres la *peor* de las concursantes», «Aquellas son *más* lindas que estas», «Estas son *menos* dulces que aquellas», «Es *tan* amable *como* su madre», «Comió *tanto como* tú».

§7.6.4 Adverbios de adición

Se usan para añadir información: «*Además* fue a París», «Le gusta el chayote; *también* a mí», «Creo, *asimismo*, que debemos doblar esfuerzos», «*Igualmente*, es necesario que todos pongamos de nuestra parte»...

§7.6.5 Adverbios de afirmación

Reafirman o enfatizan la acción: «*Sí* lo trajo», «¿Irás a la fiesta? *Bien* (como sinónimo de *sí* en algunos países latinoamericanos)»... Otros adverbios de afirmación son *claro*, *obviamente*, *también*...

§7.6.6 Adverbios de aproximación

Son adverbios de cantidad indefinida que denotan que se está cercano a lo referido: «Llevé *casi* todo lo que me pediste», «Están *prácticamente* extintos», «Son *aproximadamente* las seis de la tarde»... Otros adverbios de aproximación son *apenas* (si), *alrededor*, *más o menos*...

§7.6.7 Adverbios de cantidad, grado y cuantificativos

Los hay de varias clases. Están los indefinidos (como los **adjetivos** y **pronombres indefinidos**): «Corre *algo* rápido», «Come *bastante* bien», «Aprende *cuanto* le es posible ». Otros adverbios indefinidos son *cuan*(*to*), *harto*, *más*, *menos*, *mucho*, *muy*, *tanto* (*tan*), *poco*, *demasiado*, *suficiente*, *casi*, *prácticamente*, *aproximadamente*. También los hay que indican gradación o intensificación: Lo quiere *sobremanera*, Es *asaz* inteligente. *Es incorrecto anteponer la preposición *de* a *sobremanera*: *lo quiere *de sobremanera*.

También hay muchos terminados en *-mente* que expresan cantidad o grado: «Aumentaron los precios *considerablemente*», «El examen me pareció *extremadamente* sencillo», «Eras *notablemente* guapo». Otros son *sumamente, extraordinariamente, terriblemente, solamente...*

§7.6.8 Adverbios de duda o insinuación

Véase el apartado §7.6.1 «Adverbios absolutos». Algunos son *quizá(s), tal vez, acaso...*

§7.6.9 Adverbios de intensidad

Hablan de la intensidad con que se realiza la acción: «Lo regañó *fuertemente*», «Se aman *intensamente*», «Me dolió *ligeramente*». Otros adverbios de intensidad son *levemente, profundamente, superficialmente...*

§7.6.10 Adverbios de la enunciación

Véase el apartado §7.6.1 «Adverbios absolutos».

§7.6.11 Adverbios de lugar

Señalan dónde se realiza la acción: lo vi *aquí*, se quedó *abajo*, lo puse *encima* de la mesa. Otros adverbios de lugar son *allá, arriba, acullá, delante, detrás, ahí, alrededor, cerca, lejos...*

§7.6.12 Adverbios de modo o manera

Expresan la forma como se realiza la acción: «Leyó *bien*», «Lo tradujo *mal*», «Se hace *así*». Otros adverbios de modo o manera son *regular, peor, mejor, solamente...*

Muchos son **adjetivales**: habla *fuerte*, canta *alto*... Los **gerundios** suelen también funcionar como adverbios de modo o manera: entró *gritando*, salió *corriendo*, se realizó *pintando...*

La mayoría de los terminados en *-mente* son adverbios de modo o manera: «Lo besó *atrevidamente*», «La atacó *salvajemente*», «Los vigiló *cuidadosamente*»; sin embargo, muchos de ellos al mismo tiempo pueden también expresar **tiempo** o **cantidad**, o ser empleados de manera **absoluta**.

§7.6.13 Adverbios de negación

Sirven para negar la acción: «*No* llegó», «*Nunca* ha cumplido sus promesas», «*Jamás* desayuna», «*Tampoco* me hace caso».

§7.6.14 Adverbios de tiempo

Señalan cuándo se realiza la acción: «*Hoy* trajeron el periódico», «Llegaron *tarde*», «Dímelo *después*». Otros son *ayer, mañana, temprano, ahora, siempre, nunca, antes, luego, enseguida, pronto, actualmente, antiguamente, recientemente*.

También señalan si la acción continúa o si ha terminado: «*Todavía* duerme», «*Aún* lo cree», «*Ya* lo confirmó».

Pueden indicar frecuencia: «Viene *frecuentemente*», «Hace ejercicio *cotidianamente*», «Cocina *diariamente*». Otros son *esporádicamente, raramente, nunca, jamás, generalmente, semanalmente*...

Otros pueden hablar de la duración de la acción: lo dijo *brevemente*, tendré que escucharlo *largamente*, trabaja ahí *temporalmente*...

§7.6.15 Adverbios evaluativos

Véase el apartado §7.6.1 «Adverbios absolutos».

§7.6.16 Adverbios exclamativos

Sirven para exclamar: «¡*Cómo* sufre!», «¡*Cuándo* se darán cuenta!». Otros adverbios exclamativos son *dónde, cuánto(s)*...

§7.6.17 Adverbios interrogativos

Sirven para hacer preguntas: «¿*Cómo* lo hiciste?», «¿*Cuándo* estará listo?». Otros adverbios interrogativos son *dónde*, *cuánto*(s)...

§7.6.18 Adverbios relativos

Sirven para introducir **oraciones subordinadas**: «Nadie me comprende *como* tú lo hacías», «Iré *cuando* me sienta cómoda», «Los veré *donde* habíamos quedado», «Harán *cuanto* su padre les diga»...

Ejercicios

A. Subraya los adverbios, frases, locuciones y oraciones adverbiales que haya en las siguientes proposiciones. Habrá más de uno entre la mayúscula y el punto.

Ejemplo: <u>Ayer</u> cayó una lluvia <u>tan</u> ligera que no pensé que mojaría <u>tanto en realidad</u>.

1. Anoche, a eso de las diez, discutían fuertemente unos muchachos en la calle.
2. Esos niños son muy atentos: todos los días me preguntan si necesito algo.
3. Ella siempre actuó como tú querías.
4. No se conocían muy bien cuando se casaron, pero se habían enamorado en cuanto se vieron.
5. Casi todos los días sucede lo mismo: el autobús pasa un minuto antes de que yo llegue a la parada.
6. Solo viajamos mi esposa y yo: estamos profundamente enamorados.
7. Nos recogerán pasado mañana a las seis de la tarde.
8. Te dije que ahí estaban los documentos, pero estabas tan insólitamente concentrado en otra cosa, que no me escuchaste.
9. Continuamente sabotea mi trabajo en la oficina.
10. ¡Mi prima ya llegó del aeropuerto!

B. Escribe en las líneas de abajo qué tipo de adverbios, frases, locuciones u oraciones adverbiales son los del ejercicio anterior. Recuerda que muchos adverbios pueden funcionar de distintas formas al mismo tiempo.

1. _____   _____

   _____   _____

2. _____   _____

3. _____   _____

4. _____   _____

   _____   _____

5. _____   _____

   _____

6. _____   _____

7. _____   _____

8. _____   _____

   _____   _____

9. _____   _____

10. _____   _____

C. Escribe a continuación a qué clase de palabras están modificando los adverbios, frases, locuciones y oraciones adverbiales del ejercicio A.

1. _____   _____

   _____

2. _____   _____

3. _____   _____

4. _____   _____

   _____   _____

5. _____   _____

   _____   _____

6. _____   _____

7. _____   _____

8. _____   _____

   _____

9. _____   _____

10. _____   _____

D. Subraya los complementos circunstanciales (adverbiales) de los siguientes enunciados, y en la línea escribe de qué clase de circunstanciales se trata. Si hay más de uno, usa una diagonal [/] para separarlos. Puedes ayudarte de la lista que está al final del apartado §7.3.

Ejemplo: <u>Si vamos a nadar</u>, necesitaremos comprar trajes de baño <u>mañana</u>.

____cc condicional / cc de tiempo_____

1. Cuando vengas a verme, te daré dulces.

_____

2.   De haber sabido, no voy.

_____

3.   Lo quiere a pesar de todo.

_____

4.   Cada año la Tierra se calienta un poco más.

_____

5.   Esas leyes no son buenas para el pueblo.

_____

6.   Hay que hacer el hoyo con la pala.

_____

7.   Todos los juguetes fueron recogidos por los niños.

_____

8.   Nos mudamos porque la inundación destruyó la casa.

_____

9.   Por la mañana compra yogur en la tienda de la esquina antes de irse a la escuela.

_____

10. Compré en línea esta chamarra para venderla mañana.

_____

11. Llegó ayer desde París para dar una conferencia pasado mañana en la universidad.

_____

12. Con lágrimas en los ojos, la mujer narró cómo se había extraviado su hijo.

_____

13. El próximo mes iremos a Montevideo para conocer a la familia de mi padre.

_____

14. Salimos a comer con los primos.

_____

15. No quiero pelear más con ellos esta tarde.

_____

E. Como se vio en el apartado §7.6.1, los adverbios absolutos suelen ir al principio del enunciado y deben ser separados del resto de él con una coma. Analiza las siguientes proposiciones y pon una coma después del adverbio, frase, locución u oración adverbial **solo si está funcionando como absoluto**. Recuerda que no siempre funcionan así.

1. Frecuentemente voy al teatro.
2. Francamente ya no sé qué hacer.
3. Por si acaso cerraré la puerta con doble llave.
4. Tristemente no me acuerdo de nada.
5. Sin duda hará lo que le pidas.
6. Sin duda es un gran atleta.
7. Necesariamente habrá consecuencias.
8. Por lo visto no hay nada más que hacer.
9. Le pese a quien le pese hará lo que le dé la gana.
10. Sinceramente ¿crees que lo que hiciste fue chistoso?

El corazón de la gramática

F. Escribe sobre la línea de qué clase de adverbio, frase, locución u oración adverbial se trata cada uno de los siguientes. Recuerda que algunos pueden caber en más de una clasificación.

1. amablemente _____

2. por supuesto _____

3. tal vez _____

4. donde _____

5. antier _____

6. ligeramente _____

7. allá _____

8. a toda velocidad _____

9. inmediatamente _____

10. de corazón _____

11. nunca _____

12. rápido _____

13. así _____

14. antiguamente _____

15. tan (tanto) _____

16. más _____

17. también _____

18. encima _____

19. ¡cómo! _____

20. claro _____

21. más o menos _____

22. gritando _____

23. demasiado _____

24. bien _____

25. cuanto _____

Capítulo 8
Conjunción

§8.1 ¿Qué es la conjunción?

Las conjunciones son palabras invariantes que **unen palabras, frases u oraciones**.

Palabras:

uvas → **y** ← manzanas   guapa → **e** ← inteligente   bien → **o** ← mal

frases:

detergente de marca → **o** ← jabón marca patito

mujeres empoderadas → **y** ← mujeres abnegadas

buen papel higiénico → **pero** ← sumamente caro

Oraciones:

Quisiéramos ayudarte, → **mas** ← nos será imposible esta vez.

No te hagas ilusiones, → **pues** ← no me gustaría verte sufrir de nuevo.

Si te esfuerzas, conseguirás tu propósito. O:

Conseguirás tu propósito **si** te esfuerzas.

Las conjunciones pueden establecer jerarquías entre las oraciones, como se ve en los últimos tres ejemplos: si las coordina (como en «Quisiéramos ayudarte, *mas* nos será imposible esta vez»), ambas oraciones tendrán la misma jerarquía...

Si la conjunción subordina una oración a otra (como en los otros dos ejemplos), la subordinada («*pues* no me gustaría verte sufrir de nuevo» y «si te esfuerzas») tendrá menor jerarquía porque no se comprenderá por sí misma, a diferencia de la independiente («No te hagas ilusiones» y «conseguirás tu propósito»).

De aquí que haya **conjunciones coordinantes** y **conjunciones subordinantes**. Pero no es esta la única clasificación que hay de estas palabras, pues —según su sentido al enlazar— las hay **adversativas**, **causales**, **comparativas**, **concesivas**, **condicionales**, **consecutivas o ilativas**, **copulativas**, **distributivas**, **disyuntivas**, **exceptivas** y **temporales**.

§8.1.1 Frase conjuntiva

El concepto de *frase conjuntiva* es polémico, debido a que no todos los gramáticos lo aceptan. Esto se debe a que tendríamos que aceptar que la frase conjuntiva incluye a la conjunción y al término que la sigue. De esta manera, en «Juan Carlos y Francisco fueron al parque», *y Francisco* constituiría la frase conjuntiva. Esto puede parecer extraño en el análisis gramatical cuando encontramos que *Juan Carlos y Francisco* —como una sola unidad— es el sujeto (complejo) del verbo *fueron*.

Algo similar sucede con las conjunciones que subordinan: «Decidimos terminar nuestra relación, pues era mejor hacerlo a tiempo», «Construiremos la casa si el banco nos da el préstamo», «Prepara el platillo tal como tú le enseñaste a hacerlo». Según los gramáticos que aceptan como frase conjuntiva a la conjunción y el término que la acompaña, «pues era mejor hacerlo a tiempo», «si el banco nos da el préstamo» y «como tú le enseñaste a hacerlo» son **frases** conjuntivas. El problema con esto es que la palabra *frase* refiere a un «conjunto de palabras que no incluye verbo conjugado», y en estos tres casos sí lo hay: *era*, *da* y *enseñaste*.

Lo mismo sucede con las conjunciones que coordinan oraciones, en cuyo caso, la conjunción y la segunda oración independiente tendrían que entenderse como una sola *frase*: «La pareja se casó a finales de 1995 y se divorció a principios de 1996», «Habían sido muy felices, pero la enfermedad los separó», «¿Irás a la universidad o te quedarás sin estudiar?». En estos casos, según el criterio de quienes defienden el concepto de *frase conjuntiva*, «y se divorció a principios de 1996», «pero la enfermedad los separó» y «o te quedarás sin estudiar» son frases conjuntivas.

El problema, de nuevo, se ve a simple vista: si son frases, no pueden ser oraciones, ¡y lo son, innegablemente, porque incluyen verbo conjugado! Así, dentro del método de *Redacción sin dolor*, no aceptamos las «frases conjuntivas» sino que las llamamos (tal como lo hace el resto de los gramáticos que no las aceptan) *oraciones subordinadas* u *oraciones coordinadas*, según sea el caso.

§8.1.2 Locución conjuntiva

Como sucede con el resto de las locuciones, las conjuntivas se forman con dos o más palabras y son fijas, lexicalizadas; en este caso, algunas de esas palabras pueden pertenecer a otras categorías gramaticales, pero sabemos que son conjuntivas porque funcionan como una sola conjunción.

Las locuciones conjuntivas suelen formarse, según la *Nueva gramática de la lengua española. Manual*,[1] con las siguientes combinaciones:

- Preposiciones *para, sin, desde, hasta* + *que*: *para que, sin que, desde que, hasta que*.
- Adverbio + *que*: *bien que, siquiera que, así que, enseguida que, luego que, mientras que, ya que, siempre que* (condicional)
- Sustantivo o frase sustantiva + *que*: *una vez que, toda vez que, cada vez que*.
- Participio + *que* (construcción absoluta con sentido causal): *puesto que, supuesto que, dado que, visto que*.
- Preposición + sustantivo o frase sustantiva + *que*: *a medida que, de forma que, de manera que, de modo que, de suerte que, a la vez que, a la par que, al par que, en lo que, en caso de que, en el supuesto de que, a condición de que, a cambio de que*.
- Preposición + sustantivo + *de* + *que*: *en vista de que, a causa de que, a pesar de que, en razón de que, en caso de que, a fin de que, a riesgo de que, a sabiendas de que, a consecuencia de que, al objeto de que, con el objeto de que*.
- Adverbio *así* + *que* y *así* + *ser* (conjugado) + *que*: *así que, así es que*.

1 Real Academia Española, Asociación de Academias de la Lengua Española, Espasa Libros, Editorial Planeta Mexicana, México, 2010, pp. 617-619, 880, 894, 913-914 y 919.

- *De* + adverbio demostrativo *ahí* o *aquí* + *que*: *de ahí que, de aquí que.*
- Preposición *con* + *tal* + *de* + *que* (o sin *de*): *con tal que, con tal de que.*
- Frases que pueden sustituirse por *solo si*: *a condición de que, con tal de, con tal que, con tal de que, siempre que, siempre y cuando.*
- Frases exceptivas: *a menos que, a no ser que, como no sea que…*
- Frases concesivas (que pueden sustituirse por *aunque*): *aun cuando, y eso que*).

§8.2 ¿Qué propiedades tiene la conjunción?

Las conjunciones son invariantes, lo que significa que no tienen rasgos de género ni de número y no concuerdan con ninguna otra categoría gramatical. Pueden ser simples (constar de una sola palabra) o usarse correlativamente; es decir, que dos palabras funcionan como una sola conjunción aunque no vayan juntas. Por ejemplo: **ni** tanto que queme al santo **ni** tan poco que no lo alumbre; **tanto** peca el que mata la vaca **como** el que le agarra la pata; **o** compras dulces **o** echas a la piñata los que ya tienes.

§8.3 ¿Cómo funciona la conjunción?

Usualmente, van en medio, uniendo palabras, frases u oraciones: ✓peras *o* manzanas, ✓tonto *pero* lindo, ✓amable *y* encantador. Pero también pueden ir al principio de la proposición: ✓ «*Y* Dios dijo: "Hágase la luz"», ✓ «*Pero* eso no es novedad», ✓ «*Si* así lo quieres, así se hará» o ✓ «Así se hará *si* así lo quieres».

La **conjunción copulativa** *y* y la **adversativa** *pero* suelen ponerse al inicio de la proposición para unir ideológicamente esta con lo anterior o para dar la sensación de que el texto, aunque nosotros apenas empecemos a leerlo porque ahí comienza textualmente, digamos, viene en realidad de antes, de alguna parte a la que no tenemos acceso. Es un elemento de misterio.

Igualmente, es importante emplear la conjunción adecuada según lo que queramos decir. Es muy común que se usen unas por otras, con lo que se enturbia el sentido de nuestros enunciados.

Si queremos, por ejemplo, establecer que hay una adversidad, que se cambia de dirección, habremos de usar *pero* o *mas* (que son sinónimos): ✓te quiero, *pero* no me casaré contigo; ✓tienes dinero, *mas* eso nunca le ha importado.

Si deseamos indicar que se supera un obstáculo, habremos de usar *aunque*: ✓seguiré viniendo a esta casa *aunque* sea evidente que no me quieres aquí.

Si queremos dejar bien claro que debe escogerse entre una y otra cosa, habremos de utilizar la combinación *o...o*: ✓*o* comes carne de res *o* comes pollo (no puedes comer ambos).

§8.4 ¿Cómo *no* debe usarse la conjunción?

La conjunción jamás irá al final de la proposición, pues ello no tendría sentido: ˣperas manzanas *o*, ˣtonto lindo *pero*, ˣamable encantador *y*; ˣ «Dios dijo: "Hágase la luz *y*"», ˣ«Eso no es novedad *pero*», ˣ«Así lo quieres, así se hará *si*».

También hay que tener cuidado cuando se usa para sugerir misterio: no hay que abusar de este recurso estilístico tan socorrido en la Biblia. Puede ser muy poderoso, pero usado indiscriminadamente, perderá su fuerza por completo.

De la misma forma, como decíamos en el apartado §8.3, debemos elegir la conjunción más adecuada según el sentido que deseamos expresar: ˣte quiero *como* no me casaré contigo; ˣ«Tienes dinero *porque* eso nunca le ha importado», ˣ«Seguiré viniendo a esta casa *o* es evidente que no me quieres aquí», ˣ«Comes carne de res *o* comes pollo» (si debe elegirse forzosamente uno de los dos, no puede ir una sola *o*, como se ve en el apartado §8.6.11).

§8.5 ¿Cómo se relaciona la conjunción con otra clase de palabras?

Puede unir casi toda clase de palabras, frases u oraciones que pertenezcan a la misma categoría gramatical:

Palabras, frases y oraciones sustantivas:

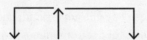

Pedro **y** Juana; las instituciones públicas **o** las empresas privadas;

Cuanto gustes **y** [cuanto] mandes.

Palabras, frases y oraciones adjetivas:

feo **y** formal; <u>de padres adinerados</u> **pero** <u>de modales toscos</u>;

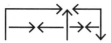

ni rasguña **ni** muerde.

Nota: Hay que recordar que las conjunciones compuestas están separadas, pero trabajan juntas, como en este caso, *ni... ni*).

Preposiciones y frases preposicionales:

de **y** para el pueblo; con **y** contra la revolución;

bajo **y** sobre la mesa; para **y** <u>con el pueblo</u>.

Adverbios, frases y oraciones adverbiales:

Lenta **y** dolorosamente; **tanto** <u>te quiere</u>, **como** te apoya;

<u>de antemano</u> **y** <u>a sabiendas</u>.

§8.6 Clases de conjunciones

Como sucede con otras categorías gramaticales, una misma conjunción (o locución conjuntiva) puede caber en más de una clasificación. La inmensa mayoría, además de ser causal, concesiva, de finalidad, etcétera, también son subordinantes porque **subordinan oraciones**.

De hecho, prácticamente todas lo son, excepto las copulativas *y, e, ni* (la conjunción *como* copulativa subordina), las disyuntivas (*o, o... o..., u*), las adversativas *pero, mas, sino* y *sino que* (la adversativa *mientras que* subordina) y las distributivas (*ya... ya..., ora... ora...* y *o... o...*). Las copulativas, disyuntivas y adversativas coordinantes se llaman así porque **coordinan palabras, frases y oraciones**, y están como tales en el apartado §8.6.8.

Las exceptivas *salvo, excepto* y *menos* subordinan solo cuando van acompañadas de *que*. Es importante señalar también que el único caso donde la conjunción *que* coordina es cuando va precedida de la conjunción *sino*, para formar la locución conjuntiva adversativa *sino que*, como se ve en el apartado §8.6.1.

§8.6.1 Conjunciones adversativas

Unen en coordinación dos o más palabras, frases u oraciones cuyos significados son opuestos: *pero, mas, sino, sino que, mientras que*.

Algunos ejemplos: «Es útil **pero** sumamente caro», «Me gustas, **mas** eso no es suficiente para mí», «No es verde **sino** azul», «No haré lo que él quiere, **sino que** me guiará mi intuición».

§8.6.2 Conjunciones causales

Enlazan subordinando una oración a otra y denotan la causa de aquello que se expresa en el enunciado. Son *pues, puesto que, que, porque, por que, ya que, como, supuesto que, dado que, visto que, a causa de que, en razón de que*.

Algunos ejemplos: «Lo afirmo, **pues** yo lo vi robando», «No es fácil decirlo, **puesto que** soy su madre», «Vámonos, **que** se hace tarde», «Lo digo **porque** te quiero», «Esa es la razón **por que** lo ocultaste», «Está claro que fuiste tú, **ya que** no has podido negarlo», «**Como** no tenía dinero, no lo compré».

§8.6.3 Conjunciones comparativas

Juntan mediante subordinación dos elementos que se comparan. Tenemos *que* y *como*.

Algunos ejemplos: «Estudié más **que** él», «Es tan inteligente **como** su mamá».

§8.6.4 Conjunciones completivas

Unen por subordinación el complemento directo con el verbo. Están *que* y *si*.
Algunos ejemplos: «Cree **que** vendrá», «No sabía **si** vendría».

§8.6.5 Conjunciones concesivas

Enlazan por subordinación dos oraciones; dan a entender que se supera un
obstáculo. Tenemos *aunque, si bien, con lo que, a pesar de que, aun cuando, y
eso que, a riesgo de que, a sabiendas de que.*

Algunos ejemplos: «**Aunque** no quieras, seguiré viniendo», «**si bien** no me
quieres aquí, seguiré viniendo», «**a pesar de que** no me quieras aquí, seguiré
viniendo».

§8.6.6 Conjunciones condicionales

Juntan por subordinación dos elementos, en uno de los cuales se expresa una
condición. Son *si, como, o... o..., mientras, siempre que, siempre y cuando, a
condición de que, en caso de que, en el supuesto de que, con tal de, con tal que,
con tal de que.*

Algunos ejemplos: «**Si** no llegas a tiempo, van a correrte del trabajo»,
«**Como** no lleves todos los útiles escolares, no te dejarán entrar a clases»,
«**O** pagas lo que debes **o** no vuelves a pisar este restaurante», «**Mientras** cumplas con tu deber, no hay qué temer», «Estaremos tranquilos **siempre que**
sepamos que estás bien», «No se enojará **siempre y cuando** cumplas con la
pensión alimenticia y seas responsable».

§8.6.7 Conjunciones consecutivas o ilativas

Unen por subordinación dos elementos; donde aparecen se expresa la consecuencia del otro. Son *que, conque, luego, así que, así es que* (igual que *así que,*
pero con esqueísmo), *de ahí que, de aquí que, bien que, siquiera que, una vez
que, toda vez que, de forma que, de manera que, de modo que, de suerte que, en
vista de que, a consecuencia de que.*

Algunos ejemplos: «Es tan inteligente **que** todos lo creen tonto», «Tiraste la
miel, **conque** limpia el piso», «Tiraste la miel, **así que** limpia el piso», «Como

todos los niños, juega, **luego** aprende», «Como todos los niños, juega, **así que** aprende».

§8.6.8 Conjunciones coordinantes

Son las que coordinan palabras, frases u oraciones: *y (e), ni (ni... ni...) o (u), o... o..., pero, mas, sino, sino que...*

Algunos ejemplos: «Corren **y** brincan por todo el patio», «Susana **e** Isabel son gemelas», «**Ni** pichas **ni** cachas **ni** dejas batear», «No pichas **ni** cachas **ni** dejas batear», «¿Subes **o** bajas?», «¿Uno **u** otro?», «**O** te quedas arriba **o** te quedas abajo», «No quiero ir, **pero** me obligan», «No quiero ir, **mas** me obligan», «No voy a ir, **sino que** me quedaré a hacer tarea».

§8.6.9 Conjunciones copulativas

Sirven para unir elementos. Son *y, e* (positivas), *ni* (negativa) y *como* (en correlación con el adverbio *tanto*). Usamos la *e* cuando normalmente emplearíamos la *y*, pero lo que sigue empieza con letra o sonido *i*.

Algunos ejemplos: «Higinio **y** Sara», «Sara **e** Higinio», «Mónica **y** Yolanda», «Virginia **e** Imanol», «**Ni** peras **ni** mangos», «**Ni** Virginia **ni** Imanol», «Quiere tanto a sus hijos biológicos **como** a los adoptivos».

§8.6.10 Conjunciones distributivas

Se trata de conjunciones disyuntivas compuestas; es decir, que funcionan correlativamente. Expresan que hay opciones compatibles. Algunas son *ora... ora, ya... ya, o... o...*

Algunos ejemplos: «Se lo pasa bebiendo **ora** vino, **ora** mezcal», «Le gusta **ya** de un modo, **ya** de otro», «**O** cumples **o** huyes **o** te entregas a la Policía».

§8.6.11 Conjunciones disyuntivas

Unen mediante coordinación elementos entre los cuales hay que escoger. Son *o, u, o... o...* Usamos la *u* cuando lo que sigue empieza con letra o sonido *o*. Cuando empleamos una sola *o*, no podemos —sin embargo— hablar de una disyuntiva *pura*, puesto que la *o* puede incluir a ambos elementos; por ejemplo, en «este libro sirve a estudiantes **o** profesionistas», la *o* no está realmente excluyendo a uno de los dos, sino que los incluye, ya que este libro sirve tanto a unos como a otros. Por eso, si deseamos explicitar que solo puede elegirse uno de los elementos, debemos utilizar *o... o...*: «**O** comes **o** nadas» (no puedes hacer ambos al mismo tiempo).

Algunos ejemplos: «Omar **o** Elisa», «Elisa **u** Omar», «Una **u** otra», «**O** te casas con Juana **o** huyes con Chana».

§8.6.12 Conjunciones exceptivas

Unen a otro elemento aquello que queda excluido. Son *salvo, excepto, menos, a menos que, a no ser que, como no sea que.*

Algunos ejemplos: «Fueron todos al museo, **salvo** los reprobados», «Pasaron todos, **excepto** Julián», «Quiere a todos en su equipo, **menos** a Xanath».

§8.6.13 Conjunción final (o de finalidad)

Enlaza mediante subordinación la finalidad con que se hace algo, a la oración principal: *para que, a fin de que, al objeto de que, con el objeto de que.*

Algunos ejemplos: «Lo confeccioné **para que** lo vendieras», «Los acusaron de cohecho **a fin de que** pudieran arrestarlos en flagrancia», «Los llevaron a los separos, **al objeto de que** no manejaran ebrios», «Las habían secuestrado **con el objeto de que** las venderían como esclavas en países de primer mundo».

§8.6.14 Conjunciones subordinantes

Subordinan una oración a otra. Son *que* y sus variantes (por *variantes* hay que entender absolutamente todos los casos donde aparece *que* —excepto *sino que*, que coordina—, incluso los casos que no aparecen aquí porque están en otra clasificación), como *porque, por que, mientras que* (contraste), *ya que, puesto que, aunque, para que, sin que, desde que, hasta que, a cambio de que, a riesgo de que, a sabiendas de que*; también están *pues, como, cuando* (cuando funciona como condicional, concesivo o causal), *mientras* (temporal), *si*.

Algunos ejemplos: «Lo cortó **porque** no supo cómo arreglarlo», «Esa es la razón **por que** te dejó», «Ella trabaja mucho, **mientras que** su marido no ayuda en nada», «Acompañó a su novia, **ya que** necesitaba su apoyo», «Comeremos lo mismo de ayer, **puesto que** no tuve tiempo de cocinar hoy», «**Aunque** él no quiera, defenderé a mi hijo», «Irás a la escuela **para que** adquieras conocimientos a los que no tienes acceso en casa», «Lo conozco **desde que** éramos niños», «Estuvo enamorada de él hasta que empezó a golpearla», «Iremos a Irlanda, **pues** es lo mejor», «Se hará **como** tú digas», «**Cuando** ves que se pone así, ¿para qué le haces caso?» (condicional), «No le hacen caso, **cuando** lo que necesita es atención» (concesivo), «**Cuando** Pedro lo afirma, tiene que ser falso» (causal), «Canta **mientras** lava», «**Si** quieres helado, come tu sopa».

Nota: Hay otras palabras que también **subordinan una oración a otra**, pero no están en la lista anterior porque pertenecen a otras categorías gramaticales: *apenas, cuyo, cuyos, cuya, cuyas, cual, cuales, quien, quienes, donde, cuan, cuanto, según, conforme.*

§8.6.15 Conjunciones temporales

Unen, por subordinación, un elemento que expresa tiempo a otro. Son *luego que, mientras, ni bien, desde que, hasta que, enseguida que, cada vez que, a medida que, a la vez que, a la par que, al par que, en lo que.*

Algunos ejemplos: «Irás **luego que** termines de comer», «No comas **mientras** trabajas», «**Ni bien** entró al kínder, se enfermó».

Ejercicios

A. Elige la conjunción o locución conjuntiva más adecuada para unir las oraciones de la primera columna con las de la segunda. Luego escribe el enunciado completo en la línea de abajo. Puede haber más de una opción.

1. Te quiero   No me casaré contigo

_____

2. Será tu regalo de cumpleaños   Te portas bien

3. No sé si iré a la fiesta

Debo estudiar esta noche

_____

4. Conseguiremos nuestros objetivos

Hagamos lo que debemos

_____

5. Reprobaste el examen

Ponte a estudiar para el siguiente

_____

6. No iré a la boda

Vayas conmigo

_____

7. Lo llevaré temprano a la escuela

No le pongan retardo

_____

8. Lo hizo así

Quería parecerse a su padre

_____

9. La lastimaba con cualquier pretexto

Lo denunció a la policía

_____

10. No lo veía

Salió de la cárcel

_____

B. ¿A qué clase de conjunción o locución conjuntiva pertenecen las que usaste en el ejercicio anterior? Escríbelo sobre la línea.

1. _____

2. _____

3. _____

4. _____

5. _____

6. _____

7. _____

8. _____

9. _____

10. _____

C. ¿A qué clase de conjunción o locución conjuntiva pertenecen las siguientes? Escríbelo sobre la línea.

1. ya..., ya...   _____

2. sino que   _____

3. salvo   _____

4. cuando   _____

5. así que   _____

6. ni bien   _____

7. u   _____

8. ni   _____

9. luego   _____

10. luego que   _____

Conjunción

11. como _____

12. a pesar de que _____

13. pero _____

14. pues _____

15. excepto _____

16. porque _____

17. para que _____

18. mientras _____

19. mientras que _____

20. a menos que _____

21. o... o... _____

22. e _____

23. siempre y cuando _____

24. ora... ora... _____

25. aunque _____

26. con tal de que _____

27. a fin de que _____

28. de ahí que _____

29. de manera que _____

30. a sabiendas de que _____

D. Elige una conjunción de cada clase del apartado §8.6 y escribe un enunciado con cada una.

1. _____

_____

2. _____

_____

3. _____

_____

4. _____

_____

5. _____

_____

6. _____

_____

7. _____

_____

8. _____

_____

9. _____

_____

10. _____

_____

11. _____

_____

12. _____

_____

13. _____

_____

14. _____

_____

15. _____

Capítulo 9

Interjección

§9.1 ¿Qué es la interjección?

Las interjecciones son expresiones conformadas por una o más palabras (locución y frase interjectiva) que no describen acciones, sino que *son* la acción misma, como saludar (*¡Hola!*, *¡Buenos días!*), despedirse (*¡Adiós!*, *¡Hasta mañana!*), brindar (*¡Salud!*), mostrar sorpresa (*¡Caray!*, *¡Epa!*), asombro (*¡Ah!*), repudio (*¡Agh!*, *¡Ash!*, *¡Mira!* o *¡Míralo!*...), conformidad o comprensión (*Ajá*)...

Tampoco describen emociones, sino que las manifiestan en sí mismas, como cuando exclamamos ¡Ay!, *¡Dios mío!*, *¡Uf!*, *¡Huy!* o *¡Uy!*, *¡Eh!*, *¿Eh?*, con las cuales expresamos dolor, asombro, desencanto, alegría, estupefacción... De la misma manera, no describen cómo alguien da una orden, sino que solo ordenan, como en *¡Anda! ¡Ándale!* Con las interjecciones también felicitamos y agradecemos: *¡Felicidades!*, *¡Gracias!*

Las interjecciones tienen valor de **oración**; es decir, ellas mismas son una oración. Por ejemplo, *¡Buenas tardes!* puede entenderse como «Deseo que tengas buenas tardes»; el muy mexicano *¡Órale!* puede comprenderse como «¡Estupendo!» o «No puedo creerlo», dependiendo del contexto; *¡Aguas!* u *¡Ojo!* son equivalentes a «Ten cuidado»...

Por su naturaleza gramatical, se clasifican en propias e impropias:

Por su significado, se dividen en apelativas o directivas y expresivas o sintomáticas:

§9.1.1 Frase interjectiva

Son aquellos grupos de palabras que se conforman por interjección y otros tipos de palabras. Estos pueden ser sustantivos o frases sustantivas: *¡oh cielos!*, *¡oh sorpresa!*, *¡Ah el amor!*, *¡Huy la hipoteca!*...; vocativos: *¡Hey, hijo!*, *¡Oye, mi vida!*...; frases preposicionales: *Adiós a la vida, Hola a la abundancia, Y vuelta a lo mismo, ¡Lástima de cocina!*, *¡Ay de mí!*, *¡Y dale con eso!*...; oraciones: *¡Ojalá que lo consiga!*, *¡Vaya que lo quiere!*, *¡Así no le guste!*, *¡Mira que tiene razón!*... Recordemos que pueden ir con o sin los signos de exclamación.

§9.1.2 Locución interjectiva

Son aquellas que se forman con dos o más palabras; funcionan como una sola interjección y tienen significados complejos. Algunos ejemplos que pone la *Nueva gramática de la lengua española* son los siguientes: *cómo no, cuándo no, en fin, hasta luego, ni modo, ni pensarlo, no faltaba más...*[1]

---

1 Real Academia Española, Asociación de Academias de la Lengua Española, *Nueva gramática de la lengua española. Manual*, Espasa, México, 2010, p. 624.

§9.2 ¿Qué propiedades tiene la interjección?

Como se dijo antes, las interjecciones son invariantes, lo que significa que no tienen rasgos de género ni de número y <u>no concuerdan</u> con ninguna otra categoría gramatical. No modifican a ningún otro tipo de palabras, pero cuando fungen como **sustantivos**, al igual que estos, <u>se dejan modificar</u> por **artículos** y **adjetivos**, como en «¡Muchas *felicidades*!». También pueden acompañar a sustantivos que se pegan a ellas con o sin **preposición**, como en ¡*Oh* maravilla! o en ¡*Venga*, Manuelito! Incluso, algunos aceptan formar parte de **oraciones compuestas**: «¡*Ojalá* que llueva pronto!», «¡*Vaya* que te quiero!».

§9.3 ¿Cómo funciona la interjección?

Como oraciones independientes, la mayoría de las veces las interjecciones irán entre signos de exclamación, pero no siempre será así: ✓¡*Hola*! u ✓*Hola*. (con punto), ✓¡*Eh*! o ✓¿*Eh*?, ✓¡*De nada*! o ✓*De nada*. (también con punto), ✓¡*Mira*!, ¡*Míralo*! o ✓*Mira*, *Míralo*. (también con punto). Igualmente, puede ir más de una en un solo par de signos de exclamación: ✓¡*Ay, Virgen santísima*! ✓¡*Oh, por Dios*! ✓¡*Ah, caramba*!

Es común que vayan acompañadas de otro tipo de palabras cuando se emplean como sustantivos: ¡Muchas *felicidades*!, ¡Mil *gracias*! (acompañadas de adjetivo), Un último *adiós* (acompañada de artículo y adjetivo). E incluso pueden seguirles frases preposicionales: ¡*Cuidado* con el perro!, ¡*Hola* a todos! (las frases preposicionales se llaman así porque empiezan con preposición).

Usadas así, como sustantivos, las interjecciones sí pueden ocupar el lugar que cualquier otro sustantivo tendría dentro de la oración: *Le dieron las **gracias*** o *Le desearon muchas **felicidades***.

Lo anterior significa que cuando hacen las veces de sustantivo, además de dejarse modificar por artículos y adjetivos, también pueden hacer las veces de sujeto, complemento directo e indirecto, atributo, ser el término de un complemento prepositivo (o *preposicional*) o estar dentro de ellos (dentro del sujeto, del cd, etcétera):

✓A ese director, las **gracias** lo tienen sin cuidado (dentro del sujeto «las gracias»)

✓Ni las **gracias** dio (dentro del complemento directo «las gracias»)

✓El actor echó la culpa de su distracción a las **gracias** que dieron al final de la obra (dentro del complemento indirecto «las gracias que dieron al final de la obra»)

✓Ese fue un triste **adiós** (dentro del atributo «un triste adiós»)

✓Aquí está la historia de ese **hasta nunca** (término del complemento preposicional —adnominal— del sustantivo *historia*)

Encima, pueden ir acompañadas por un elemento **vocativo**, cosa muy común: ✓¡*Ándale*, niño!, ✓¡*Uy*, Juan!, ✓¡*Ay*, mamá! Lo menos común, pero sucede, es que vayan entre signos de interrogación.

Por otro lado, ¡no todas las oraciones exclamativas son interjecciones! La anterior, por ejemplo, no lo es. La manera de saber si algo que está entre signos de exclamación es interjección o no es respondiéndose si se trata de una expresión que sería comprendida por sí sola como una oración, si se trata de una manifestación de asombro, repudio, conformidad, dolor, desencanto, alegría, estupefacción, o si estamos saludando, despidiéndonos, felicitando o agradeciendo; a veces, también ordenando. Normalmente, no son más de dos o tres palabras y, en general, van entre signos de exclamación, pero no siempre.

Debido a que —como ya se dijo— se consideran oraciones en sí mismas, en general, la mayoría de las interjecciones no forman parte de otras oraciones, pero hay algunas que sí, como también se vio en los apartados §9.1.2 y §9.2. Esos casos vuelven a verse más adelante, en la sección §9.5. Aquí presentamos solo un par de ejemplos: «**Ojalá** que dejen de pelear», «¡**Vaya** que has crecido!».

§9.4 ¿Cómo *no* debe usarse la interjección?

Es muy importante recordar que cuando las interjecciones no están empleándose como sustantivos, cuando no van acompañadas de frases preposicionales (preposición más sustantivo) o cuando no forman parte de una oración compuesta, deben ir separadas de otras oraciones con punto, ya sea el del signo de exclamación de cerrar (!), el de interrogación también de cerrar (?) (menos frecuente) o el simple punto (.): ✓¡*Buenas noches!*, ✓*Buenos días*, licenciada., ✓¡*Hola!*, ✓¡*Hola*, cariño!, ✓*Hola*, cariño., ✓¡*Eh*, Jacinto!, ✓*Eh.*, ✓¿*Eh?* También podrían ir seguidas de puntos suspensivos, que siempre son tres: *Adiós...*, *Hasta siempre...*

En cartas informales, correos electrónicos y redes sociales es muy frecuente ver errores como los siguientes: ˣ«Hola Andrés, nos vemos en la escuela», ˣ«Buenas tardes, no he recibido el informe», ˣ«Buenos días, maestro, no nos ha llegado su reporte bimestral».

Incluso cuando se pone la coma del **vocativo**, que es obligatoria (en el primer ejemplo —ˣ«*Hola* Andrés,»— no se pone, pero en el tercero —ˣ«*Buenos días*, maestro,»— sí), sigue habiendo un error de puntuación (la coma equivocada está en letra negrita): ˣ«*Hola*, Andrés**,** nos vemos mañana en la escuela». Es decir: la coma del vocativo que separa a la interjección del vocativo es obligatoria, pero después debe terminarse la proposición con punto: ✓«*Hola*, Andrés**. N**os vemos en la escuela», ✓«*Buenos días*, maestro**. N**o nos ha llegado su reporte bimestral».

Dicho error se llama ***encabalgamiento***,[2] pues la interjección, aunque acompañada de un vocativo, sigue siendo una oración en sí misma y —como tal— debe separarse de otras oraciones con punto y seguido o punto y aparte. Otros ejemplos en que la puntuación se ha puesto en letra negrita:

> ✓*Hola*, Mariana**.** ¿Vamos a tomar un café?
> ✓*Buenas noches*, mi amor**.** Ya vamos a cenar.
> ✓*Buenos días*, licenciado**.** Nadie lo ha llamado.

§9.5 ¿Cómo se relaciona la interjección con otra clase de palabras?

Como se ve arriba, cuando funge como sustantivo se deja modificar por artículos y adjetivos:

No le quita nada dar los *buenos días*.

Recibir muchas *felicitaciones* hace sentir a uno muy bien.

---

2 Este fenómeno puede estudiarse a profundidad en los capítulos 4 y 5 de *Redacción sin dolor* (Sandro Cohen, 6.ª ed., Planeta, México, 2014). También puede consultarse el glosario de este libro, donde se da una definición del concepto y algunos ejemplos.

Mil *gracias* por su ayuda.

De la misma manera, puede ir más de una interjección, como una serie, en un solo par de signos de exclamación, mas esto no significa que una modifique a la otra; simplemente, se acompañan: *¡Anda, anda!*, *¡Cuidado,* muchacho, *cuidado!*, *¡Ay, ay, ay!*, *¡Vaya, vaya, vaya!*

También puede ir acompañada de **vocativo**, pero ni la interjección modifica al vocativo ni este afecta a la primera de ninguna forma; lo que sí debe hacerse en estos casos es cumplir cabalmente con la regla de la coma del vocativo, que dicta que siempre debe separarse este del resto de la oración con coma: *¡Olé, Felipillo!*, *¡Ojo, María!*, *¡Ajá, Toño!*

Igualmente, a la interjección pueden seguir otros sustantivos que no sean vocativos propiamente: *¡Vaya sorpresa!* Y esos sustantivos pueden llevar **preposición** con algunas interjecciones: *¡Adiós a sus comodidades!*, *¡Gracias a Dios!*, *¡Ay de mí!*, *¡Dale con eso!*

Asimismo, algunas interjecciones pueden acompañar a oraciones enteras, como *ojalá* en «*Ojalá* llegue a tiempo» u «¡*Ojalá* que llegue a tiempo!». En este caso, se comprende la interjección *ojalá* como «¡Quiera Dios que llegue a tiempo» o, menos literalmente, *¡Deseo que llegue a tiempo!* Como puede verse, la interjección es la **oración independiente** de este enunciado, el cual incluye una **subordinada** introducida por *que*, aunque se acepta también que *ojalá* vaya sin *que*: ✓*Ojalá* llegue a tiempo.

La conjunción *que* también puede introducir **oración subordinada** con la interjección *vaya*, como en «¡*Vaya* que llegó borracho!» o en «¡*Vaya* que se lució!», pero también puede ir esta conjunción sin la presencia de verbo después, solo para afirmar o para negar algo: «¡*Vaya* que sí!», «¡*Vaya* que no!».

§9.6 Clases de interjecciones

Por su naturaleza gramatical, se clasifican en propias e impropias; por su significado, en apelativas o directivas y expresivas o sintomáticas.

§9.6.1 Interjecciones propias

Son las que únicamente pueden usarse como interjecciones (salvo algunas excepciones en las que se usan como sustantivos). La mayoría está conformada por una sola sílaba, y algunas, por ser muy elementales, se consideran *voces naturales*. Ejemplo de esto es la interjección *¡ay!*, que incluso bebés de tres meses emiten cuando sienten dolor. Otros ejemplos son *huy* o *uy*, *uf* o *uff*, *eh*, *oh*, *¡bah!*...

§9.6.2 Interjecciones impropias

Son las que se forman a partir de sustantivos, verbos, adverbios y adjetivos.

Algunas se crearon a partir de sustantivos: *¡diablos!*, *¡diantres!*, *¡cielos!*, *¡rayos!*, *¡caracoles!*, *¡ojo!*, *¡Dios mío!*, *¡ánimo!*, *¡auxilio!*
A partir de verbos: *¡anda!*, *¡ándale!*, *¡venga!*, *¡oye!*
A partir de adverbios: *¡arriba!*, *¡adelante!*, *¡Ojalá!*
A partir de adjetivos: *¡Largo!*, *¡Claro!*, *¡Bravo!*

§9.6.3 Interjecciones apelativas o directivas

Estas se dividen en formularias y no formularias. Las primeras son, justamente, fórmulas establecidas para saludar, despedirse, brindar, ser cortés para pedir cosas o cuando alguien estornuda o come o bebe, para agradecer o responder al agradecimiento o cuando a uno le presentan a alguien, para contestar el teléfono, para felicitar...: *hola, buenos días* (*tardes, noches*...), *adiós* (*hasta luego, hasta pronto, nos vemos*...), *¡salud!, por favor, provecho, gracias* (*mil gracias, muchas gracias*...), *de nada, no hay de qué..., mucho gusto, encantada, para servirle..., hola, aló, bueno, diga..., felicidades, felicitaciones, enhorabuena*...

Las no formularias se emplean para prometer o afirmar algo categóricamente, llamar la atención, animar, callar: *¡palabra!, palabra de honor..., ¡alto!, ¡cuidado!, ¡aguas!, ¡ojo!..., ¡arriba!, ¡vamos!, ¡ánimo!, ¡adelante!..., ¡chito!* (*chitón*), *shhh, ¡silencio!*...

§9.6.4 Interjecciones expresivas o sintomáticas

Las usamos para expresar emociones, sentimientos, estados de ánimo y reacciones. Pueden expresar enojo, disgusto, decepción, dolor, desilusión, alegría, sorpresa, entusiasmo, apoyo, aplauso, aprobación, conformidad, resignación...: *¡Caramba!*, *¡Maldición!*, *¡Mecachis!*, *¡Recórcholis!*, *¡Cuándo no!*, *¡Vaya!*, *¡Ay!*, *¡Jesús, María y José!*, *¡Por todos los santos!*, *¡Ehhh!*, *¡Ohhh!*, *¡Ahhh!*, *¡Guau!*, *¡No me digas!*, *¿Cómo?*, *¿Cómo así?*, *¡Bravo!*, *¡Hurra!*, *Ajá*...

Ejercicios

A. En los siguientes diálogos imaginarios, inicia o responde con la interjección, locución o frase interjectiva que mejor te parezca. Coloca o deja fuera los signos de exclamación o interrogación, según el contexto que imagines.

Ejemplo: —¡Buenos días!
—¿Cómo le ha ido, don Carlos?

1. —Me voy definitivamente.

—

2. —¡Esto acaba de pasar!

—

3. —No, no lo creo.

—

4. —Hasta pronto, Hasta luego, ¡Hasta mañana!...

—

5. —¡Me dieron el puesto!

—

B. Forma frases interjectivas con las siguientes interjecciones. Usa sustantivos, vocativos, frases preposicionales u oraciones, según se indique entre paréntesis. Recuerda que la coma del vocativo es obligatoria.

Ejemplo: (sustantivo o frase sustantiva) ¡Oh ___maravilla___!

1. (sustantivo o frase sustantiva) ¡Oh _____!

2. (vocativo) ¡Ay _____!

3. (frase preposicional) ¡Hola _____!

4. (oración) ¡Ojalá _____!

5. (sustantivo o frase sustantiva) ¡Ah _____!

6. (vocativo) ¡Hey _____!

7. (frase preposicional) ¡Cuidado _____!

8. (oración) ¡Mira _____!

9. (sustantivo o frase sustantiva) ¡Huy _____!

10. (vocativo) ¡Gracias,_____!

C. Usadas como sustantivos, algunas interjecciones se dejan modificar por artículos y adjetivos. ¿Cómo podrías modificar las siguientes?

1. felicitaciones: _____

2. gracias: _____

3. felicidades: _____

4. adiós: _____

5. ¡ay!: _____

D. Escribe un enunciado en el que se empleen tus respuestas del ejercicio anterior.

1. _____

2. _____

3. _____

4. _____

5. _____

E. Analiza las siguientes proposiciones. Subraya las interjecciones y escribe en la línea de abajo si la interjección está fungiendo como sujeto, complemento directo (CD), complemento indirecto (CI), atributo o término de un complemento prepositivo (también llamado *preposicional*).

1. Les dieron las gracias antes de partir.

_____

2. Un «por favor» no le quita nada a nadie.

_____

3. Achaca su vanidad a las felicitaciones que todo el mundo le dio.

_____

4. Se fueron las niñas llenas de felicidades.

_____

5. Este es un adiós definitivo.

_____

F. Escribe cinco interjecciones seguidas de elemento vocativo. Deben comprenderse como un enunciado en sí mismo. Recuerda puntuar las proposiciones correctamente.

Ejemplo: ¡Adiós, Apolinar!
O
Adiós, Apolinar.

1. _____

2. _____

3. _____

4. _____

5. _____

G. Anota en la línea si las interjecciones, locuciones o frases interjectivas son apelativas o directivas (incluye si son formularias o no formularias) o si son expresivas o sintomáticas.

1. ¡Ay! _____

2. Encantado _____

3. ¡Salud! _____

4. ¡No me diga! _____

5. Provecho _____

6. ¡Ojo! _____

7. ¿Eh? _____

8. ¡Ánimo! _____

9. ¡Hurra! _____

10. Shhh   _____

11. Enhorabuena   _____

12. Palabra de honor   _____

Glosario

agente

También se lo conoce como «**complemento agente**». Es aquel que realiza la acción en una oración en **voz pasiva**,[1] y puede omitirse; es el **sujeto** de la oración en **voz activa**. Cambia de lugar con el **sujeto pasivo o paciente** (en la voz pasiva), y va precedido de la preposición *por*.

En los siguientes ejemplos, el sujeto de la oración activa y el **agente** de la oración en voz pasiva están subrayados con línea sencilla.

Oraciones en voz activa:
1. Alejandra calma a sus hijos durante el terremoto.
2. Fabián come chocolates aunque tenga diabetes.
3. El águila surca el cielo para llevar alimento a sus polluelos.

Oraciones en voz pasiva:
1. Sus hijos son calmados por Alejandra durante el terremoto.
2. Aunque tenga diabetes, chocolates son comidos por Fabián.
3. El cielo es surcado por el águila para llevar alimento a sus polluelos.

Oraciones en voz pasiva *sin* agente:
1. El acuerdo fue firmado la semana pasada.
2. La ley será aprobada mañana.
3. La huelga era iniciada.

atributo

El atributo está en lugar del **complemento directo** en las **oraciones copulativas**. Es «algo» que caracteriza a un elemento sustantivo (nominal) al cual se une por medio de un **verbo copulativo**. Hay cuatro tipos de atributos: nominales, adjetivales, preposicionales y adverbiales.

En los siguientes ejemplos, los verbos copulativos aparecen con doble subrayado; los *atributos*, en letra cursiva, y entre paréntesis [( )], el tipo de atributo de que se trata: nominal, adjetival, preposicional o adverbial:

1. Martina, Julio y Óscar son *los nuevos estudiantes*.   (nominal)
2. Mi hijo es *inteligente*.   (adjetival)
3. Su mamá es *de Grecia*.   (preposicional)
4. Los niños están *cansados*.   (adjetival)

---

1 Para estudiar la voz pasiva, puede consultarse el apartado §3.3.4 de *Redacción sin dolor*, Sandro Cohen, 6.ª ed., Planeta, México, 2014.

5. Los legisladores <u>parecen</u> *inocentes.*   (adjetival)
6. Su marido <u>está</u> *aquí.*   (adverbial)

complemento adnominal

Es una frase que se inicia con preposición (**frase preposicional**) y modifica a un sustantivo como hacen los adjetivos. Por eso, también se los puede llamar ***frase adjetiva***. *Adnominal* significa «junto al nombre», y el *nombre* es el *sustantivo.*

Se trata de una preposición más un ***término***, que *casi* siempre es un elemento sustantivo —palabra, frase u oración—, pero que también puede ser adjetivo o adverbio en contadas ocasiones.

En los siguientes ejemplos, los SUSTANTIVOS modificados por el complemento adnominal aparecen en versalitas. Los *complementos adnominales* van en letra cursiva; las <u>preposiciones</u>, subrayadas con línea sencilla, y los <u><u>términos</u></u>, con línea doble. Entre paréntesis [( )]se pone la categoría gramatical a la que pertenece el término:

1. VESTIDOS *<u>para</u>* <u>las niñas bonitas</u>   (frase sustantiva)
2. CAMISA *<u>para</u>* <u>guapos</u>   (adjetivo)
3. CIUDADANA <u>del</u>* <u>mundo</u>   (frase sustantiva «el mundo»)
4. EMPRESARIO *<u>de</u>* <u>aquí</u>   (adverbio)
5. ARROZ *<u>con</u>* <u>leche y canela</u>   (frase sustantiva)
6. GALLETAS *<u>sin</u>* <u>gluten ni azúcar añadidos</u>   (frase sustantiva)

complemento agente

* Véase la entrada ***agente*** en este glosario.

complemento circunstancial (CC)

Complemento adverbial y *complemento circunstancial* son sinónimos, y lo son porque el trabajo principal (aunque no es el único) de los adverbios es modificar a los verbos e indicarnos, de esa manera, las circunstancias en que se realiza la acción. Se trata, pues, del elemento de la oración que nos dice cómo, cuándo, dónde... sucede la acción expresada por el verbo.

La oración puede incluir CC o no; puede tener uno o varios CC, y estos pueden ir uno detrás del otro o separados, al principio, en medio o al final del enunciado o proposición.[2]

---

2 Para estudiar los complementos circunstanciales, pueden revisarse los apartados §3.5 y §3.6 de *Redacción sin dolor*, Sandro Cohen, 6.ª ed., Planeta, México, 2014. Para estu-

Ejemplos de oraciones simples sin CC:

1. El niño toma la siesta.
2. Bach compuso las *Variaciones Goldberg*.
3. El confinamiento ha generado ansiedad y depresión.

Los mismos ejemplos de oraciones simples con un CC —al final del enunciado—, subrayado con línea sencilla:

1. El niño toma la siesta <u>plácidamente</u>.
2. Bach compuso las *Variaciones Goldberg* <u>en 1741</u>.
3. El confinamiento ha generado ansiedad y depresión <u>en todo el mundo</u>.

Los mismos ejemplos de oraciones simples con un CC —al principio del enunciado—, subrayado con línea sencilla:

1. <u>Plácidamente,</u> el niño toma la siesta.
2. <u>En 1741</u> Bach compuso las *Variaciones Goldberg*.
3. <u>En todo el mundo</u>, el confinamiento ha generado ansiedad y depresión.

Los mismos ejemplos de oraciones simples con un CC —en medio del enunciado—, subrayado con línea sencilla:

1. El niño toma <u>plácidamente</u> la siesta.
2. Bach compuso, <u>en 1741</u>, las *Variaciones Goldberg*.
3. El confinamiento, <u>en todo el mundo</u>, ha generado ansiedad y depresión.

Ejemplos de oraciones simples con dos o más CC que van juntos al final del enunciado. Los CC siguen subrayados con línea sencilla, y entre paréntesis [( )] está el número de complementos:

1. Fuimos al cine <u>el día de su cumpleaños</u> <u>en la tarde</u>.   (2)
2. Compramos víveres <u>a tiempo</u> <u>a buen precio</u> y <u>antes que se acabaran</u>. (3)
3. Los adolescentes corrieron <u>despavoridos</u> <u>velozmente</u> <u>hasta su casa</u> <u>sin ver hacia atrás</u>.   (4)

---

diar en qué casos se usan comas para aislar los complementos circunstanciales, pueden revisarse los apartados §5.1.2.2.3, §5.2.3 y §5.2.8 de la misma obra.

Los mismos ejemplos de oraciones simples con dos o más <u>cc</u> juntos pero al principio del enunciado. Los <u>cc</u> siguen subrayados con línea sencilla:

1. El día de su cumpleaños, en la tarde fuimos al cine.
2. A tiempo, a buen precio y antes que se acabaran compramos víveres.
3. Velozmente, despavoridos, hasta su casa, sin ver hacia atrás corrieron los adolescentes.

Los mismos ejemplos de oraciones simples con dos o más <u>cc</u> pero distribuidos (separados) en el enunciado. Los <u>cc</u> siguen subrayados con línea sencilla:

1. El día de su cumpleaños, fuimos al cine en la tarde.
2. A tiempo y antes que se acabaran, compramos víveres a buen precio.
3. Hasta su casa, velozmente corrieron despavoridos los adolescentes, sin ver hacia atrás.

Hay muchas clases de complementos circunstanciales. Algunos de ellos son los siguientes: de agente, tiempo, modo, lugar, cantidad, contraste, compañía, excepción, finalidad, origen, destino, intensidad, instrumento, restricción; también condicionales, comparativos, causales, consecutivos, concesivos...

complemento directo (CD)

Es aquello (persona, animal, cosa o concepto abstracto) sobre lo cual recae la acción del verbo transitivo. Si el verbo es intransitivo, no puede haber complemento directo.[3] Así, si el gato tiró algo, ese *algo* es el CD: «El gato tiró *mi bolsa*».

Para hallar el CD puede preguntarse uno qué tiró el gato. Respuesta: *mi bolsa*. También podemos sustituir lo que creemos que es el CD por el pronombre que le corresponde (en este caso, *la* porque *bolsa* es tercera persona, femenino y singular): «El gato *la* tiró».[4] Y si aún no estuviéramos seguros, podríamos pasar la oración de voz activa a **voz pasiva**.[5] Si no puede hacerse esto, no hay CD: «Mi bolsa fue tirada por el gato».

---

3 Para estudiar a fondo el CD puedes revisar los apartados §3.3, §3.3.1, §3.3.2, §3.3.3, §3.3.4, §3.4.2 y §4.3.2 de *Redacción sin dolor*, Sandro Cohen, 6.ª ed., Planeta, México, 2014.
4 Véase el apartado §4.6.3 en este libro para estudiar los pronombres de CD. También se analiza esto en los apartados §3.3.3 y §3.4.2 de *Redacción sin dolor*, Sandro Cohen, 6.ª ed., Planeta, México, 2014.
5 Para estudiar la voz pasiva, pueden verse las entradas *voz pasiva* y *agente* en este glosario. También, el apartado §3.3.4 de *Redacción sin dolor*, Sandro Cohen, 6.ª ed., Planeta, México, 2014.

Cuando se pasa de **voz activa** a voz pasiva, el CD deja de llamarse así y se convierte en **sujeto pasivo o paciente**.

Ejemplos de oraciones con CD. Este irá en letra cursiva:

1. Nosotras comimos *pastel y galletas*.
2. ¿Ustedes trajeron *los dulces* para la piñata?
3. Colgaron ellos *la ropa* en el tendedero.
4. Los asaltantes asumieron *la culpa*.
5. Retrasaron *el vuelo* tres horas.
6. Retrató *su belleza interna* el pintor.

Los mismos ejemplos de oraciones con CD pero sustituido este por el *pronombre que a cada uno le corresponde*. Este irá en letra cursiva:

1. Nosotras *los* comimos.
2. ¿Ustedes *los* trajeron para la piñata?
3. Ellos *la* colgaron en el tendedero.
4. Los asaltantes *la* asumieron.
5. *Lo* retrasaron tres horas.
6. *La* retrató el pintor.

Los mismos ejemplos, esta vez en voz pasiva. Lo que originalmente era CD, y ahora es *sujeto pasivo o paciente*, está en letra cursiva:

1. *Pastel y galletas* fueron comidos por nosotras.
2. ¿*Los dulces* para la piñata fueron traídos por ustedes?
3. *La ropa* fue colgada por ellos en el tendedero.
4. *La culpa* fue asumida por los asaltantes.
5. *El vuelo* fue retrasado tres horas.
6. *Su belleza interna* fue retratada por el pintor.

Ahora se verán ejemplos donde el verbo es intransitivo y, por eso, no admiten CD, razón por la cual no pueden usarse pronombres de CD en estas oraciones ni pueden pasarse de voz activa a voz pasiva:

1. Romeo se fue sin dar explicaciones.
2. Paola salió de su casa muy temprano.
3. Jacob anda de arriba abajo todo el día sin cansarse.

Intentemos preguntarnos qué se fue en el primer ejemplo... Respuesta: *¡Romeo!* Pero *Romeo* es el sujeto, no el CD... ¿Y, en el segundo, qué salió de su casa...? *¡Paola!* Pero —de nuevo— *Paola* es el sujeto de la oración. En la tercera, ¿qué anda de arriba abajo...? Respuesta: *¡Jacob!* Pero, otra vez, *Jacob* es el sujeto —no el CD— de la oración.

¿Cómo podríamos sustituir el CD por el pronombre que le corresponde? ¡No podemos porque Romeo no *se fue* nada ni Paola *salió* nada ni Jacob *anda* nada tampoco!

Tratemos de pasar a la voz pasiva estas oraciones en voz activa:

1. ... se fue ido sin dar explicaciones por Romeo. (¡No tiene sentido! ¿Qué cosa se fue ido?).
2. Su casa fue salida muy temprano por Paola. (¿Esto se entiende? ¡No, tampoco!).
3. De arriba abajo es andado por Jacob todo el día sin cansarse. (¿Que qué? ¿Qué dijo? ¡No se entiende!).

Así confirmamos que los verbos *ir, salir* y *andar* —como muchos otros— son intransitivos, por lo cual su acción no recae en nada; o sea, que no admiten CD.

Para terminar, veremos que hay algunos casos en que es necesario usar la preposición *a* para introducir el CD; sin embargo, dicha preposición no formará parte del complemento, sino que solo sirve para introducirlo.

A. Cuando el CD es persona, se emplea la preposición *a* para introducirlo:

1. Vi <u>a</u> *tu tío* ayer.
2. Pruebas del CD: *Lo* vi ayer. *Tu tío* fue visto por mí ayer.

1. Echaron de la empresa <u>a</u> *la contadora* por estar embarazada.
2. Pruebas: *La* echaron de la empresa por estar embarazada. *La contadora* fue echada de la empresa por estar embarazada.

1. Ahora, ella demandará <u>a</u> *sus jefes* ante la Secretaría del Trabajo.
2. Pruebas: Ahora, *los* demandará ante la Secretaría del Trabajo. Ahora, *sus jefes* serán demandados por ella ante la Secretaría del Trabajo.

B. Cuando no es claro cuál es el sujeto, y cuál, el CD:

1. El león mordió el jaguar.
2. El Real Madrid goleó el Barcelona.
3. La jirafa asustó el elefante.

En los casos anteriores, ¿quién mordió a quién? ¿Quién goleó a quién? ¿Quién asustó a quién? Así podría quedar claro. El CD aparece en cursivas:

1. El león mordió a*l jaguar*. O: *Al león* mordió el jaguar.
2. El Real Madrid goleó a*l Barcelona*. O: *Al Real Madrid* goleó el Barcelona.
3. La jirafa asustó a*l elefante*. O: *A la jirafa* asustó el elefante.

C. Cuando el CD es ciudad, pero esto no es obligatorio:

1. «Amo a *Lima*». O: «Amo *Lima*».
2. «Desde aquí veo a *toda Buenos Aires*». O: «Desde aquí veo *toda Buenos Aires*».
3. «Adoro a *San Luis Potosí*». O: «Adoro *San Luis Potosí*».

D. Cuando el CD es el nombre propio (en este caso, también llamada *a personal*) de nuestras mascotas. Incluso la anteponemos a su nombre común:

1. Ama a *Gufanis*. Ama a *su perrita*.
2. Adoraba a *Kafka*. Adoraba a *mi gato*.
3. Cuidará mucho a *Jengibre*. Cuidará mucho a *nuestro perico*.

Pero podríamos omitir la preposición *a* si no usamos el nombre propio de la mascota:

1. Ama *su perrita*.
2. Adoraba *mi gato*.
3. Cuidará mucho *nuestro perico*.

complemento indirecto (CI)
Es aquello que se beneficia o se perjudica con la acción del verbo. A diferencia del **complemento directo (CD)**, el CI va *siempre* precedido de la preposición *a* (y solo *a*; nunca se introduce el CI con la preposición *para*). La preposición *a* introduce al CI, pero no forma parte de él.

Para hallar el CI en la oración, hay que preguntarse qué o quién se beneficia o se perjudica con la acción del verbo. Ya que lo hayamos encontrado, podremos hacer la prueba del CI, que consiste en sustituir lo que consideramos que es el CI por el pronombre que le corresponde (*le*, *les* o *se*).[6]

En los siguientes ejemplos, la preposición <u>a</u> está subrayada con línea sencilla, y el *CI* aparece en letra cursiva:

1. Los padres transfirieron electrónicamente el pago <u>a</u>*l colegio*. [¿Qué o quién se benefició o perjudicó con el hecho de que los padres transfirieron electrónicamente el pago? ¡El colegio!]
2. La muchacha llevó serenata <u>a</u> *sus novios* por su cumpleaños. [¿Qué o quién se benefició o perjudicó con el hecho de que la muchacha llevó serenata? ¡Sus novios!]
3. Gloria preparó una hamburguesa deliciosa <u>a</u> *su nieto*. [¿Qué o quién se benefició o perjudicó con el hecho de que Gloria preparó una hamburguesa deliciosa? ¡Su nieto!]

Ahora veremos los mismos ejemplos de arriba, pero con el *pronombre de* CI que les corresponde en lugar del CI en sí. Este aparece en letra cursiva:

1. Los padres *le* transfirieron electrónicamente el pago.
2. La muchacha *les* llevó serenata por su cumpleaños.
3. Gloria *le* preparó una hamburguesa deliciosa.

complemento preposicional (CP)

En general, este complemento es todo aquel que se inicia con preposición. Su nombre depende de su función. En los ejemplos, el *complemento preposicional* está en cursivas, mientras que la <u>preposición</u> aparece con doble subrayado.

El **complemento adnominal** modifica a los sustantivos como si fuera un adjetivo; por eso se lo conoce también como ***frase adjetiva***: algodón <u>*de*</u> *azúcar*, pollo <u>*con*</u> *papas*, amor <u>*sin*</u> *barreras*...

El **complemento preposicional del adjetivo**, como su nombre indica, modifica a un adjetivo, como si fuera un adverbio: triste <u>*por*</u> *haberlos descubierto*, contento <u>*de*</u> *verlas*, feliz <u>*de*</u> *pies a cabeza*...

El **complemento preposicional del verbo (CPV)** modifica al verbo casi como lo haría un adverbio, pero *no* es **complemento circunstancial**, como se explica en la entrada del *complemento preposicional del verbo* (CPV) en este

---

6 Para estudiar más sobre el pronombre de CI, véase el apartado §4.6.4 de este libro. Para analizar más a profundidad el CI en sí, pueden estudiarse los apartados §3.4, §3.4.1, §3.4.2 y §4.3.3 de *Redacción sin dolor*, Sandro Cohen, 6.ª ed., Planeta, México, 2014.

glosario. Solo emplea las preposiciones vacías (*a*, *con*, *de* y *en*): contábamos *con̲t̲igo*, hablabas *d̲e̲* mí, confiaste *e̲n̲ Hugo*...

El **complemento circunstancial** muchas veces se inicia con preposición: se cayó *e̲n̲ la parada del autobús*, se quedó *c̲o̲n̲ las manos vacías*, caminaba *s̲o̲b̲r̲e̲ el tejado*...

El **atributo** preposicional es el que se une a un sustantivo mediante un verbo copulativo: somos *d̲e̲ Austria*, estabas *e̲n̲ Bangladesh*, pareces *d̲e̲ Ecuador*.

No podemos decir que los complementos indirecto (CI) y directo (CD) son preposicionales porque —aunque el primero siempre va introducido por la preposición *a*, y el segundo a veces la lleva, en ninguno de estos casos la preposición forma parte de los complementos en realidad, sino que solo sirve para conectarlos con el resto de la proposición.

En los siguientes ejemplos hay distintos tipos de *complementos preposicionales*. Estos van en letra cursiva; con doble subrayado aparecen las p̲r̲e̲p̲o̲s̲i̲c̲i̲o̲-n̲e̲s̲ c̲o̲n̲ q̲u̲e̲ s̲e̲ i̲n̲i̲c̲i̲a̲n̲, y entre paréntesis [( )] está de qué clase de complemento preposicional se trata:

1. alegre *d̲e̲ verte*   (CP del adjetivo)
2. cartas *s̲o̲b̲r̲e̲ la mesa*   (complemento adnominal)
3. estuve de acuerdo *con̲t̲igo*   (CPV)
4. cansado *d̲e̲ llorar*   (CP del adjetivo)
5. Azucena está *e̲n̲ Oslo*   (atributo preposicional)
6. Caminaba *p̲o̲r̲ el malecón*   (CC de lugar)
7. Plato *d̲e̲ frijoles*   (complemento adnominal)
8. Te pareces *a̲ tu madre*   (atributo preposicional)
9. Piensa *e̲n̲ pros y contras*   (CPV)
10. Llegó *a̲ pie h̲a̲s̲t̲a̲ el hotel*   (CC de modo y CC de lugar)

complemento preposicional del adjetivo

Este es una frase que se inicia con preposición y modifica a un adjetivo como si fuera adverbio: feliz *d̲e̲ que llegaran*, presente *d̲e̲ principio a fin*, ansiosa *p̲o̲r̲ volver a verte*...

complemento preposicional del verbo (CPV)

Se trata de una frase que empieza con una de las cuatro preposiciones *vacías* (de significado): *a*, *con*, *de* y *en*. Modifica a los verbos prepositivos (que exigen complemento preposicional). Estos verbos prepositivos son intransitivos (no aceptan CD). El CPV modifica al verbo prepositivo casi como lo haría un adverbio a cualquier verbo, pero *no* es **complemento circunstancial (cc)**. Ahora, muchos cc también pueden iniciarse con las preposiciones *a, con, de* y *en*, pero solo pueden hacerlo cuando estas preposiciones sí tienen significado en sí mismas; es decir, cuando sí indican dirección, destino, modo, lugar... O sea, cuando *no* están vacías.

Podemos diferenciar los cpv de los cc, primero, notando que los cpv empiezan solo con *a*, con *con*, con *de* o con *en*. Si hay cualquier otra preposición, seguramente se tratará de cc. Cuando el complemento comienza con *a, con, de* o *en*, ponemos especial atención y nos preguntamos si ese complemento preposicional está dándonos alguna circunstancia o si no está haciéndolo, sino que solo complementa la acción del verbo.

Por ejemplo, en la oración «Nos vemos en la escuela», *en la escuela* es cc de lugar porque dice dónde nos vemos. Pero en la oración «Confío *en la escuela*», el mismo complemento (*en la escuela*) ya no es circunstancial sino preposicional del verbo porque no nos dice dónde confiamos, sino que completa el sentido —de alguna manera— del verbo prepositivo.

Lo importante es analizar por qué unos complementos son circunstanciales, mientras que otros son preposicionales del verbo. La mayoría de las veces, es muy evidente cuando son cc, pero si al preguntarse a qué tipo de circunstancial pertenece, no lo hallamos, probablemente se trate de un cpv.

En los siguientes ejemplos, todas las preposiciones están subrayadas con línea doble; en la primera columna, el tipo de cc está entre paréntesis. En la segunda, los cpv aparecen en letra cursiva.

Oraciones con cc que se inicia con *a, con, de* o *en*	Oraciones con cpv (Siempre empiezan con *a, con, de* o *en*)
1. Iremos al cine (cc de destino)	1. Se refirió *a ti* despectivamente
2. Lo dijiste con cariño (cc de modo)	2. ¿Llevaste a tu hijo *con el dentista*?
3. Vinimos de Salamanca (cc de origen)	3. Se habló *de lo importante*
4. Es el ejemplo que ve en casa (cc de lugar)	4. Ya nadie cree *en el Gobierno*

coordinación

Es la relación gramatical que puede existir entre dos o más elementos del mismo nivel jerárquico.[7] Por ejemplo, pueden coordinarse sustantivos con sustantivos, adjetivos con adjetivos, preposiciones con preposiciones, etcétera. Pero no pueden coordinarse sustantivos con adjetivos, por ejemplo.

Se puede coordinar mediante las conjunciones *y, e, ni, o, u, pero, mas, sino que*. Las conjunciones *e* y *u* son variantes de las conjunciones *y* y *o*. La *e* se emplea cuando la palabra que sigue se inicia con sonido /i/, y la *u* se usa cuando la siguiente palabra empieza con sonido /o/.

También es posible coordinar con coma [,] y punto y coma [;]. Cuando usamos estos signos de puntuación, le llamamos *coordinación por **yuxtaposición***.

Pueden coordinarse palabras sustantivas con frases sustantivas y hasta con oraciones sustantivas porque las tres son sustantivas. En el ejemplo siguiente, los elementos sustantivos coordinados con coma y con la conjunción *y* aparecen subrayados; los **elementos coordinantes** están en letra negrita: «Compramos servilletas, papel higiénico **y** lo que pidió mi mamá». Pero no podríamos coordinar sustantivos con adjetivos, sean palabras, frases u oraciones: «Compramos servilletas, con madera fina **y** cuando quiso». La serie de la oración anterior no tiene sentido.

Las oraciones pueden relacionarse por coordinación cuando tienen la misma jerarquía. Es decir, cuando las dos (o más) oraciones que van a coordinarse son todas independientes o todas **subordinadas**.

Ejemplos de oraciones independientes que se coordinan. Los elementos coordinados están subrayados, y los **elementos que los coordinan** aparecen en negrita:

1. Compramos helado, lo llevamos a casa **y** preparamos malteadas.
2. Te quiero, te adoro, **pero** no me casaré contigo.
3. No compramos los boletos, **sino que** donamos el dinero de las entradas.

Nota: Las comas que van antes de las conjunciones *pero* y *sino que* no están coordinando; las que coordinan son las conjunciones. Esas comas están ahí porque una regla de la coma lo exige.[8]

---

7 Para estudiar más a fondo la coordinación y las oraciones subordinadas, puedes ir a los apartados §4.2.1 y §4.2.2 de *Redacción sin dolor*, Sandro Cohen, 6.ª ed., Planeta, México, 2014.
8 Para aprender todos los usos de la coma, puede estudiarse el capítulo 5 de *Redacción sin dolor*, Sandro Cohen, 6.ª ed., Planeta, México, 2014.

Ejemplos de oraciones subordinadas que se coordinan. Las <u>oraciones su-</u>
<u>bordinadas que se coordinan</u> aparecen subrayadas; **lo que las coordina** está
en negrita:

1. Dijo <u>que se sentía mal</u>, <u>que estaba herido</u>, <u>que se desangraría</u>.
2. No podía creer <u>que estuviera terminando la relación</u> **ni** <u>que estuviera</u>
   <u>riéndose de mí</u> **ni** <u>que pudiera ser tan cruel</u>.
3. Quisimos evitar <u>que fuera</u> **y** <u>que se enterara de la verdad</u> **o** <u>que sufriera</u>.

enunciado

Empieza con mayúscula y termina en punto. Es sinónimo de *proposición*. Puede contener uno o más verbos conjugados. Cuando contiene un solo verbo, la
proposición o enunciado es, al mismo tiempo, una *oración simple*. Cuando
tiene dos o más verbos, se tratará de una oración o enunciado con *oraciones*
compuestas. Si dentro del enunciado o proposición hay un verbo, hay una
oración; si hay dos verbos, hay dos oraciones; si hay tres verbos, hay tres oraciones... Cuando hay más de un verbo, lo que sucede la mayoría de las veces,
es sumamente importante que esas oraciones estén bien puntuadas y correctamente relacionadas mediante **coordinación** o **subordinación**.

En los siguientes ejemplos, la **mayúscula** y el **punto** aparecen en negrita;
los *verbos* (conjugados), en cursiva. Entre paréntesis [( )] está el número de
oraciones de que consta el enunciado o proposición.

1. **L**os soldados *marcharon* por la avenida principal. (1)
2. **N**i *pichas* ni *cachas* ni *dejas* batear. (3)
3. *Somos* novios, pero también *eres* mi mejor amigo
   y nos *contamos* todo. (3)
4. **M**uchos *piensan* que el accidente en que *falleció* Camilo Cienfuegos *fue*
   provocado de alguna manera por Fidel Castro; sin embargo, *es* peligroso
   hacer acusaciones si no se *tienen* pruebas. (5)
5. **M**añana *comerás* tu fruta preferida. (1)

frase

Conjunto de palabras que no incluye verbo; es decir, que no forma *oración*:

1. buena charla
2. de muñecas de las niñas
3. desde su casa hasta la escuela

frase adjetiva
Conjunto de dos o más **palabras** que funciona como un solo adjetivo. Como empiezan con preposición, es un tipo específico de frase preposicional que se conoce como ***complemento adnominal***. Cumple la función de cualquier adjetivo: modificar a un sustantivo.

En los siguientes ejemplos, el <u>adjetivo</u> está subrayado con línea sencilla, mientras que la <u>frase adjetiva</u> está subrayada con línea doble:

Sustantivo modificado por adjetivo	Sustantivo modificado por frase adjetiva
Sal <u>rosa</u>	Sal <u>del Himalaya</u>
Carne <u>asada</u>	Carne <u>de res</u>
Pantalón <u>azul</u>	Pantalón <u>de tela de calidad</u>

* Véase el apartado §2.1.1 «Frases adjetivas».

frase adverbial
* Véase el apartado §7.1.1 «Frases adverbiales».

frase hecha
Conjunto de palabras que puede incluir (o no) verbo, pero que es fija y de uso común y extendido. Los proverbios y frases célebres entran aquí, pero también otras expresiones con sentido figurado:

1. Más vale pájaro en mano que ciento volando.
2. El respeto al derecho ajeno es la paz.
3. Ojo por ojo y diente por diente.
4. No tiene pelos en la lengua.
5. Ando en las nubes.

frase interjectiva
* Véase el apartado §9.1.1 «Frase interjectiva».

frase preposicional
* Véase el apartado §5.1.1 «Frase preposicional».

frase sustantiva
Conjunto de dos o más **palabras** que funciona como un solo sustantivo. Puede ser sujeto, complemento directo, complemento indirecto, o ser el **término** de un complemento preposicional o estar dentro del complemento circunstancial.
Ejemplos de frases sustantivas:

1. el cuento de nunca acabar
2. cosas de la vida
3. lo peor del presidente del país vecino

* Véase el apartado §1.1.1 «Frases con valor sustantivo».

frase sustantivada
Se trata de la combinación del artículo neutro *lo* más adjetivo. Funge como un solo sustantivo, pero —a diferencia de la frase sustantiva— no solo puede ser sujeto, complemento directo e indirecto, ser término de complemento preposicional o estar dentro del complemento circunstancial, sino que también puede ser **núcleo del sujeto** o de cualquier otra **frase sustantiva**.
Ejemplos de frases sustantivadas:

1. lo bueno
2. lo malo
3. lo peor
4. lo triste
5. lo mejor
6. lo importante

* Véase el apartado §1.1.1 «Frases con valor sustantivo».

gramática
Estudia los elementos que componen la lengua y cómo funcionan, cómo se relacionan entre sí. En general, se considera que *gramática* y ***sintaxis*** son sinónimos, pero en la metodología de *Redacción sin dolor* (RSD) se define *sintaxis* como el «orden de las palabras dentro de la oración». Esto, didácticamente hablando, nos ayuda a diferenciar las funciones gramaticales de las palabras, frases y oraciones, de su lugar en la proposición o enunciado.

Con lo anterior quiere decirse que en esta metodología diferenciamos entre la función del sustantivo y del sujeto, por ejemplo, y el lugar (el espacio físico o fonético) donde ponemos dichos elementos.

En la oración «Algunos profesores dejan demasiada tarea a sus alumnos», hay tres sustantivos: *profesores*, *tarea* y *alumnos*. El primero tiene un modificador directo, el adjetivo *algunos*; el segundo también tiene un modificador directo, el adjetivo *demasiada*; el tercero también tiene uno, el adjetivo posesivo *sus*. Sin embargo, solo el primero está dentro del sujeto y es, de hecho, su núcleo: *algunos profesores*. Esto es parte de un análisis gramatical o sintáctico en general.

Dentro de la metodología de RSD, empero, diríamos que «como la sintaxis española [el orden de las palabras dentro de una oración] es muy variable, ese sujeto no necesariamente debe ir al principio de la proposición o enunciado». A continuación, el ejemplo aparece con distintas sintaxis. El sujeto, que cambia de lugar, aparece subrayado: *Dejan demasiada tarea a sus alumnos algunos profesores* o *A sus alumnos, algunos profesores dejan demasiada tarea* o *Demasiada tarea dejan algunos profesores a sus alumnos*. Estos son cambios de sintaxis en la nomenclatura de RSD.

Esta diferenciación nos permite hablar de dos cosas: la función de los sustantivos y el lugar que ocupan dentro del enunciado o proposición; es decir: si aparecen antes o después del verbo, al principio o al final.

gramática descriptiva y gramática normativa

Hay dos tipos de **gramática**: descriptiva y normativa. La primera pretende describir cómo se usa la lengua en cada región de cada país de habla hispana —en nuestro caso—, mientras que la segunda pretende homogeneizar el idioma en una «norma culta». Ambas son muy ambiciosas, pues tanto es sumamente difícil registrar cómo usa la lengua toda la gente en todo el mundo, como lo es suponer que todo el mundo va a regirse por las normas que algunos académicos imponen.

No obstante lo anterior, y debido a que el idioma —nos guste o no— cambia constantemente gracias a quienes lo usan, ambas gramáticas son muy útiles, puesto que la descriptiva va llevando un registro (aunque no sea ciento por ciento actualizado o completo) de cómo la lengua evoluciona, mientras que la normativa es un parámetro y nos permite comprendernos bastante bien entre naciones que hablamos castellano y que tratamos, en la medida de lo posible, de ceñirnos a las reglas porque eso permite que el idioma se fije lo suficiente para que todos sigamos hablando y escribiendo —cada región con sus particularidades— la misma lengua.

locución

Combinación *fija* de **palabras** que funciona como una categoría gramatical específica. Hay siete tipos, los cuales corresponden a las categorías gramaticales, excepto el artículo y el pronombre. No hay locuciones «articulares» ni «pronominales», pero sí de las restantes clasificaciones: locución sustantiva (o nominal), adjetiva o adjetival, preposicional, verbal, adverbial, conjuntiva e interjectiva. En este libro, cada clase de locución se ve en el capítulo que corresponde a su categoría gramatical.

nomenclatura

Son los nombres que usamos para designar los elementos de cada disciplina, ciencia, estudio... que existe. Son tecnicismos propios de cada área de conocimiento. Cada entrada de este glosario, por ejemplo, es un tecnicismo gramatical. Hay nomenclatura física, química, matemática, sociológica, arqueológica, etcétera.

Es importante conocer la nomenclatura de la disciplina que estudiamos para asegurarnos de que estamos comprendiendo y aprendiendo realmente.

nominal

Todo lo *nominal* hace referencia al nombre, al sustantivo; está relacionado con él. Una lista nominal es una lista de nombres. Un elemento nominal es un elemento sustantivo.

oración

Puede ser una **palabra** o un conjunto de ellas que incluye verbo conjugado. Si se conforma de una sola palabra, esta es —forzosamente— un verbo conjugado. Dentro de un **enunciado** o **proposición** puede haber una o más oraciones, dependiendo de la cantidad de verbos conjugados que contenga.

Ejemplos de oraciones. Los *verbos conjugados* aparecen en letra cursiva.

1. *Fuimos* al cine hace tres meses.
2. Nos *cancelaron* todas las funciones por la contingencia sanitaria.
3. Ojalá que de verdad *vayan* a la cárcel todos los políticos corruptos.
4. ¿*Estás* guardando la cuarentena?
5. Me *levanté*, me *bañé*, me *vestí*, *desayuné* y *salí* a trabajar.

* Como puede observarse, en el quinto ejemplo hay cinco oraciones dentro de una sola proposición o enunciado, debido a que hay cinco verbos conjugados entre la mayúscula y el punto.

Hay oraciones **unimembres, bimembres, simples, compuestas, coordinadas, subordinadas, copulativas** e **impersonales**.

oración bimembre

Es la que consta de dos partes: **sujeto** y **predicado**. Es el opuesto de la **oración impersonal o unimembre**. El sujeto de las oraciones bimembres (que son la inmensa mayoría en castellano) puede ser **explícito** o **implícito (tácito)**.

Ejemplos de oraciones bimembres con sujeto explícito. El sujeto aparece subrayado con línea sencilla, y el predicado, con línea doble:

1. Jesús y Rocío se fueron de vacaciones a Cancún.
2. Esos niños son más inteligentes que tú.
3. Mañana regresará su madre del hospital.

Ejemplos de oraciones bimembres con sujeto tácito. El predicado aparece con doble subrayado; entre paréntesis [( )] está el pronombre del sujeto tácito que se conoce gracias a la conjugación del verbo:

ORACIÓN BIMEMBRE CON SUJETO IMPLÍCITO O TÁCITO	SUJETO IMPLÍCITO O TÁCITO
1. Traigan un pastel de chocolate.	(ustedes)
2. Llegamos demasiado lejos.	(nosotros / nosotras)
3. Da las gracias.	(tú / él / ella)

oración compuesta

Es el **enunciado** o **proposición** que se conforma por dos o más **oraciones** que se relacionan entre sí por **coordinación** o por **subordinación**. Es el opuesto de la **oración simple**.

Ejemplos de oraciones compuestas por coordinación. Cada *oración coordinada* aparece en letra cursiva:

1. *Ayer fueron al supermercado, pagaron deudas en el banco* y *se quedaron sin dinero para el resto del mes.*
2. *Cuentas los días para volver a la oficina, te entusiasma la idea de que los hijos regresen a la escuela, te abruma no tener espacio para hacer ejercicio.*
3. Queremos *que jueguen, que se diviertan* y *que aprendan.*

Como puede observarse, las primeras dos proposiciones o enunciados contienen tres oraciones independientes coordinadas, y la última contiene cuatro oraciones (cuatro verbos), tres de las cuales están subordinadas a la primera (Queremos), que es independiente; sin embargo, esas tres subordinadas están coordinadas entre sí. Debido a lo anterior, podemos afirmar que las primeras dos son proposiciones conformadas por oraciones compuestas por coordinación, mientras que la última está conformada por oraciones compuestas por coordinación de oraciones subordinadas.

Ejemplos de oraciones compuestas por subordinación. La <u>oración principal</u> aparece subrayada con línea doble; las <u>oraciones subordinadas</u>, con línea sencilla. Los **verbos principales**, en negrita; los *verbos subordinados*, en cursiva:

1. <u>Todos **deseamos**</u> que la pandemia *termine* pronto.
2. <u>¿**Quieres**</u> que te *prepare* un té helado?
3. <u>Quienes lo *conocemos* **creemos**</u> que *es* inocente.

En los primeros dos ejemplos del bloque anterior hay una oración independiente y una subordinada; es decir, cada una es una oración compuesta que incluye dos verbos conjugados. En el último hay una independiente y dos subordinadas; o sea que tiene tres verbos, uno principal y dos subordinados. Pero las tres son oraciones compuestas por subordinación o enunciados conformados por oraciones compuestas por subordinación.

oración coordinada

Es aquella oración que se une a otra u otras de su misma jerarquía.[9] Esto significa que una oración independiente puede unirse a otra independiente, pero no a una subordinada, y que dos o más subordinadas pueden —igualmente— unirse entre ellas porque tienen la misma jerarquía gramatical.

Cuando hablamos de *jerarquía*, podemos imaginar, por ejemplo, que los presidentes de las naciones del mundo tienen la misma jerarquía, mientras que sus secretarios o ministros de Estado son sus subordinados. Así, el presidente de Uruguay puede coordinarse con el de Argentina y con el de México. Y los secretarios de Estado mexicanos pueden coordinarse entre sí, pero obedeciendo siempre al presidente del país, a quien están subordinados.

Otro ejemplo de jerarquía es la que existe entre el presidente de una compañía y los coordinadores o vicepresidentes de las distintas áreas que conforman

---

9 Para estudiar más a fondo la oración coordinada, puedes revisar el apartado §4.2.1 de *Redacción sin dolor*, Sandro Cohen, 6.ª ed., Planeta, México, 2014.

la empresa. Los últimos están subordinados al primero, pero pueden coordinarse entre ellos, mientras que el presidente puede coordinarse con presidentes de otras compañías.

La **coordinación** gramatical se hará mediante las conjunciones *y*, *e*, *ni*, *o*, *u*, *pero*, *mas* y *sino que* o con los siguientes signos de puntuación: coma [,], punto y coma [;] y dos puntos [:]. Cuando usamos los anteriores signos de puntuación hablamos de *coordinación por* **yuxtaposición**.

Ejemplos de oraciones coordinadas por medio de conjunciones. Las *oraciones* aparecen en letra cursiva, con su <u>verbo</u> subrayado; las **conjunciones** que las coordinan, en negrita.

1. *<u>Fui</u> a buscar gel antibacterial*, **pero** *no <u>encontré</u> en ningún lado*.
2. *Trinidad <u>salió</u> de su casa rumbo a la universidad*, **mas** *nunca llegó allá*.
3. *Ni te <u>haces</u> cargo de tus hijos* **ni** *<u>dejas</u> a su madre en paz*.
4. *<u>Vamos</u> a ir por una pizza* **y** *la <u>comeremos</u> en casa*.
5. *<u>Compra</u> dos latas de atún* **o** *<u>trae</u> suficiente surimi*.
6. *Te <u>pedí</u> que obedecieras* **e** *<u>hiciste</u> lo contrario*.

En las primeras dos, lo que coordina es la conjunción, no la coma, la cual está ahí por una regla de puntuación distinta. En el tercer ejemplo, el primer *ni* no está coordinando, sino que hace falta para unir después la primera oración a la segunda: la conjunción *ni* funciona con el adverbio *no* o con otra conjunción *ni* que antecede al elemento al cual une con otro. Los siguientes dos ejemplos no presentan ninguna particularidad. Y el último tiene una: la primera oración (que se coordinará con la última) incluye un verbo subordinado (obedecieras). Los verbos que se coordinan, sin embargo —y para que quede claro— son «pedí» e «hiciste». «Que obedecieras» (oración subordinada) es el **complemento directo** del verbo *pedí*.

oración copulativa

En este tipo de oración, el verbo *une* al **sujeto** con su **atributo**, por lo cual se lo conoce como *verbo copulativo*. En la frase «ese gato lindo», el adjetivo *lindo* es atributo del sustantivo *gato*. Pero si usáramos un verbo copulativo para unirlos, estaríamos ante una oración copulativa: «Ese gato *es* lindo», «Ese gato *está* lindo», «Ese gato *parece* lindo».

Los verbos copulativos por excelencia son *ser*, *estar* y *parecer*. Algunos otros verbos son semicopulativos, lo que significa que no siempre funcionan copulativamente, pero a veces sí: «el borracho *anda* desnudo», «el borracho *duerme* feliz», «El borracho *va* contento». Cuando hay verbo semicopulativo que está funcionando copulativamente, seguimos hablando de oración copulativa.

Los atributos de los ejemplos anteriores son adjetivales porque son adjetivos (*lindo*, *desnudo*, *feliz*, *contento*), pero también hay atributos nominales (sustantivos), preposicionales (frases que se inician con preposición) y adverbiales (adverbios), como se verá en los siguientes casos.

Ejemplos de oraciones copulativas. Los sujetos van subrayados con línea sencilla; los *verbos copulativos* o *semicopulativos*, en cursivas, y los atributos, con subrayado doble. Entre paréntesis [( )] aparece la clase de atributo de que se trata:

1. Mi hermana *es* Selena.   (nominal)
2. Mi perro *parece* de otro planeta.   (preposicional)
3. Mi mamá *duerme* profundamente.   (adverbial)
4. Mis padrinos *están* enojados.   (adjetival)

Cuando el atributo es nominal, debido a que el sujeto también lo es, uno puede elegir cuál de los dos elementos nominales es el sujeto, y cuál, el atributo. Así, en el caso de «Mi hermana es Selena», podemos decir que *mi hermana* es el sujeto y que *Selena* es el atributo (como aparece arriba) o podemos afirmar que *Selena* es el sujeto, y *mi hermana*, el atributo; también estaríamos en lo correcto.

Ejemplos de oraciones copulativas con atributo nominal (que también puede ser sujeto). El sujeto aparece subrayado con línea sencilla; el *verbo*, en cursivas, y el atributo, subrayado con línea doble. (Pon especial atención en los subrayados).

1. La maestra *es* economista.   O: La maestra *es* economista.
2. Los adolescentes *parecen* bailarines profesionales.
   O: Los adolescentes *parecen* bailarines profesionales.
3. Esos ingenieros *son* sus sinodales.   O: Esos ingenieros *son* sus sinodales.

oración impersonal o unimembre
Es aquella que —en oposición a la **oración bimembre**— solo tiene un elemento: el **predicado**. Esto quiere decir que *no* tendrá **sujeto** ni **explícito** ni **implícito** (**tácito**). Como el verbo en las oraciones siempre debe estar conjugado, pero no tiene sujeto, los verbos impersonales se conjugan siempre en tercera persona. Hay cuatro tipos de verbos impersonales, lo cuales forman oraciones impersonales:

1. verbos y expresiones meteorológicos
2. verbos *ser* y *hacer* (y sinónimos) en sus usos temporales
3. verbo *haber* cuando **no** es auxiliar
4. verbos que usan el pronombre impersonal *se*.

Ejemplos de oraciones impersonales o unimembres con verbos y expresiones meteorológicos:

1. Llovió toda la noche.
2. Nieva en Japón.
3. Hace mucho calor.
4. Tembló en la India.
5. Hace frío.

En las oraciones anteriores puede observarse que nadie *llovió* ni nadie *nieva* ni nadie *tembló* ni nadie *hace* frío ni nadie *hace* mucho calor. Sencillamente, no hay sujeto que realice las acciones. Sin embargo, los verbos meteorológicos (llover, nevar, chispear...) pueden usarse metafóricamente, y entonces sí podrían tener sujeto y conjugarse en todas las personas: «*Nievo* cada vez que te veo», «*Llueven* bendiciones en el mundo».

Ejemplos de oraciones impersonales o unimembres con los verbos *ser* y *hacer* (y sinónimos) en sus usos temporales:

1. *Son* las dos de la tarde.
2. *Hacía* años que no te veía.
3. *Era* de mañana.
4. *Hace* tiempo que no sé nada de vos.
5. *Van a dar* las seis de la tarde.

Ejemplos de oraciones impersonales o unimembres con el verbo *haber* cuando **no** es auxiliar:

1. Hay tres juguetes.
2. Había 30 personas en el salón, incluyéndome.
3. Habrá 500 ejemplares para llevar a las presentaciones.
4. Hubo miles de damnificados.
5. Había cientos de espectadores.

Es muy importante observar que el verbo *haber*, en su sentido de *existir* (es decir, cuando no es auxiliar de otros verbos para formar los tiempos compuestos), solo puede conjugarse en la tercera persona singular. Este verbo no debe concordar jamás con el complemento directo (CD), error sumamente común en los ejemplos 2, 3, 4 y 5 del bloque anterior:

1. ˣ Había**mos** 30 personas en el salón.
2. ˣHabrá**n** 500 ejemplares para llevar a las presentaciones.
3. ˣHub**ieron** miles de damnificados.
4. ˣ Había**n** cientos de espectadores.

Como también puede verse en el ejemplo número 2, muchas personas dicen y escriben «*habíamos* 30 personas en el salón» porque desean incluirse en el grupo; sin embargo, es un error gramatical hacerlo conjugando en primera persona plural el verbo *haber*. Lo que debe hacerse es dejar el verbo en tercera persona singular (*había*) y agregar el elemento parentético «incluyéndome» (como se hizo tres párrafos atrás) o replantear el enunciado con otro verbo: «Éramos 30 personas en el salón».

Ejemplos de oraciones impersonales o unimembres con verbos que usan el pronombre impersonal *se*; los *verbos* están en cursiva, y el pronombre impersonal *se*, en negrita.

1. En el quinto capítulo **se** *analiza* la coma.
2. **Se** *observó* a profundidad.
3. Aquí **se** *estudia* mucho.

oración simple
Es aquella que no se coordina con otra ni se subordina a ninguna. Contiene un solo verbo entre la mayúscula y el punto.

Ejemplos de oraciones simples. Los *verbos* van en cursiva; las **mayúsculas iniciales** y los **puntos**, en negrita:

1. **I**rving *vino* la semana pasada**.**
2. **A**lma *piensa* todo el tiempo en ti**.**
3. **L**os soldados *tomarán* el poder**.**

oración subordinada

Es la que depende de una subordinante o independiente.[10] No se entiende por sí sola, así que es casi como si fuera una frase, pero incluye un verbo subordinado. Utiliza nexos que forman parte de la oración. Algunos de esos nexos son los siguientes: *que, cual, cuales, cuyo, cuya, cuyos, cuyas, aunque, porque, quien, quienes, donde, cuando, como, pues, mientras, si, según, conforme, cuan, cuanto*...

Algunos ejemplos de oraciones subordinadas son los siguientes; los <u>verbos subordinados</u> aparecen subrayados; los nexos, entre corchetes ([ ]):

1. [cuando] <u>vengas</u> a la casa
2. [si] <u>piensas</u> abandonar a tu familia
3. [como] <u>hiciste</u> tú
4. [que] <u>digas</u> esas cosas

Hay tres grandes tipos de oraciones subordinadas (os): **sustantivas** (oss), **adjetivas** (osAdj.) y **circunstanciales** (osc). Las primeras se dividen en oss de sujeto, oss de complemento directo y oss de complemento indirecto. Las adjetivas se dividen en osAdj. explicativas y osAdj. específicativas. Hay muchas clases de osc; algunas de ellas son las siguientes: adición, causa, concesión, comparación, condición, contraste, excepción, finalidad, lugar, modo, tiempo...

* Véase la entrada ***subordinación*** en este glosario.[11]

oración subordinante o independiente

Es la oración principal cuando hay una relación de **subordinación** en una **oración compuesta**. Es la oración que se entiende por sí misma, sin la subordinada o dependiente. Una oración principal puede subordinar a una o más oraciones.

Ejemplos de oraciones compuestas en las que hay relación de subordinación. Las <u>oraciones subordinantes</u> o <u>independientes</u> aparecen subrayadas con línea sencilla; el <u>verbo principal</u>, con línea doble; los *verbos de las subordinadas*, en cursiva.

---

10 Para estudiar más a fondo la subordinación y las oraciones subordinadas, puedes consultar el capítulo 4 de *Redacción sin dolor*, Sandro Cohen, 6.ª ed., Planeta, México, 2014.
11 *Idem.*

1. Cuando te *vi*, me enamoré de ti.
2. Te quiere aunque se *enoje* contigo, te *regañe* y te *haga* caras de vez en cuando.
3. Quien *quiere* ganancias trabaja arduamente.

oración subordinada adjetiva
Es la oración que no se entiende por sí sola que funciona como un solo adjetivo. Utiliza los nexos *que, quien, quienes, cuyo, cuya, cuyos, cuyas, cual* y *cuales*.

En los siguientes ejemplos hay una oración con adjetivo (Or. con adj.), otra con frase adjetiva (Or. con f. adj), y un enunciado con oración subordinada adjetiva (Enun. con osAdj). El *adjetivo*, la *frase adjetiva* y la *osAdj* aparecen en letra cursiva:

1. Cambié la colcha *verde*.	Or. con adj.
Cambié la colcha *verde pistache*.	Or. con f. adj.
Cambié la colcha *que me regalaste*.	Enun. con osAdj.
2. Fuimos al campo *floral*.	Or. con adj.
Fuimos al campo *de flores*.	Or. con f. adj.
Fuimos al campo *cuyo dueño es mi tío*.	Enun. con osAdj.
3. Es una maestra *bonita*.	Or. con adj.
Es una maestra *de verdad bonita*.	Or. con f. adj.
Es una maestra *que me enseñó mucho*.	Enun. con osAdj.

oración subordinada circunstancial
Es una oración que no se entiende por sí sola y que funciona como complemento circunstancial. Emplea los siguientes nexos, entre otros: *como, cuando, donde, porque, aunque, así que, ya que, pues, mientras, mientras que, si, según, conforme, apenas* (temporal)...

Hay muchas clases de oraciones subordinadas circunstanciales. Algunas de ellas son estas: de modo, tiempo, lugar, causa, concesión, consecución, contraposición, condición, restricción...

Ejemplos:

1. como lo hacía tu padre
2. cuando gustes
3. porque no quiere verte

4. aunque todo el mundo se lo advirtió
5. así que lo hizo de todas formas

oración subordinada sustantiva

Oración que no se entiende por sí sola y que funciona como un solo sustantivo. Puede fungir como sujeto (suj.), complemento directo (CD), complemento indirecto (CI), atributo, término de un complemento preposicional (CP); es decir: puede aparecer en cualquier lugar donde puede haber un sustantivo. Usa los nexos *quien*, *quienes*, *cuanto* y *que* (este último, solo o en combinación con otras palabras: *lo que, el que, la que, los que, las que, aquello que, aquella que, aquellos que, aquellas que, todos los que, todas las que*.

Ejemplos de enunciados con *oración subordinada sustantiva*; esta irá en cursiva; el nexo, entre corchetes ([ ]); su función gramatical, entre paréntesis [( )]:

1. [*Aquellas que*] *opinen lo contrario* levantarán la mano. (sujeto)
2. Comprendí [*cuanto*] *dijiste en la exposición*. (CD)
3. Entregué los boletos a [*quienes*] *me indicaste*. (CI)
4. Tú eres [*lo que*] *siempre había querido*. (atributo)
5. Es amiga de [*todos los que*] *la habían humillado*. (término del CP)

oración unimembre o impersonal

* Véase la entrada **oración impersonal o unimembre** en este glosario.

palabra

Dice el *Diccionario de la lengua española* (DLE), en su edición electrónica, que *palabra* es la «Unidad lingüística, dotada generalmente de significado, que se separa de las demás mediante pausas potenciales en la pronunciación y blancos en la escritura».[12] Es decir: se trata de segmentos aislados, la mayoría (pero no todos) con significado que se unen para formar **frases** y **oraciones**. Algunos sinónimos (aunque no perfectos porque no pueden usarse indistintamente siempre ni en cualquier contexto) son los siguientes: *concepto, término, vocablo, voz*. Cada uno de los sinónimos anteriores es una palabra en sí.

Como ejemplo se pone una palabra perteneciente a cada una de las categorías gramaticales (sustantivo, adjetivo, artículo, pronombre, preposición, verbo, adverbio, conjunción e interjección):

---

12 Primera acepción de *palabra* en dle.rae.es, consultado el 13 de mayo de 2020. *Diccionario de la lengua española*, Real Academia de la Lengua Española.

1. agua
2. triste
3. la
4. él
5. a
6. cargó
7. allá
8. y
9. hola

predicado

Es aquello que se dice del sujeto. Todo lo que no es sujeto es predicado. Su núcleo es el verbo conjugado. Puede incluir complemento directo, complemento indirecto, complemento circunstancial, complemento preposicional del verbo y atributo, dependiendo de si el verbo es transitivo o intransitivo y de las necesidades de expresión de quien habla o escribe.

El sujeto de las oraciones es indivisible, pero el predicado sí puede separarse. En los siguientes ejemplos, el sujeto está subrayado con línea sencilla; el predicado, con doble raya:

1. El sol salió a la hora acostumbrada.
2. En la tarde los maestros vinieron a ponerse de acuerdo.
3. Los vecinos sospechaban que el encierro iría para largo.
4. La semana entrante los niños estarán de vacaciones.

proposición

* Véase la entrada **enunciado** en este glosario.

sintaxis

En la metodología de *Redacción sin dolor*, que se utiliza en este libro, se define *sintaxis* como el «orden de las palabras dentro de la oración». Pero, en general, se usan **gramática** y *sintaxis* como sinónimos.

* Véase la entrada **gramática** en este glosario.

subordinación[13]

Es la relación gramatical entre oraciones en la que una es independiente (subordinante), y otra —u otras—, dependiente (subordinada). La oración independiente se comprende por sí misma, mientras que la dependiente no, puesto que necesita de la otra para completar su sentido. La subordinación se vale de algunas palabras (llamadas *nexos subordinantes*) para existir, pues sin el nexo que subordina, la oración sería independiente:

ORACIÓN SUBORDINADA	ORACIÓN INDEPENDIENTE
1. Cuando dices esas cosas horribles	Dices esas cosas horribles
2. Donde quieres acomodar esas cajas	Quieres acomodar esas cajas
3. Quienes van al cine todas las noches	Van al cine todas las noches
4. Cuanto dices y mandas	Dices y mandas
5. Si quieres ir al baño	Quieres ir al baño

Algunos nexos que subordinan: *que* (y todo lo que se acompañe de *que* o lo incluya, como *aunque* o *todos aquellos que*), *cuyo, cuya, cuyos, cuyas, cual, cuales, quien, quienes, cuanto, cuan, como, donde, cuando, porque, pues, mientras, si, según, conforme, apenas* (temporal)...

Las siguientes oraciones son subordinadas. Observa cómo no se entienden por sí solas sino que necesitan a la subordinante para que podamos comprenderlas:

1. cuando quieras volver a tu casa
2. apenas llegues a la escuela
3. mientras yo hacía la comida
4. porque no somos iguales
5. los cuales son inofensivos

A continuación se presentan las oraciones subordinadas anteriores pero acompañadas de la oración principal a la que se supeditan. Las subordinadas aparecen en letra cursiva:

---

13 Para estudiar más a fondo la subordinación en general y los tipos de oraciones subordinadas, puedes ir al capítulo 4 de *Redacción sin dolor*, Sandro Cohen, 6.ª ed., Planeta, México, 2014.

1. Aquí estaremos *cuando quieras volver a tu casa.*
2. *Apenas llegues a la escuela,* me llamas.
3. Tu perro se salió del departamento *mientras yo hacía la comida.*
4. Te lo aclaro *porque no somos iguales.*
5. No me caen bien esos gatos, *los cuales son inofensivos.*

Como se menciona en la entrada **oración subordinada** de este glosario, hay tres tipos de subordinación: sustantiva, adjetiva y circunstancial. Esto significa que las oraciones subordinadas sustantivas funcionan como un solo sustantivo; las adjetivas, como un solo adjetivo, y las circunstanciales, como un solo adverbio.

sujeto
Cosa —material o inmaterial—, concepto, animal o persona que realiza la acción del verbo y, por lo tanto, lo rige. Que el sujeto «rija» al verbo significa que si el sujeto es singular, el verbo habrá de conjugarse en singular, y si el sujeto es plural, el verbo se conjugará en ese número también.

sujeto explícito
Es el que aparece con todas sus letras en la oración. En las siguientes proposiciones, aparece en letra cursiva:

1. *Jalisco* está en llamas.
2. No sabían de la tarea *los alumnos.*
3. *La mesa* salió por la ventana.
4. Sin deberla ni temerla, *los hijos* salieron perjudicados.
5. *El enamorado* es tonto, ciego, sordo y necio.

sujeto pasivo o paciente
Es aquello hecho por el **agente** en la **voz pasiva**. Sobre él recae la atención, y por eso no puede omitirse, como sí puede suceder con el agente. Es el **complemento directo** de la oración en **voz activa**.

Se toman los ejemplos de la entrada *agente* a continuación. Los *complementos directos* en la voz activa, y los *sujetos pasivos* (o *pacientes*) en la pasiva se han puesto en letra cursiva; los <u>sujetos</u> en la activa y los <u>agentes</u> en la pasiva continúan subrayados con línea sencilla.

Oraciones en voz activa:

1. <u>Alejandra</u> calma a *sus hijos* durante el terremoto.
2. <u>Fabián</u> come *chocolates* aunque tenga diabetes.
3. <u>El águila</u> surca *el cielo* para llevar alimento a sus polluelos.

Oraciones en voz pasiva:
1. *Sus hijos* son calmados <u>por Alejandra</u> durante el terremoto.
2. Aunque tenga diabetes, *chocolates* son comidos <u>por Fabián</u>.
3. *El cielo* es surcado <u>por el águila</u> para llevar alimento a sus polluelos.

Oraciones en voz pasiva *sin* agente:
1. *El acuerdo* fue firmado la semana pasada.
2. *La ley* será aprobada mañana.
3. *La huelga* era iniciada.

sujeto implícito (tácito)
Es el que no se menciona cuando hablamos ni aparece escrito en una oración, pero se sobreentiende. Sigue existiendo aunque no lo veamos. El verbo nos dice de cuál de las tres personas gramaticales se trata (1.ª, 2.ª o 3.ª, de singular o de plural), y el contexto debe decirnos cuál es.

término
Por un lado, puede considerarse a la voz *término* como sinónimo de **palabra** (entre muchas otras acepciones, las cuales puede ver el estudiante en el sitio electrónico dle.rae.es). Pero —por otro— gramaticalmente hablando, el *término* también es el elemento, casi siempre sustantivo (palabra, frase u oración), que va introducido por preposición en los diversos tipos de **complementos preposicionales**.

En los siguientes ejemplos, las <u>preposiciones</u> están subrayadas con línea doble, y los <u>términos</u>, con línea sencilla:

1. libro <u>de</u> que te hablé ayer
2. casa <u>para</u> mascotas
3. vino <u>desde</u> un país lejano
4. compró <u>con</u> su propio dinero

verbo copulativo
Une a un elemento sustantivo (palabra, frase u oración) con su **atributo**, sea nominal, adjetival, preposicional o adverbial. Los verbos copulativos por excelencia son *ser*, *estar* y *parecer*. Forman **oración copulativa**.

En los siguientes ejemplos, el <u>verbo copulativo</u> aparece con subrayado doble, y el *atributo*, en letra cursiva:

1. Martina, Julio y Óscar <u>son</u> *los nuevos estudiantes.*
2. Mi hijo <u>es</u> *inteligente.*
3. Su mamá <u>es</u> *de Grecia.*
4. Los niños <u>están</u> *cansados.*
5. Los legisladores <u>parecen</u> *inocentes.*
6. Su marido <u>está</u> *aquí.*

Algunos verbos se consideran semicopulativos y seudocopulativos porque solo en algunas ocasiones funcionan copulativamente. Aquí algunos ejemplos, en los cuales aparece el verbo semicopuluativo o seudocopulativo subrayado con línea sencilla, y los atributos, en letra cursiva:

1. El niño <u>duerme</u> *tranquilo.*
2. El borracho <u>andaba</u> *contento.*
3. La madre <u>llegó</u> *cansada.*

vocativo

Es un elemento nominal extraoracional (es decir, que no tiene función ni de sujeto ni de núcleo de predicado ni atributo ni de complemento de ningún tipo) que nos indica a qué o a quién se dirige —siempre en segunda persona— el que habla o escribe. Por tratarse de un elemento extraoracional, debe aislarse con comas del resto de la oración. Si el vocativo aparece al principio de la proposición, irá una coma después de él; si el vocativo está en medio del enunciado, se pondrá una coma antes y una después de él; si el elemento vocativo está al final, se colocará una coma antes de él.

En los siguientes ejemplos, el *elemento vocativo* aparece en letra cursiva, y las **comas que lo aíslan** del resto de la oración, en negrita:

A.
1. *Daniel***,** apaga el televisor.
2. Apaga**,** *Daniel***,** el televisor.
3. Apaga el televisor**,** *Daniel.*

B.
1. *Ernesto*, Gabriel fue a comprar frutas de temporada en el mercado.
2. Gabriel fue a comprar, *Ernesto*, frutas de temporada en el mercado.
3. Gabriel fue a comprar frutas de temporada en el mercado, *Ernesto*.

C.
1. *Marcia*, hazle el favor a tu jefe de llegar a tiempo mañana.
2. Hazle el favor a tu jefe, *Marcia*, de llegar a tiempo mañana.
3. Hazle el favor a tu jefe de llegar a tiempo mañana, *Marcia*.

En el ejemplo A, quien habla o escribe le pide a Daniel que apague el televisor. Hace esto en segunda persona. Y aunque el verbo aquí coincide con la segunda persona, Daniel no es el sujeto gramatical del verbo *apaga*. El sujeto es tácito, *tú*.

En el ejemplo B, quien habla o escribe le dice a Ernesto (segunda persona) que Gabriel (tercera persona) fue a comprar frutas de temporada en el mercado. Sabemos que el hablante o redactor se dirige a Ernesto (por eso es segunda persona), pero el verbo está en tercera persona porque el sujeto de la oración es *Gabriel*.

En el ejemplo C, quien habla o escribe le pide a Marcia (segunda persona) que llegue a tiempo mañana, en beneficio de su jefe (tercera persona). Aunque el verbo coincide con el vocativo en la segunda persona, el sujeto de esta oración es tácito, *tú*.

Como podemos concluir habiendo analizado los ejemplos anteriores —y como se menciona al principio de esta entrada—, el vocativo jamás será sujeto de la oración; de la misma manera, tampoco puede ser ni CD ni CI ni CC ni CPV ni atributo.

voz activa
Es la más común en el castellano, y su estructura es «Alguien hace algo». Ejemplos de oraciones en voz activa:

1. Alberto y José Juan se reunieron para planear nuevas estrategias de venta.
2. Nicandro les comunicará mañana su decisión.
3. Berenice sí trae lo que se le pidió.

En la voz activa, se enfatiza al sujeto en lugar de subrayar el hecho.

voz pasiva[14]

En esta estructura, «algo es hecho por alguien». En la voz pasiva, se enfatiza el hecho, en lugar de quien lo realiza. Ejemplos:

1. Los autos fueron estacionados por el *valet parking* del restaurante.
2. El vaso fue lavado por el niño de cinco años.
3. El acusado fue escuchado por el juez.

En castellano usamos la voz pasiva muy poco, a diferencia de lo que sucede en inglés, idioma en que esta voz es de lo más común. En nuestra lengua, pues, se emplea —sobre todo— para verificar que el complemento directo es, en efecto, el que sospechamos. Se trata de la prueba irrefutable de que «algo» es el complemento directo (CD) de un verbo, o —visto desde otra perspectiva— es la prueba de que cierto verbo es transitivo. Recordemos que si el verbo es intransitivo, no puede haber CD, y si no hay CD, no puede pasarse una oración de voz activa a voz pasiva.

Esta es su estructura: <u>sujeto pasivo (o paciente)</u> + *ser* en el tiempo de la oración activa original + <u>participio pasivo del verbo original</u> + preposición <u>por</u> + <u>agente</u>:

<u>Los autos</u> *fueron* <u>estacionados</u> por <u>el valet parking del restaurante</u>.

Los pasos que hay que seguir para pasar una oración de voz activa a voz pasiva son los siguientes:

1. Intercambiar los lugares del sujeto y el CD de la voz activa.

Oración en voz activa:

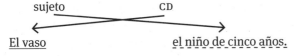

14 Para estudiar la voz pasiva, también puede verse el apartado §3.3.4 en *Redacción sin dolor*, Sandro Cohen, 6.ª ed., Planeta, México, 2014.

2. Cambiar los nombres de dichos elementos. El CD de la voz activa se vuelve el «**sujeto pasivo** o sujeto paciente», y el sujeto de la voz activa se llama «**agente**» en la voz pasiva.

El vaso   el niño de cinco años.
sujeto pasivo   **agente**

3. Agregar el verbo *ser* en el tiempo del verbo original y hacerlo concordar en número con el CD de la oración en voz activa (sujeto pasivo en la voz pasiva).

El vaso   *fue*   el niño de cinco años.
sujeto pasivo   agente

4. Agregar el participio pasivo del verbo original.

El vaso   *fue* lavado   el niño de cinco años.
sujeto pasivo   agente

5. Agregar la preposición *por*, que queda junto al agente (sujeto en la voz activa), para introducirlo.

El vaso   *fue* lavado   por   el niño de cinco años.
sujeto pasivo   agente

yuxtaposición

Se llama así cuando se coordinan dos oraciones por medio de coma [,] o de punto y coma [;]. Solo podemos coordinar oraciones independientes con coma [,] cuando se trata de oraciones en serie. Si las oraciones que se pretende unir con coma [,] no forman una serie, debe emplearse punto y coma [;] para coordinarlas.[15]

Ejemplos de oraciones coordinadas por yuxtaposición con coma [,]:

1. Fuimos al parque, jugamos en el subibaja, comimos emparedados en el pasto.

---

15 Para estudiar a fondo la coordinación por yuxtaposición y el fenómeno conocido como *encabalgamiento gramatical*, puedes recurrir a los apartados §5.1.1, §5.2.1, §5.2.1.1, §6.1.1, §6.1.1.1 y §6.1.1.2 de *Redacción sin dolor*, Sandro Cohen, 6.ª ed., Planeta, México, 2014.

2. Me levanté temprano, me bañé, me vestí, me lavé los dientes.
3. Maripaz confió en su maestra Sasha, la profesora contó a los padres los secretos de su alumna, Ivana y Manlio regañaron a la niña.

Ejemplos de oraciones coordinadas por yuxtaposición con punto y coma [;]:

1. El documento no es fácil de comprender; son pocas las personas que saben redactar eficazmente.
2. Esperemos que la contingencia no se alargue mucho más; es sabido que está habiendo segundos brotes de la enfermedad en todo el mundo.
3. La Biología estudia a los seres vivos; es una buena opción de carrera profesional para alguien interesado en la estructura celular de los mamíferos.

Bibliografía

BASULTO, Hilda, *Diccionario de verbos*, (1.ª reimp. 2001 de la 1.ª ed.), Trillas, México, 1991.

COHEN, Sandro, *Redacción sin dolor*, 6.ª ed., Planeta, México, 2014.

GILI Gaya, Samuel, *Curso superior de sintaxis española*, 15.ª ed., Vox, Barcelona, 2000.

GRIJELMO, Álex, *La gramática descomplicada*, (6.ª reimp. de la 1.ª ed., 2006), Santillana Ediciones Generales, México, 2010.

GRIJELMO, Álex, *La gramática descomplicada*, (3.ª reimp. de la 2.ª ed., 2017), Penguin Random House Grupo Editorial, Barcelona, 2019.

REAL Academia Española y Asociación de Academias de la Lengua Española, *Nueva gramática de la lengua española. Manual*, Espasa Libros, Planeta, México, 2010.

REAL Academia Española y Asociación de Academias de la Lengua Española, *Ortografía de la lengua española*, Espasa Libros, Planeta, México, 2010.

SECO, Manuel, *Gramática esencial del español. Introducción al estudio de la lengua*, 3.ª ed., Espasa Calpe, Madrid, 1995.

Recursos electrónicos

Diccionario de la lengua española, https://dle.rae.es.

Diccionario panhispánico de dudas, https://www.rae.es/dpd.

Diccionario de sinónimos y antónimos, Espasa Calpe, 2005, https://www.wordreference.com/sinonimos.

Ortografía de la lengua española, http://aplica.rae.es/orweb/cgi-bin/buscar.cgi.

Real Academia Española, https://www.rae.es.

Respuestas

Capítulo 1. **Sustantivo**

A. Une con una línea el artículo o adjetivo de la primera columna con el sustantivo que de manera más natural le corresponde de la segunda. La mayoría de los reactivos tienen varias posibles respuestas.

1. el sillón / el aula / el lápiz / el alma
2. estos niños / estos broches / estos faroles
3. un sillón / un aula / un lápiz / un alma
4. alas rojas / tachuelas rojas
5. niños apagados (sentido figurado) / faroles apagados
6. alas rotas / tachuelas rotas
7. la gana
8. algún sillón / algún aula / algún lápiz / algún alma
9. pequeños niños o niños pequeños / pequeños broches o broches pequeños / pequeños faroles o faroles pequeños
10. sillón grande / aula grande / lápiz grande / alma grande

B. Construye ocho frases sustantivas con los artículos, sustantivos y adjetivos de las siguientes columnas. Hay muchísimas posibilidades. Solo se muestran ocho.

1. el árbol dañado
2. la pulcritud extrema
3. los mesones pintados
4. las pinturas locas
5. un tapete limpio
6. los mesones alucinantes
7. una amenaza aguda
8. unas vacas cansadas

C. Escribe «sustantiva» en la línea que está delante de las frases sustantivas, y «sustantivada» en la línea que está delante de las frases sustantivadas. Solo hay una respuesta posible en cada reactivo.

1. sustantivada
2. sustantiva
3. sustantivada
4. sustantivada

5. sustantiva
6. sustantiva
7. sustantivada
8. sustantiva
9. sustantivada
10. sustantivada

D. Busca «sinónimos» que sean oraciones sustantivas para los siguientes sustantivos y frases sustantivas. Hay muchas posibilidades para cada reactivo. Aquí solo se muestra una.

1. Quienes llegaron a tiempo
2. Quien me crió
3. El que me regañó
4. La que vimos ayer
5. Los que siempre me molestan

E. Busca «sinónimos» que sean sustantivos o frases sustantivas para las siguientes oraciones sustantivas. Hay varias posibilidades para cada reactivo. Aquí solo se muestra una. Puedes revisar los ejemplos del apartado §1.1.3.

1. los directores y los administrativos
2. mis hermanas
3. los estudiantes en huelga
4. todos
5. eso

F. Escribe sobre la línea de qué clase de sustantivo se trata, común o propio, y de qué tipo es dentro de los comunes y los propios (contable o no contable, individual o colectivo, abstracto o concreto; nombre de pila, apellido, sobrenombre, marca, establecimiento comercial, institución, medio de comunicación, publicación periódica, disciplina que se estudia en las aulas...). Para que el ejercicio no resulte demasiado obvio, en los nombres propios todas las letras irán en minúscula. Considera las frases como un solo concepto.

1. niño	común (contable, individual, concreto)
2. mamá	común (contable, individual, concreto)
3. trío	común (no contable, colectivo)

4. sofía	propio (nombre de pila)	
5. día de las madres	propio (fiesta pagana)	
6. Honda	propio (marca)	
7. equipo	común (no contable, colectivo)	
8. calumnia	común (contable, abstracto)	
9. general motors	propio (marca)	
10. el heraldo de méxico	propio (publicación periódica)	
11. belicosidad	común (no contable, abstracto)	
12. caja de cartón	común (contable, individual, concreto)	
13. cristo	propio (nombre de deidad)	
14. población	común (no contable, colectivo)	
15. maestra	común (contable, individual, concreto)	
16. autoestima	común (no contable, abstracto)	
17. chaac	propio (nombre de deidad)	
18. hato	común (no contable, colectivo)	
19. pensamiento	común (no contable, abstracto)	
20. posición	común (no contable, abstracto)	
21. avenida revolución	propio (nombre de avenida)	
22. ramo	común (no contable, colectivo)	
23. clase de natación	común (contable, individual)	
24. miguel hidalgo y costilla	propio (nombre de pila y apellidos)	
25. orquesta	común (no contable, colectivo)	

G. Escribe en cada línea los nombres propios con sus respectivas mayúsculas y minúsculas.

1. sofía	Sofía
2. día de las madres	Día de las Madres
3. honda	Honda
4. general motors	General Motors
5. el heraldo de méxico	*El Heraldo de México*
6. cristo	Cristo
7. chaac	Chaac
8. avenida revolución	avenida Revolución
9. clase de natación	clase de Natación
10. miguel hidalgo y costilla	Miguel Hidalgo y Costilla

Capítulo 2. Adjetivo

A. Elige de la serie de abajo los adjetivos que mejor completen el siguiente párrafo. Escribe en la línea los adjetivos que escogiste. Estos no están necesariamente en orden ni deben usarse todos.

Adjetivos: peor, inmersos, mayor, mejor, escuálida, divertidas, sorprendente, seguro, agradable, asustados, confiado, azules, universitarios, linda, lozana, comprensivos, importante, comunes, pequeños, inteligente, contento, adolescentes, favorita.

La <u>mejor</u> manera de saber si un niño se siente <u>seguro, contento</u> y <u>confiado</u> en la escuela es si él se levanta la mayoría de las mañanas con ganas de ir a tomar clases porque le parecen <u>divertidas</u>, si cuando vuelve a casa le cuenta a uno cómo le fue, si habla de sus amigos animadamente y si suele decir que su maestra es <u>linda</u>; su maestro, <u>inteligente</u>; los directores, <u>comprensivos</u>... Es muy <u>importante</u> que escuchemos a nuestros hijos —sean <u>pequeños</u>, <u>adolescentes</u> o <u>universitarios</u>— aunque a veces están tan <u>inmersos</u> en sus propios asuntos que parece que uno debe sacarles las palabras con un no muy <u>agradable</u> tirabuzón.

B. Reacomoda los adjetivos de las siguientes oraciones de manera que realmente modifiquen a los sustantivos a los que deben modificar.

1. Compré manteles verdes para las mesas.
2. Necesitas hacer un cochecito morado de cartón.
3. Preparamos arroz hervido para el niño.
4. Encontraron unos jabones con forma de flor para mujeres.
5. Pásame el vaso amarillo que está en ese cajón.

C. Agrega los adjetivos que sirvan como atributos en las siguientes oraciones copulativas. Hay varias posibilidades. Aquí solo se muestran tres para cada reactivo.

1. Mi mamá está <u>de luna de miel / cansada / feliz</u>.
2. Soy muy <u>consciente / olvidadiza / responsable</u>.
3. Los muchachos parecen <u>atractivos / inteligentes / machos</u>.
4. El bebé juega <u>feliz / entusiasmado / solo</u>.
5. Los borrachos duermen <u>tranquilos / intranquilos / atormentados</u>.

D. Pon una cruz [**x**] en la línea si la frase es incorrecta, o una paloma [✓] si es correcta.

1. el mío hijo   **x**
2. cuadernos sus   **x**
3. mis libros   ✓
4. muchos aves   **x**
5. perros tontas   **x**
6. tercera clase   ✓
7. tigres cuatro   **x**
8. página treinta y seis   ✓
9. cuervos ocho   **x**
10. hombre cada   **x**

E. Identifica a qué clase de adjetivos pertenecen los siguientes, y escríbelo en la línea.

1. mujeres *coreanas*   gentilicio
2. *cuatro* sillas   cardinal
3. hijos *tuyos*   posesivo
4. niñas *altas*   calificativo
5. *quinta* sesión   ordinal
6. *aquellas* salas   demostrativo
7. los *amarillos*   sustantivado
8. sonidos *fortísimos*   superlativo
9. la *mitad* de la escuela   partitivo o fraccionario
10. *triple* salto mortal   multiplicativo
11. casa *chiquita*   diminutivo
12. ¡*qué* maravilla!   exclamativo
13. estudiante *superior*   comparativo
14. ¿*cuántas* personas vienen?   interrogativo
15. *algunos* médicos   indefinido

Capítulo 3. Artículo

A. Coloca el artículo que le corresponde a la palabra o frase. Algunos reactivos tienen más de una opción.

1. <u>un</u> frío de miedo
2. <u>los / unos</u> hielos
3. <u>lo</u> malo de correr a las ocho de la mañana en la vía pública
4. <u>los / unos</u> vientos huracanados
5. <u>el / un</u> bastón viejo
6. <u>las / unas</u> bebidas alcohólicas
7. <u>el / un</u> día soleado
8. <u>las /unas</u> heridas que no cierran
9. <u>la / una</u> fresca mañana
10. <u>lo</u> injusto de tu decisión

B. Pon una cruz [**X**] en la línea si la frase u oración es incorrecta, o una paloma [✓] si es correcta.

1. el comisario — ✓
2. una ave — **X**
3. Es un doctor — **X**
4. unos buitres — ✓
5. los niñas — **X**
6. ¡Afirma unas cosas...! — ✓
7. la agua — **X**
8. ¡Es una lástima...! — ✓
9. lo oscuro — ✓
10. las águilas — ✓
11. unos excelentes actores — ✓
12. primates unas — **X**
13. lo sillón — **X**
14. un delincuente malherido — ✓
15. lo delicado de la situación — ✓

C. Crea cinco frases sustantivadas. Hay muchísimas, por supuesto. Aquí se ponen cinco, como pide el ejercicio.

1. lo importante
2. lo suficiente
3. lo más común
4. lo inquietante
5. lo verdaderamente preocupante

D. Agrega lo que falta para que las oraciones sean correctas. Las posibilidades son casi infinitas. Aquí solo se han puesto tres.

1. Hacía un calor <u>infernal / maravilloso / insufrible</u>.
2. No es un animista <u>cualquiera / normal / común</u>.
3. Decían que era una bruja <u>tremenda / buenísima / detestable</u>.
4. Eres un abogado <u>excelente / pésimo / cautivador</u>.
5. Ella fue una mujer <u>exitosa / maltratada / ilustre</u>.

E. Escribe en la línea si el artículo indefinido está funcionando como numeral o como simple indeterminado, o si sirve para hacer énfasis o si está mal empleado.

1. Solo vi a un maestro de la escuela en la visita al museo. <u>numeral</u>
2. Él es un mecánico desde que lo conozco. <u>mal empleado</u>
3. ¡Piensa unas tonterías...! <u>enfático</u>
4. Necesito urgentemente a un doctor. <u>indeterminado</u>
5. Pásame un rastrillo de esos. <u>indeterminado</u>
6. Dice unas verdades que escucharla da risa nerviosa. <u>enfático</u>
7. «Todo cabe en un jarrito...». <u>numeral</u>
8. ¿Necesitas un borrador? <u>indeterminado</u>
9. ¿Esa señora es una feminista? <u>mal empleado</u>
10. ¿Alguien trajo un trapo de cocina? <u>indeterminado</u>

Capítulo 4. Pronombre

A. Sustituye las frases y oraciones que están en negritas por los pronombres que mejor les queden y reescribe los enunciados con dichos pronombres. Algunos reactivos pueden tener más de una respuesta. Aquí solo se pone una o dos por cada reactivo (aunque algunos pudieran tener más de dos).

1. **Ellas** se fueron de compras.
2. No seas grosero con **ella**. / No seas grosero con **él**.
3. Míra**los**. / Mira a **aquellos**.
4. ¿**La** conseguiste finalmente? / ¿Conseguiste finalmente **esa**?
5. **Ellos** no merecen que pienses en eso.
6. Pon **estos** sobre la mesa. / Pon**los** sobre la mesa.

7. ¿Me traes **dos** por favor?
8. ¿Los libros son **suyos**?
9. **Los** estudiamos. / Estudiamos a **esos**.
10. No sabemos nada de **ello**.

B. Inventa los sustantivos, frases y oraciones sustantivas a los cuales los pronombres en letra negrita pudieron haber sustituido. Por supuesto, hay muchas opciones. Hay muchas posibles respuestas. Aquí solo se propone una por cada reactivo.

1. Tienes que respetar a **tu maestra**.
2. Tráeme **los lápices** por favor.
3. ¿Son **de Mario**?
4. No quiero pensar en **la boda**.
5. ¿Dijiste a **la policía** todo **lo que nos había contado**?
6. **Los vecinos** pueden decir misa.
7. **La banca** es de **mi amigo**.
8. ¡**Lo que afirma** es inaudito!
9. ¿**Mariana** dijo **semejante barbaridad**?
10. Traje café a **los profesores**.

C. Analiza cómo están utilizándose las palabras en letra negrita y escribe en la línea «pronombre» si se usa como tal o «adjetivo» si está en esa posición. Solo hay una respuesta posible.

1. pronombre / pronombre
2. pronombre / pronombre / adjetivo
3. adjetivo / pronombre
4. pronombre / pronombre
5. adjetivo / pronombre

D. ¿Qué funciones tienen los pronombres subrayados dentro de las siguientes oraciones? Pueden ser sujeto, complemento directo, complemento indirecto, formar parte del complemento preposicional del verbo o estar dentro de un complemento circunstancial. Escríbelo en la línea. Solo hay una respuesta posible.

1. complemento indirecto
2. sujeto

3. complemento directo
4. complemento directo
5. dentro del complemento circunstancial
6. complemento indirecto
7. dentro del complemento circunstancial
8. complemento indirecto

E. Escribe en la línea de qué clase de pronombre se trata. Recuerda que algunos caben en más de una.

1. relativo / posesivo
2. demostrativo
3. personal / de complemento directo / de complemento indirecto
4. de complemento indirecto
5. personal
6. numeral
7. indefinido o cuantitativo
8. personal / de complemento directo / de complemento indirecto
9. interrogativo
10. personal / enclítico / reflexivo / recíproco
11. personal / neutro
12. personal
13. exclamativo
14. relativo
15. de complemento directo / neutro en ocasiones
16. personal / de complemento indirecto / reflexivo / recíproco / impersonal
17. personal / de complemento directo / de complemento indirecto / recíproco
18. personal / de complemento directo
19. personal
20. indefinido

F. Crea una oración por cada pronombre del ejercicio anterior. ¡Las posibilidades son infinitas! Esta es solo una muestra.

1. Tengo unas amigas **cuyas** aficiones me dan miedo.
2. ¡**Estos** me encantan!
3. ¿**Esa** es manera de dirigirte a **mí**?
4. **Les** dije toda la verdad.

5. **Vosotras** sabéis lo que pienso.
6. ¡Me llegaron bien las **siete**!
7. ¿Vino **alguien** a buscarme?
8. **Te** ofrezco mi vida entera.
9. ¿**Cuántos** quieres que traiga?
10. **Nos** divorciaremos pronto.
11. ¡Me gusta pensar en **ello**!
12. **Vos** hiciste las compras.
13. ¡Que **qué**!
14. Me encantan las mandarinas, las **cuales** tienen mucha vitamina C.
15. **Lo** lamento profundamente.
16. Durante el terremoto **se** rompieron todos los vidrios.
17. **Os** lo dije sin ambages.
18. **Las** conseguiré a como dé lugar.
19. Llevó las armas **consigo**.
20. **Muchos** piensan que no soy feliz, pero se equivocan.

Capítulo 5. Preposición

A. Completa el párrafo con las preposiciones que le faltan.

Cuando era niño, mientras cenábamos galletas con leche de vaca, mi mamá me ponía la radio para que escucháramos cuentos musicalizados. Entonces conocí la historia de «Pedro y el lobo», del compositor soviético Sergio Prokofiev. Como de inmediato se convirtió en mi cuento favorito, mi madre me compró el disco para que pudiera ponerlo hasta que me cansara... Su música me fascinaba; las trompas, que representaban al lobo, me ponían los cabellos de punta; recuerdo que cuando escuchaba ese sonido, tomaba la mano de mi progenitora para sentirme seguro, y sufría imaginando lo que pasaría a continuación. A veces tiraba lo que hubiera en la mesa por el susto que me provocaban esos sonidos profundos. Ah, pero la flauta me alegraba muchísimo. No importaba que hubiera escuchado el cuento mil veces antes, cada vez que lo oía, me emocionaba de nuevo como la primera vez. Me veía encarnando a Pedro, salvando al abuelo de las garras del malvado lobo... Jamás me cansé de esa historia ni de esa música. ¡Sin duda, sigue siendo una de mis obras favoritas!

B. Escribe en la línea «correcto» o «incorrecto» según estén bien o mal empleadas las preposiciones.

1. incorrecto
2. correcto
3. correcto
4. incorrecto
5. incorrecto

Capítulo 6. Verbo

A. Escribe en la línea que está a la derecha de cada palabra la abreviatura que
corresponda dependiendo de si es verbo conjugado (vbo.), infinitivo (inf.),
participio activo (PA), participio pasivo regular (PPR), participio pasivo irregular (PPI) o gerundio (ger.).

1. salido	PPR	9. solicitado	PPR	17. temer	inf.
2. comprar	inf.	10. dormido	PPR	18. aullando	ger.
3. restauro	vbo.	11. asustar	inf.	19. impreso	PPI
4. comandante	PA	12. vivimos	vbo.	20. amante	PA
5. admiraba	vbo.	13. picar	inf.	21. superado	PPR
6. rumiando	ger.	14. solicitante	PA	22. alarmante	PA
7. saltando	ger.	15. angustiado	PPR	23. volasteis	vbo.
8. expuesto	PPI	16. nadaron	vbo.	24. venido	PPR

B. Subraya los verboides de las siguientes proposiciones e identifica cómo están siendo usados. Escríbelo en la raya. Pueden estar funcionando como
sustantivos, como adjetivos, como adverbios o como parte de un verbo perifrástico.

1. Necesito <u>comprar</u> atún. _____ sustantivo
2. Tenemos que <u>ir</u> al doctor. _____ parte de un verbo perifrástico
3. <u>Doblando</u> la esquina, encontrarás la panadería. <u>adverbial (ubicación)</u>
4. ¡<u>Comer</u> es delicioso! _____ sustantivo
5. La mercancía fue <u>entregada</u> ayer. ___ parte de un verbo perifrástico
6. Parece una estudiante muy <u>entregada</u>. _____ adjetivo
7. Entró <u>corriendo</u> y <u>gritando</u> como salvaje. ___ adverbial (modal)
8. <u>Jugar</u> es muy importante para los niños. _____ sustantivo

9. Aprendí a <u>jugar</u> ajedrez en la adolescencia. <u>parte de un verbo perifrástico</u>
10. Es la mejor <u>pasante</u> de su generación. <u>   sustantivo   </u>

C. Analiza cómo está siendo usado el gerundio en los siguientes enunciados, y escribe en la línea si el uso es correcto o incorrecto.

1. Perdió el control del auto estrellándose contra el muro de contención.
<u>   incorrecto   </u>
2. Siguiendo las indicaciones, consiguió armar la nave espacial de juguete.
<u>   correcto   </u>
3. Traje el burro cargando los leños.
<u>   incorrecto   </u>
4. Veo a París volando desde el avión.
<u>   incorrecto   </u>
5. Estábamos brincando de gusto cuando llegó.
<u>   correcto   </u>
6. ¡Cuidado con el agua hirviendo!
<u>   correcto   </u>
7. En llegandito te comunicas con tu papá.
<u>   correcto   </u>
8. Jugábamos con el arma, disparándose sin querer.
<u>   incorrecto   </u>
9. Nos conocimos en septiembre, contrayendo nupcias en diciembre.
<u>   incorrecto   </u>
10. Me alegra que andes organizando la competencia.
<u>   correcto   </u>

D. Identifica y subraya con línea doble los núcleos de predicado (NP) de las siguientes proposiciones. Puede haber uno o más en cada una. Si hay verbos perifrásticos, subraya con línea sencilla el verbo completo, y con doble, el núcleo.

1. <u>Solicitamos</u> que <u>cancelen</u> la deuda adquirida.

2. <u>Habiendo caído</u> la noche, se <u>dispusieron a leer</u> un cuento.

3. Los muchachos <u>llegaron a cenar</u> sin que nadie los <u>invitara</u>.

4. Cuando se <u>dice</u> que alguien <u>es</u> guapo, <u>hay que recordar</u> que en gustos se <u>rompen</u> géneros.

5. Sin parpadear siquiera, los sujetos <u>aniquilaron</u> a toda una comunidad.

6. La mayor amenaza <u>viene</u> de los grupos antivacunas, según <u>afirmó</u> la Organización Mundial de la Salud.

7. Actualmente <u>hay</u> científicos que <u>trabajan</u> en una vacuna de amplio espectro para combatir la influenza.

8. Siendo las tres de la tarde, <u>doy por terminado</u> el diplomado en Justicia Social.

9. Los bomberos <u>ayudaron a rescatar</u> a los niños que <u>habían quedado</u> atrapados entre los escombros.

10. La Fuerza Aérea de ningún país <u>está</u> autorizada a volar en cielo extranjero sin permiso del país dueño de ese espacio aéreo.

E. Analiza los infinitivos *arar*, *tener* y *urdir*. Separa su raíz de la desinencia, anota a qué conjugación pertenecen (1.ª, 2.ª o 3.ª), cuál es su participio activo (PA), su participio pasivo (PP), su gerundio (ger.), y conjúgalos en todas sus personas, números, tiempos y modos. Si su raíz cambia en algún punto de la conjugación, anota la otra (u otras) forma de la raíz también, y en la conjugación pon un asterisco [*] antes del verbo conjugado. Puedes seguir los ejemplos de los verbos irregulares del apartado §6.7.2.2.

I. Arar

1. Infinitivo: *arar*   2. Raíz: ar   3. Desinencia: -ar
4. Conjugación: 1.ª   5. PA: arante
6. PP: arado   7. ger.:   arando

Respuestas

Tiempos de indicativo de *arar*

NÚMERO	PRONOMBRE	TIEMPO *Presente*
singular	yo	aro
singular	tú / vos / usted	aras / arás / ara
singular	él / ella	ara
plural	nosotros / nosotras	aramos
plural	vosotros / -as / ustedes	arais / aran
plural	ellos / ellas	aran

NÚMERO	PRONOMBRE	TIEMPO *Pretérito imperfecto / Copretérito*
singular	yo	araba
singular	tú / vos / usted	arabas / arabas / araba
singular	él / ella	araba
plural	nosotros / nosotras	arábamos
plural	vosotros / -as / ustedes	arabais / araban
plural	ellos / ellas	araban

NÚMERO	PRONOMBRE	TIEMPO *Pretérito perfecto simple / Pretérito*
singular	yo	aré
singular	tú / vos / usted	araste / araste / aró
singular	él / ella	aró
plural	nosotros / nosotras	aramos
plural	vosotros / -as / ustedes	arasteis / araron
plural	ellos / ellas	araron

NÚMERO	PRONOMBRE	TIEMPO *Pretérito perfecto compuesto / Antepresente*
singular	yo	he arado
singular	tú / vos / usted	has arado / has arado / ha arado
singular	él / ella	ha arado
plural	nosotros / nosotras	hemos arado

| plural | vosotros / -as / ustedes | habéis arado / han arado |
| plural | ellos / ellas | han arado |

NÚMERO	PRONOMBRE	TIEMPO *Pretérito anterior /* *Antepretérito*
singular	yo	hube arado
singular	tú / vos / usted	hubiste arado / hubiste arado / hubo arado
singular	él / ella	hubo arado
plural	nosotros / nosotras	hubimos arado
plural	vosotros /-as / ustedes	hubisteis arado / hubieron arado
plural	ellos / ellas	hubieron arado

NÚMERO	PRONOMBRE	TIEMPO *Pretérito pluscuamperfecto /* *Antecopretérito*
singular	yo	había arado
singular	tú / vos / usted	habías arado / habías arado / había arado
singular	él / ella	había arado
plural	nosotros / nosotras	habíamos arado
plural	vosotros / -as / ustedes	habíais arado / habían arado
plural	ellos / ellas	habían arado

NÚMERO	PRONOMBRE	TIEMPO *Futuro simple / Futuro*
singular	yo	araré
singular	tú / vos / usted	ararás / ararás / arará
singular	él / ella	arará
plural	nosotros / nosotras	araremos
plural	vosotros / -as / ustedes	araréis / ararán
plural	ellos / ellas	ararán

NÚMERO	PRONOMBRE	TIEMPO *Futuro perfecto / Antefuturo*
singular	yo	habré arado
singular	tú / vos / usted	habrás arado / habrás arado / habrá arado

singular	él / ella	habrá arado
plural	nosotros / nosotras	habremos arado
plural	vosotros / -as / ustedes	habréis arado / habrán arado
plural	ellos / ellas	habrán arado

NÚMERO	PRONOMBRE	TIEMPO *Condicional simple / Pospretérito*
singular	yo	araría
singular	tú / vos / usted	ararías / ararías / araría
singular	él / ella	araría
plural	nosotros / nosotras	araríamos
plural	vosotros / -as / ustedes	araríais / ararían
plural	ellos / ellas	ararían

NÚMERO	PRONOMBRE	TIEMPO *Condicional perfecto / Antepospretérito*
singular	yo	habría arado
singular	tú / vos / usted	habrías arado / habrías arado / habría arado
singular	él / ella	habría arado
plural	nosotros / nosotras	habríamos arado
plural	vosotros / -as / ustedes	habríais arado / habrían arado
plural	ellos / ellas	habrían arado

Tiempos de subjuntivo de *arar*

NÚMERO	PRONOMBRE	TIEMPO *Presente*
singular	yo	are
singular	tú / vos / usted	ares / ares / are
singular	él / ella	are
plural	nosotros / nosotras	aremos
plural	vosotros / -as / ustedes	aréis / aren
plural	ellos / ellas	aren

El corazón de la gramática

NÚMERO	PRONOMBRE	TIEMPO
		Pretérito imperfecto / Pretérito
singular	yo	arara
singular	tú / vos / usted	araras / araras / arara
singular	él / ella	arara
plural	nosotros / nosotras	aráramos
plural	vosotros / -as / ustedes	ararais / araran
plural	ellos / ellas	araran

NÚMERO	PRONOMBRE	TIEMPO
		Pretérito perfecto / Antepresente
singular	yo	haya arado
singular	tú / vos / usted	hayas arado / hayas arado / haya arado
singular	él / ella	haya arado
plural	nosotros / nosotras	hayamos arado
plural	vosotros / -as / ustedes	hayáis arado / hayan arado
plural	ellos / ellas	hayan arado

NÚMERO	PRONOMBRE	TIEMPO
		Pretérito pluscuamperfecto / Antepretérito
singular	yo	hubiera o hubiese arado
singular	tú / vos / usted	hubieras o hubieses arado / hubieras o hubieses arado / hubiera o hubiese arado
singular	él / ella	hubiera o hubiese arado
plural	nosotros / nosotras	hubiéramos o hubiésemos arado
plural	vosotros / -as / ustedes	hubierais o hubieseis arado / hubieran o hubiesen arado
plural	ellos / ellas	hubieran o hubiesen arado

Respuestas

NÚMERO	PRONOMBRE	TIEMPO
		Futuro simple / Futuro
singular	yo	arare
singular	tú / vos / usted	arares / arares / arare
singular	él / ella	arare
plural	nosotros / nosotras	aráremos
plural	vosotros / -as / ustedes	arareis / araren
plural	ellos / ellas	araren

NÚMERO	PRONOMBRE	TIEMPO
		Futuro perfecto / Antefuturo
singular	yo	hubiere arado
singular	tú / vos / usted	hubieres arado / hubieres arado / hubiere arado
singular	él / ella	hubiere arado
plural	nosotros / nosotras	hubiéremos arado
plural	vosotros / -as / ustedes	hubiéremos arado / hubieren arado
plural	ellos / ellas	hubieren arado

Tiempo de imperativo de *arar*

NÚMERO	PRONOMBRE	TIEMPO
		Presente
singular	tú / vos / usted	ara / ará / are
plural	vosotros / -as / ustedes	arad / aren

II. Tener

1. Infinitivo: *tener*   2. Raíz: ten / *teng / *tien / *tuv / *tend
3. Desinencia: _-er_   4. Conjugación: _2.ª_   5. PA: _teniente_
6. PP: _tenido_   7. ger.: _teniendo_

Tiempos de indicativo de *tener*

NÚMERO	PRONOMBRE	TIEMPO
		Presente
singular	yo	*tengo
singular	tú / vos / usted	*tienes / tenés / *tiene
singular	él / ella	*tiene
plural	nosotros / nosotras	tenemos
plural	vosotros / -as / ustedes	teneis / tienen
plural	ellos / ellas	tienen

NÚMERO	PRONOMBRE	TIEMPO
		Pretérito imperfecto / Copretérito
singular	yo	tenía
singular	tú / vos / usted	tenías / tenías / tenía
singular	él / ella	tenía
plural	nosotros / nosotras	teníamos
plural	vosotros / -as / ustedes	teníais / tenían
plural	ellos / ellas	tenían

NÚMERO	PRONOMBRE	TIEMPO
		Pretérito perfecto simple / Pretérito
singular	yo	*tuve
singular	tú / vos / usted	*tuviste / *tuviste / *tuvo
singular	él / ella	*tuvo
plural	nosotros / nosotras	*tuvimos
plural	vosotros / -as / ustedes	*tuvisteis / *tuvieron
plural	ellos / ellas	*tuvieron

NÚMERO	PRONOMBRE	TIEMPO *Pretérito perfecto compuesto / Antepresente*
singular	yo	he tenido
singular	tú / vos / usted	has tenido / has tenido / ha tenido
singular	él / ella	ha tenido
plural	nosotros / nosotras	hemos tenido
plural	vosotros / -as / ustedes	habéis tenido / han tenido
plural	ellos / ellas	han tenido

NÚMERO	PRONOMBRE	TIEMPO *Pretérito anterior / Antepretérito*
singular	yo	hube tenido
singular	tú / vos / usted	hubiste tenido / hubiste tenido / hubo tenido
singular	él / ella	hubo tenido
plural	nosotros / nosotras	hubimos tenido
plural	vosotros / -as / ustedes	hubisteis tenido / hubieron tenido
plural	ellos / ellas	hubieron tenido

NÚMERO	PRONOMBRE	TIEMPO *Pretérito pluscuamperfecto / Antecopretérito*
singular	yo	había tenido
singular	tú / vos / usted	habías tenido / habías tenido / había tenido
singular	él / ella	había tenido
plural	nosotros / nosotras	habíamos tenido
plural	vosotros / -as / ustedes	habíais tenido / habían tenido
plural	ellos / ellas	habían tenido

NÚMERO	PRONOMBRE	TIEMPO *Futuro simple / Futuro*
singular	yo	*tendré
singular	tú / vos / usted	*tendrás / *tendrás / *tendrá
singular	él / ella	*tendrá
plural	nosotros / nosotras	*tendremos

plural	vosotros / -as / ustedes	*tendréis / *tendrán
plural	ellos / ellas	*tendrán

NÚMERO	PRONOMBRE	TIEMPO
		Futuro perfecto / Antefuturo
singular	yo	habré tenido
singular	tú / vos / usted	habrás tenido / habrás tenido / habrá tenido
singular	él / ella	habrá tenido
plural	nosotros / nosotras	habremos tenido
plural	vosotros / -as / ustedes	habréis tenido / habrán tenido
plural	ellos / ellas	habrán tenido

NÚMERO	PRONOMBRE	TIEMPO
		Condicional simple / Pospretérito
singular	yo	*tendría
singular	tú / vos / usted	*tendrías / *tendrías / *tendría
singular	él / ella	*tendría
plural	nosotros / nosotras	*tendríamos
plural	vosotros / -as / ustedes	*tendríais / *tendrían
plural	ellos / ellas	*tendrían

NÚMERO	PRONOMBRE	TIEMPO
		Condicional perfecto / Antepospretérito
singular	yo	habría tenido
singular	tú / vos / usted	habrías tenido / habrías tenido / habría tenido
singular	él / ella	habría tenido
plural	nosotros / nosotras	habríamos tenido
plural	vosotros / -as / ustedes	habríais tenido / habrían tenido
plural	ellos / ellas	habrían tenido

Respuestas

Tiempos de subjuntivo de *tener*

NÚMERO	PRONOMBRE	TIEMPO
		Presente
singular	yo	*tenga
singular	tú / vos / usted	*tengas / *tengas / *tenga
singular	él / ella	*tenga
plural	nosotros / nosotras	*tengamos
plural	vosotros / -as / ustedes	*tengáis / *tengan
plural	ellos / ellas	*tengan

NÚMERO	PRONOMBRE	TIEMPO
		Pretérito imperfecto / Pretérito
singular	yo	*tuviera o tuviese
singular	tú / vos / usted	*tuvieras o tuvieses / *tuvieras o tuvieses / *tuviera o tuviese
singular	él / ella	*tuviera o tuviese
plural	nosotros / nosotras	*tuviéramos o tuviésemos
plural	vosotros / -as / ustedes	*tuvierais o tuvieseis / *tuvieran o tuviesen
plural	ellos / ellas	*tuvieran o tuviesen

NÚMERO	PRONOMBRE	TIEMPO
		Pretérito perfecto / Antepresente
singular	yo	haya tenido
singular	tú / vos / usted	hayas tenido / hayas tenido / haya tenido
singular	él / ella	haya tenido
plural	nosotros / nosotras	hayamos tenido
plural	vosotros / -as / ustedes	hayáis tenido / hayan tenido
plural	ellos / ellas	hayan tenido

NÚMERO	PRONOMBRE	TIEMPO
		Pretérito pluscuamperfecto / Antepretérito
singular	yo	hubiera o hubiese tenido
singular	tú / vos / usted	hubieras o hubieses tenido /

		hubieras o hubieses tenido /
		hubiera o hubiese tenido
singular	él / ella	hubiera o hubiese tenido
plural	nosotros / nosotras	hubiéramos o hubiésemos tenido
plural	vosotros / -as / ustedes	hubierais o hubieseis tenido /
		hubieran o hubiesen tenido
plural	ellos / ellas	hubieran o hubiesen tenido

NÚMERO	PRONOMBRE	TIEMPO
		Futuro simple / Futuro
singular	yo	*tuviere
singular	tú / vos / usted	*tuvieres / *tuvieres / *tuviere
singular	él / ella	*tuviere
plural	nosotros / nosotras	*tuviéremos
plural	vosotros / -as / ustedes	*tuviereis / *tuvieren
plural	ellos / ellas	*tuvieren

NÚMERO	PRONOMBRE	TIEMPO
		Futuro perfecto / Antefuturo
singular	yo	hubiere tenido
singular	tú / vos / usted	hubieres tenido /
		hubieres tenido /
		hubiere tenido
singular	él / ella	hubiere tenido
plural	nosotros / nosotras	hubiéremos tenido
plural	vosotros / -as / ustedes	hubiéremos tenido /
		hubieren tenido
plural	ellos / ellas	hubieren tenido

Tiempo de imperativo de *tener*

NÚMERO	PRONOMBRE	TIEMPO
		Presente
singular	tú / vos / usted	ten / tené / tenga
plural	vosotros / -as / ustedes	tened / tengan

Respuestas

III. Urdir

1. Infinitivo: *urdir*   2. Raíz: __urd__   3. Desinencia: __-ir__
4. Conjugación: ____3.ª____   5. PA: __urdiente__
6. PP: __urdido__   7. ger.: __urdiendo__

Tiempos de indicativo de *urdir*

NÚMERO	PRONOMBRE	TIEMPO *Presente*
singular	yo	urdo
singular	tú / vos / usted	urdes / urdís / urde
singular	él / ella	urde
plural	nosotros / nosotras	urdimos
plural	vosotros / -as/ ustedes	urdís / urden
plural	ellos / ellas	urden

NÚMERO	PRONOMBRE	TIEMPO *Pretérito imperfecto / Copretérito*
singular	yo	urdía
singular	tú / vos / usted	urdías / urdías / urdía
singular	él / ella	urdía
plural	nosotros / nosotras	urdíamos
plural	vosotros / -as / ustedes	urdíais / urdían
plural	ellos / ellas	urdían

NÚMERO	PRONOMBRE	TIEMPO *Pretérito perfecto simple / Pretérito*
singular	yo	urdí
singular	tú / vos / usted	urdiste / urdiste / urdió
singular	él / ella	urdió
plural	nosotros / nosotras	urdimos
plural	vosotros / -as / ustedes	urdisteis / urdieron
plural	ellos / ellas	urdieron

El corazón de la gramática

NÚMERO	PRONOMBRE	TIEMPO *Pretérito perfecto compuesto / Antepresente*
singular	yo	he urdido
singular	tú / vos / usted	has urdido / has urdido / ha urdido
singular	él / ella	ha urdido
plural	nosotros / nosotras	hemos urdido
plural	vosotros / -as / ustedes	habéis urdido / han urdido
plural	ellos / ellas	han urdido

NÚMERO	PRONOMBRE	TIEMPO *Pretérito anterior / Antepretérito*
singular	yo	hube urdido
singular	tú / vos / usted	hubiste urdido / hubiste urdido / hubo urdido
singular	él / ella	hubo urdido
plural	nosotros / nosotras	hubimos urdido
plural	vosotros / -as / ustedes	hubisteis urdido / hubieron urdido
plural	ellos / ellas	hubieron urdido

NÚMERO	PRONOMBRE	TIEMPO *Pretérito pluscuamperfecto / Antecopretérito*
singular	yo	había urdido
singular	tú / vos / usted	habías urdido / habías urdido / había urdido
singular	él / ella	había urdido
plural	nosotros / nosotras	habíamos urdido
plural	vosotros / -as / ustedes	habíais urdido / habían urdido
plural	ellos / ellas	habían urdido

NÚMERO	PRONOMBRE	TIEMPO *Futuro simple / Futuro*
singular	yo	urdiré
singular	tú / vos / usted	urdirás / urdirás / urdirá
singular	él / ella	urdirá
plural	nosotros / nosotras	urdiremos

| plural | vosotros / -as / ustedes | urdiréis / urdirán |
| plural | ellos / ellas | urdirán |

NÚMERO	PRONOMBRE	TIEMPO
		Futuro perfecto / Antefuturo
singular	yo	habré urdido
singular	tú / vos / usted	habrás urdido / habrás urdido / habrá urdido
singular	él / ella	habrá urdido
plural	nosotros / nosotras	habremos urdido
plural	vosotros / -as / ustedes	habréis urdido / habrán urdido
plural	ellos / ellas	habrán urdido

NÚMERO	PRONOMBRE	TIEMPO
		Condicional simple / Pospretérito
singular	yo	urdiría
singular	tú / vos / usted	urdirías / urdirías / urdiría
singular	él / ella	urdiría
plural	nosotros / nosotras	urdiríamos
plural	vosotros / -as / ustedes	urdiríais / urdirían
plural	ellos / ellas	urdirían

NÚMERO	PRONOMBRE	TIEMPO
		Condicional perfecto / Antepospretérito
singular	yo	habría urdido
singular	tú / vos / usted	habrías urdido / habrías urdido / habría urdido
singular	él / ella	habría urdido
plural	nosotros / nosotras	habríamos urdido
plural	vosotros / -as / ustedes	habríais urdido / habrían urdido
plural	ellos / ellas	habrían urdido

Tiempos de subjuntivo de *urdir*

Número	Pronombre	Tiempo *Presente*
singular	yo	urda
singular	tú / vos / usted	urdas / urdas / urda
singular	él / ella	urda
plural	nosotros / nosotras	urdamos
plural	vosotros / -as / ustedes	urdáis / urdan
plural	ellos / ellas	urdan

Número	Pronombre	Tiempo *Pretérito imperfecto / Pretérito*
singular	yo	urdiera
singular	tú / vos / usted	urdieras / urdieras / urdiera
singular	él / ella	urdiera
plural	nosotros / nosotras	urdiéramos
plural	vosotros / -as / ustedes	urdierais / urdieran
plural	ellos / ellas	urdieran

Número	Pronombre	Tiempo *Pretérito perfecto / Antepresente*
singular	yo	haya urdido
singular	tú / vos / usted	hayas urdido / hayas urdido / haya urdido
singular	él / ella	haya urdido
plural	nosotros / nosotras	hayamos urdido
plural	vosotros / -as / ustedes	hayáis urdido / hayan urdido
plural	ellos / ellas	hayan urdido

Número	Pronombre	Tiempo *Pretérito pluscuamperfecto / Antepretérito*
singular	yo	hubiera o hubiese urdido
singular	tú / vos / usted	hubieras o hubieses urdido / hubieras o hubieses urdido / hubiera o hubiese urdido

singular	él / ella	hubiera o hubiese urdido
plural	nosotros / nosotras	hubiéramos o hubiésemos urdido
plural	vosotros / -as / ustedes	hubierais o hubieseis urdido / hubieran o hubiesen urdido
plural	ellos / ellas	hubieran o hubiesen urdido

NÚMERO	PRONOMBRE	TIEMPO *Futuro simple / Futuro*
singular	yo	urdiere
singular	tú / vos / usted	urdieres / urdieres / urdiere
singular	él / ella	urdiere
plural	nosotros / nosotras	urdiéremos
plural	vosotros / -as / ustedes	urdieren / urdieren
plural	ellos / ellas	urdieren

NÚMERO	PRONOMBRE	TIEMPO *Futuro perfecto / Antefuturo*
singular	yo	hubiere urdido
singular	tú / vos / usted	hubieres urdido / hubieres urdido / hubiere urdido
singular	él / ella	hubiere urdido
plural	nosotros / nosotras	hubiéremos urdido
plural	vosotros / -as / ustedes	hubiéremos urdido / hubieren urdido
plural	ellos / ellas	hubieren urdido

Tiempo de imperativo de *urdir*

NÚMERO	PRONOMBRE	TIEMPO *Presente*
singular	tú / vos / usted	urde / urdí / urda
plural	vosotros / -as / ustedes	urdid / urdan

F. Identifica los verbos en las siguientes proposiciones y escribe si son transitivos o intransitivos.

1. Subimos de madrugada a la habitación.   intransitivo
2. Los científicos lograron editar el ADN humano.   transitivo
3. Irán por todas sus cosas mañana.   intransitivo
4. Superaremos esto, como todo lo demás.   transitivo
5. Han confiado en ellos más que en mí.   intransitivo
6. Confirmó la cita anoche.   transitivo
7. Se atendrá a las consecuencias.   intransitivo
8. Habrán conseguido su cometido.   transitivo
9. Mantener la calma no es fácil en estas situaciones.   intransitivo
10. Mañana cobraré el cheque.   transitivo

G. Analiza los siguientes enunciados; subraya el complemento prepositivo y en la línea escribe si se trata de un complemento circunstancial (y de qué tipo) o si es un complemento preposicional del verbo (CPV).

1. Salimos de fiesta la semana pasada.   CPV
2. Cuentas conmigo siempre.   CPV
3. Hablamos de todo un poco.   CPV
4. Lo vi en 1985 por última vez.   CC de tiempo / CC de tiempo
5. ¿Ustedes creen en esas cosas?   CPV
6. Camina sobre la mesa.   CC de lugar
7. Cuidamos de los ancianos desde 1935.   CPV / CC tiempo
8. Se encuentran en la cafetería.   CC de lugar
9. Se encubren entre ellos.   CC de modo
10. ¿Lo hicieron para nosotros?   CC de finalidad

H. Analiza las siguientes oraciones copulativas. Encierra el núcleo del predicado (NP) entre dos barras diagonales [/.../]. En caso de que haya más de un verbo, encierra solo el NP copulativo. Señala el sujeto con doble subrayado, y el atributo, con subrayado sencillo. Si el sujeto es tácito, escribe una *T* entre corchetes y cuál podría ser; ejemplo: [T, «yo»].

1. Mis primos /están/ de vacaciones.
2. La familia /parece/ desorientada.

3. <u>Ellos</u> /son/ <u>los instructores de danza que vienen de Moscú</u>. O: <u>Ellos</u> /son/ <u>los instructores de danza que vienen de Moscú</u>.
4. <u>Vuestra madre</u> se /quedó/ <u>cocinando la cena</u>.
5. <u>Tu maestro</u> me /parece/ <u>conocido</u>.
6. ¿/Estás/ <u>cómodo</u>? [T, «tú»]
7. <u>Sus antepasados</u> /fueron/ <u>vikingos</u>.
8. <u>Marisol</u> /baila/ <u>feliz</u> por toda la casa.
9. <u>Esa película</u> /es/ <u>más que engañosa</u>.
10. <u>Todos</u> nos /sentimos/ <u>oprimidos</u>.

I. En el siguiente fragmento están subrayados unos infinitivos que deberían estar conjugados según la lógica temporal relativa del texto, **cuyo plano narrativo es el pasado**. Conjuga esos infinitivos y colócalos en su lugar al reescribir el texto en las líneas que siguen al párrafo. Si ves infinitivos sin subrayar, déjalos tal cual.

MARISA

Yliana Cohen

<u>Llegó</u> un verano <u>hace</u> muchos años. <u>Venía</u> con sus padres a pasar unos días, pues el médico le <u>había</u> recomendado que <u>saliera</u> de la Ciudad de México para que <u>respirara</u> aire puro y se <u>relajara</u>.

    <u>Fue</u> así como, después de un largo viaje por Veracruz y Puebla, <u>llegó</u> a Cuetzalan. Yo <u>trabajaba</u> como guía de turistas los fines de semana, y en vacaciones me <u>iba</u> a Jalapa a vender las blusas, tortilleros, separadores de libros, diademas y demás bordados artesanales que <u>hacía</u> mi madre. <u>Era</u> tanta nuestra necesidad económica, que <u>perdí</u> un año en la primaria porque me <u>iba</u> de pinta a conseguir turistas o a vender las artesanías. Lo de la venta se lo <u>daba</u> todo a mi mamá, pero de lo que me <u>pagaban</u> como guía —que no <u>era</u> siempre la misma cantidad— me <u>guardaba</u> un poco: <u>soñaba</u> con juntar lo suficiente para irme a la Ciudad de México a trabajar como peón con mi padre y mis hermanos mayores. Pero ese verano la <u>conocí</u>, y eso <u>cambió</u> todo. Yo <u>acababa</u> de pasar a sexto año, cuando <u>debía</u> haber pasado a primero de secundaria.

J. Escribe un texto breve, de entre 100 y 150 palabras, cuyo plano narrativo sea el presente. Recuerda seguir la lógica temporal relativa.

[Ejercicio de escritura libre]

K. ¿Qué clase de verbos son los siguientes infinitivos? Recuerda que los verbos pueden caber en varias clasificaciones al mismo tiempo. Puedes consultar el *Diccionario de la lengua española* (DLE) en línea si tienes dudas. Este te dirá si el verbo es transitivo, intransitivo o pronominal en todas o en algunas de sus acepciones. Si el verbo en cuestión puede ser pronominal, pero no está expresado así en el infinitivo (ej. condenar*se*), solo pon si es transitivo o intransitivo: haz caso omiso de su cualidad de pronominal.

Por ejemplo, **ser**: intransitivo, copulativo, irregular, sustantivo.

1. dar — simple, transitivo, irregular
2. explicarse — intransitivo, pronominal reflexivo, regular
3. explicar — simple, transitivo, regular
4. nombrar — simple, transitivo, regular
5. curiosear — simple, intransitivo, regular
6. haber puesto — transitivo, perifrástico (tiempo compuesto)
7. comulgar — simple, transitivo, intransitivo, pronominal, regular
8. estar — simple, intransitivo, copulativo, regular
9. odiarse — intransitivo, pronominal reflexivo o recíproco, regular
10. cultivar — simple, transitivo, regular
11. venir — simple, intransitivo, irregular
12. ser estrenado — perifrástico (voz pasiva) transitivo
13. sacar — simple, transitivo, regular
14. malcriar — compuesto, transitivo, regular
15. salir — simple, intransitivo, irregular
16. llenar — simple, transitivo, regular
17. ir a conocer — perifrástico, transitivo
18. dejar — simple, transitivo, intransitivo
19. llegar — simple, intransitivo, transitivo, regular
20. migrar — simple, intransitivo, regular
21. ceder — simple, transitivo, intransitivo, regular
22. maltratar — compuesto, transitivo, regular
23. desobedecer — compuesto, transitivo, irregular
24. dejar de venir — perifrástico, intransitivo
25. alegrarse — intransitivo, pronominal reflexivo
26. aterir — simple, transitivo, defectivo

L. Pasa de voz activa a voz pasiva las siguientes proposiciones, y escribe cómo queda la proposición en la línea de abajo. Si no es posible hacer la conversión, en la línea escribe «No se puede».

1. El presidente confirmó que rifará el avión.
Que rifará el avión fue confirmado por el presidente.

2. A nadie le interesan los juegos de azar como a él.
No se puede.

3. Su padrastro invirtió en ese negocio todo lo que les quedaba.
Todo lo que les quedaba fue invertido en ese negocio por su padrastro.

4. Hice el examen esta tarde.
El examen fue hecho por mí esta tarde.

5. Salimos durante tres años.
No se puede.

6. Ustedes llevaron lo que hacía falta.
Lo que hacía falta fue llevado por ustedes.

7. Ellos son los mismos de antes.
No se puede.

8. Sabía que habían ido temprano a verla.
Que habían ido temprano a verla era sabido por mí [o «por él / ella»].

9. Harán la tarea en cuanto lleguen a casa.
La tarea será hecha por ustedes [o «por ellos / ellas»] en cuanto lleguen a casa.

10. Esas plantas crecieron solas a lo largo del río.
No se puede.

M. Analiza los siguientes enunciados. Encierra entre barras diagonales [/.../] los NP pronominales, sea que su pronombre lo anteceda o que sea enclítico, y subraya los pronombres que los acompañan. En la línea escribe si son acciones reflexivas o recíprocas.

1. <u>Me</u> /moría/ de pena.   reflexivo
2. ¿<u>Os</u> /levantáis/ tan tarde siempre?   reflexivo
3. <u>Nos</u> /contentamos/ esta mañana.   recíproco
4. ¿<u>Te</u> /lavas<u>te</u>/ las manos?   reflexivo
5. <u>Se</u> /quieren/ muchísimo.   recíproco
6. /Vet<u>e</u>/ a caminar un rato.   reflexivo
7. /Sírvan<u>se</u>/ solo lo que van a comer.   reflexivo
8. /Abracém<u>onos</u>/ con fuerza.   recíproco
9. /Míren<u>se</u>/ a los ojos.   recíproco
10. /Véan<u>se</u>/ en el espejo.   reflexivo

Capítulo 7. Adverbio

A. Subraya los adverbios, locuciones y oraciones adverbiales que haya en las siguientes proposiciones. Habrá más de uno entre la mayúscula y el punto.

Ejemplo: <u>Ayer</u> cayó una lluvia <u>tan</u> ligera que no pensé que mojaría <u>tanto en realidad</u>.

1. <u>Anoche</u>, <u>a eso de las diez</u>, discutían <u>fuertemente</u> unos muchachos <u>en la calle</u>.
2. Esos niños son <u>muy</u> atentos: <u>todos los días</u> me preguntan si necesito algo.
3. Ella <u>siempre</u> actuó <u>como tú querías</u>.
4. No se conocían <u>muy</u> <u>bien</u> <u>cuando se casaron</u>, pero se habían enamorado <u>en cuanto se vieron</u>.
5. <u>Casi</u> <u>todos los días</u> sucede lo mismo: el autobús pasa <u>un minuto antes que yo llegue a la parada</u>.
6. <u>Solo</u> viajamos mi esposa y yo: estamos <u>profundamente</u> enamorados.
7. Nos recogerán <u>pasado mañana</u> <u>a las seis de la tarde</u>.
8. Te dije que <u>ahí</u> estaban los documentos, pero estabas <u>tan</u> <u>insólitamente</u> concentrado en otra cosa, que no me escuchaste.
9. <u>Continuamente</u> sabotea mi trabajo <u>en la oficina</u>.
10. ¡Mi prima <u>ya</u> llegó <u>del aeropuerto</u>!

B. Escribe en las líneas qué tipo de adverbios, locuciones u oraciones adverbiales son los del ejercicio anterior. Recuerda que muchos adverbios pueden funcionar de distintas formas al mismo tiempo.

Respuestas

1.	tiempo	tiempo
	modo	lugar
2.	grado	tiempo
3.	tiempo	modo
4.	grado	modo
	tiempo	tiempo
5.	aproximación	tiempo
	tiempo	
6.	cantidad / modo	intensidad / modo
7.	tiempo	tiempo
8.	lugar	grado / comparación
	modo	
9.	tiempo / frecuencia	lugar
10.	tiempo	origen

C. Escribe a continuación a qué clase de palabras están modificando los adverbios, frases y oraciones adverbiales del ejercicio A. Pon entre paréntesis la palabra modificada.

1.	al verbo (*discutían*)	al verbo (*discutían*)
	al verbo (*discutían*)	al verbo (*discutían*)
2.	al adjetivo (*atentos*)	al verbo (*preguntan*)
3.	al verbo (*actuó*)	al verbo (*actuó*)
4.	al adverbio (*bien*)	al verbo (*conocían*)
	al verbo (*conocían*)	al verbo (*habían enamorado*)

5.   a la f. adv. (*todos los días*)   al verbo (*sucede*)
     al verbo (*pasa*)

6.   al verbo (*viajamos*)   al adjetivo (*enamorados*)

7.   al verbo (*recogerán*)   al verbo (*recogerán*)

8.   al verbo (*estaban*)   al adverbio (*insólitamente*)
     al adjetivo (*concentrado*)

9.   al verbo (*sabotea*)   al verbo (*sabotea*)

10. al verbo (*llegó*)   al verbo (*llegó*)

D. Subraya los complementos circunstanciales (adverbiales) de los siguientes enunciados, y en la línea escribe de qué clase de circunstanciales se trata. Si hay más de uno, usa una diagonal [/] para separarlos. Puedes ayudarte de la lista que está al final del apartado §7.3.

Ejemplo: <u>Si vamos a nadar</u>, necesitaremos comprar trajes de baño <u>mañana</u>.
   CC condicional / CC de tiempo

1. <u>Cuando vengas a verme</u>, te daré dulces.
tiempo

2. <u>De haber sabido</u>, no voy.
condición

3. Lo quiere <u>a pesar de todo</u>.
concesión

4. <u>Cada año</u> la Tierra se calienta <u>un poco más</u>.
tiempo / cantidad

5. Esas leyes no son buenas <u>para el pueblo</u>.
destinatario

6. Hay que hacer el hoyo <u>con la pala</u>.
instrumento

7. Todos los juguetes fueron recogidos <u>por los niños</u>.
agente

8. Nos mudamos <u>porque la inundación destruyó la casa</u>.
causa

9. <u>Por la mañana</u> compra yogur <u>en la tienda de la esquina</u> <u>antes de irse a la escuela</u>.
tiempo / lugar / tiempo

10. Compré <u>en línea</u> esta chamarra <u>para venderla</u> <u>mañana</u>.
modo / finalidad / tiempo

11. Llegó <u>ayer</u> <u>desde París</u> <u>para dar una conferencia</u> <u>pasado mañana</u> <u>en la universidad</u>.
tiempo / origen / finalidad / tiempo / lugar

12. <u>Con lágrimas en los ojos</u>, la mujer narró cómo se había extraviado su hijo.
modo

13. <u>El próximo mes</u> iremos a Montevideo <u>para conocer a la familia de mi padre</u>.
tiempo / finalidad

14. Salimos a comer <u>con los primos</u>.
compañía

15. No quiero pelear <u>más</u> con ellos <u>esta tarde</u>.
cantidad / tiempo   (aquí, «con ellos» no es CC de compañía, pues el sentido no es de acompañamiento sino de enfrentamiento, por lo que «con ellos» es, en realidad, complemento preposicional del verbo).

E. Como se vio en el apartado §7.6.1, los adverbios absolutos suelen ir al principio del enunciado y deben ser separados del resto de él con una coma. Analiza las siguientes proposiciones y pon una coma después del adverbio, frase u oración adverbial **solo si está funcionando como absoluto**. Recuerda que no siempre funcionan así.

1. Frecuentemente voy al teatro.
2. Francamente, ya no sé qué hacer.
3. Por si acaso, cerraré la puerta con doble llave.
4. Tristemente, no me acuerdo de nada.
5. Sin duda hará lo que le pidas. O: Sin duda, hará lo que le pidas.
6. Sin duda, es un gran atleta.
7. Necesariamente, habrá consecuencias.
8. Por lo visto, no hay nada más que hacer.
9. Le pese a quien le pese, hará lo que le dé la gana.
10. Sinceramente, ¿crees que lo que hiciste fue chistoso?

F. Escribe sobre la línea de qué clase de adverbio, frase u oración adverbial se trata cada uno de los siguientes. Recuerda que algunos pueden caber en más de una clasificación y que hay también conectores discursivos (cdisc.).

1. amablemente — modo
2. por supuesto — conector discursivo (ilativo)
3. tal vez — duda o insinuación
4. donde — lugar
5. antier — tiempo
6. ligeramente — intensidad, modo
7. allá — lugar
8. a toda velocidad — modo
9. inmediatamente — tiempo / modo
10. de corazón — modo
11. nunca — tiempo / negación
12. rápido — adjetival / modo
13. así — modo
14. antiguamente — tiempo
15. tan (tanto) — comparativo / grado
16. más — comparativo / cantidad
17. también — adición / afirmación
18. encima — conector discursivo (aditivo), adición / lugar
19. ¡cómo! — exclamativo / modo
20. claro — afirmación
21. más o menos — aproximación
22. gritando — modo
23. demasiado — cantidad o grado

| 24. bien | modo / afirmación |
| 25. cuanto | cantidad / relativo |

Capítulo 8. Conjunción

A. Elige la conjunción o locución conjuntiva más adecuada para unir las oraciones de la primera columna con las de la segunda. Luego escribe el enunciado completo en la línea de abajo. Puede haber más de una opción.

1. Te quiero   No me casaré contigo
Te quiero, **pero [mas]** no me casaré contigo.

2. Será tu regalo de cumpleaños   Te portas bien
Será tu regalo de cumpleaños **si** te portas bien.

3. No sé si iré a la fiesta   Debo estudiar esta noche
No sé si iré a la fiesta, **porque [debido a que, ya que, pues]** debo estudiar esta noche.

4. Conseguiremos nuestros objetivos   Hagamos lo que debemos
Conseguiremos nuestros objetivos **mientras [siempre y cuando, siempre que]** hagamos lo que debemos.

5. Reprobaste el examen   Ponte a estudiar para el siguiente
Reprobaste el examen, **conque [así que]** ponte a estudiar para el siguiente.

6. No iré a la boda   Vayas conmigo
No iré a la boda **a menos que** vayas conmigo.

7. Lo llevaré temprano a la escuela   No le pongan retardo
Lo llevaré a la escuela **para que** no le pongan retardo.

8. Lo hizo así   Quería parecerse a su padre
Lo hizo así **porque [ya que, debido a que, pues, aunque, si bien, a pesar de que]** quería parecerse a su padre.

9. La lastimaba con cualquier pretexto   Lo denunció a la policía

La lastimaba con cualquier pretexto, **así que [luego, y]** lo denunció a la policía.

10. No lo veía   Salió de la cárcel

No lo veía **desde que [hasta que]** salió de la cárcel.

B. ¿A qué clase de conjunción o locución conjuntiva pertenecen las conjunciones que usaste en el ejercicio anterior? Escríbelo sobre la línea.

1. adversativa, coordinante
2. condicional, subordinante
3. causal, subordinante
4. condicional, subordinante
5. consecutiva o ilativa, subordinante
6. exceptiva, subordinante
7. finalidad, subordinante
8. causal o concesiva, subordinante
9. consecutiva, subordinante / copulativa positiva, coordinante
10. temporal, subordinante

C. ¿A qué clase de conjunción o locución conjuntiva pertenecen las siguientes? Escríbelo sobre la línea.

1. ya..., ya... — distributiva
2. sino que — adversativa, coordinante
3. salvo — exceptiva
4. cuando — condicional, concesiva, causal, subordinante
5. así que — consecutiva (ilativa), subordinante
6. ni bien — temporal, subordinante
7. u — disyuntiva, distributiva, coordinante
8. ni — copulativa negativa, coordinante
9. luego — consecutiva (ilativa), subordinante
10. luego que — temporal, subordinante
11. como — causal, comparativa, condicional, copulativa, subordinante
12. a pesar de que — concesiva, subordinante
13. pero — adversativa, coordinante

Respuestas

14. pues	causal, subordinante
15. excepto	exceptiva
16. porque	causal, subordinante
17. para que	final, subordinante
18. mientras	temporal, condicional, subordinante
19. mientras que	adversativa, subordinante
20. a menos que	exceptiva, subordinante
21. o... o...	disyuntiva, distributiva, coordinante
22. e	copulativa positiva, coordinante
23. siempre y cuando	condicional, subordinante
24. ora... ora...	distributiva
25. aunque	concesiva, subordinante
26. con tal de que	condicional, subordinante
27. a fin de que	final, subordinante
28. de ahí que	consecutiva (ilativa), subordinante
29. de manera que	consecutiva (ilativa), subordinante
30. a sabiendas de que	concesiva, subordinante

D. Elige una conjunción de cada clase del apartado §8.6 y escribe un enunciado con cada una.

1. Los jugadores corren y sudan, mientras que los fans comen salchichas, beben cerveza y descansan plácidamente en sus butacas.

2. Interrumpiremos aquí, dado que no podemos quedarnos solos en el edificio.

3. La mayoría de los niños son menores que las niñas que acaban de integrarse al grupo.

4. Quisiera saber si van a venir a la marcha.

5. Saqué 10 en el examen, y eso que no había estudiado.

6. Me arreglaré muy bien, en caso de que vengan.

7. No terminaste tu comida, conque no comerás postre.

8. No compramos pescado ni trajimos pollo.

9.   Conseguimos estambre e hicimos bufandas.

10. Pasa los fines de semana ora en el cine, ora en el teatro.

11. ¿Pedimos pizza o preparamos ensalada?

12. Asistiremos a la feria, a menos que nos enfermemos.

13. Explica los conceptos de mil maneras, a fin de que todos los comprendan.

14. Le dijo la verdad, a riesgo de que lo dejara.

15. Cada vez que veo esa película, me acuerdo de tu hermano.

Capítulo 9. Interjección

A. En los siguientes diálogos imaginarios, inicia o responde con la interjección, locución o frase interjectiva que mejor te parezca. Coloca o deja fuera los signos de exclamación o interrogación, según el contexto que imagines. [Se ofrecen aquí varias posibles respuestas, pero hay muchas más].

Ejemplo: —¡Buenos días!
             —¿Cómo le ha ido, don Carlos?

1. —Me voy definitivamente.
   —Adiós, Buenas noches, ¡Ojalá!, ¡Hasta nunca!...

2. —¡Esto acaba de pasar!
   —¿Cómo?, ¡Vaya!, ¿Cómo así?, ¡No me diga!...

3. —No, no lo creo.
   —¡Bah!, ¡Así no lo crea!...

4. —Hasta pronto, Hasta luego, ¡Hasta mañana!...
   —Que te vaya bien.

Respuestas

5. —¡Me dieron el puesto!
   —¡Ehhh!, ¡Bravo!, ¡Oh!, ¡Felicidades!, Enhorabuena...

B. Forma frases interjectivas con las siguientes interjecciones. Usa sustantivos, vocativos, frases preposicionales u oraciones, según se indique entre paréntesis. Recuerda que la coma del vocativo es obligatoria. [Se ofrece aquí una posibilidad, pero hay varias].

Ejemplo: (sustantivo) ¡Oh _____ maravilla _____ !

1. (sustantivo o frase sustantiva) ¡Oh ____ cielos _____ !
2. (vocativo) ¡Ay, ____ mi vida _____ !
3. (frase preposicional) ¡Hola _a todas mis alumnas_____ !
4. (oración) ¡Ojalá ____ que te vaya bonito _____ !
5. (sustantivo o frase sustantiva) ¡Ah __ que la canción _____ !
6. (vocativo) ¡Hey, ____ güera _____ !
7. (frase preposicional) ¡Cuidado ____ con la olla _____ !
8. (oración) ¡Mira ____ que ha entendido _____ !
9. (sustantivo o frase sustantiva) ¡Huy ___ el incendio _____ !
10. (vocativo) ¡Gracias,___ mamita _____ !

C. Usadas como sustantivos, algunas interjecciones se dejan modificar por artículos y adjetivos. ¿Cómo podrías modificar las siguientes? Se pone solo una opción, pero hay muchas.

1. felicitaciones: ____ felicitaciones a ustedes ____
2. gracias: ____ Infinitas gracias ____
3. felicidades: ____ ¡Muchas felicidades! ____
4. adiós: ____ Un triste adiós ____
5. ¡ay!: ____ Ese ¡ay! lastimero ____

D. Escribe un enunciado en el que se empleen tus respuestas del ejercicio anterior.

1. Muchas felicitaciones a ustedes. O: ¡Muchas felicitaciones a ustedes!
2. [Tal cual] o: ¡Infinitas gracias! O: Le doy infinitas gracias.
3. [Tal cual] o: Muchas felicidades tengas este año.
4. Nos dimos un triste adiós.
5. Ese ¡ay! lastimero me conmovió.

E. Analiza las siguientes proposiciones. Subraya las interjecciones y escribe en la línea de abajo si la interjección está fungiendo como sujeto, complemento directo (CD), complemento indirecto (CI), atributo o término de un complemento prepositivo (también llamado *preposicional*).

1. Les dieron las <u>gracias</u> antes de partir.
   CD
   _____

2. Un <u>«por favor»</u> no le quita nada a nadie.
   <u>Dentro del sujeto «un "por favor"»</u>

3. Achaca su vanidad a las <u>felicitaciones</u> que todo el mundo le dio.
   CI
   _____

4. Se fueron las niñas llenas de <u>felicidades.</u>
   <u>Término del complemento preposicional</u>

5. Este es un <u>adiós</u> definitivo.
   <u>Dentro del atributo «un adiós definitivo»</u>

F. Escribe cinco interjecciones seguidas de elemento vocativo. Deben comprenderse como un enunciado en sí mismo. Recuerda puntuar las proposiciones correctamente. Se ha puesto uno de cada uno, pero hay infinidad de posibles respuestas.

Ejemplo: ¡Adiós, Apolinar!
O:
Adiós, Apolinar.

1. <u>¡Vaya, Óscar!</u>_____
2. <u>¡Hola, mijo!</u>_____
3. <u>¡Cuidado, Alberto!</u>_____
4. <u>¡Ay, triste soledad!</u>_____
5. <u>Buenas noches, niños.</u>_____

G. Anota en la línea si las interjecciones, locuciones o frases interjectivas son apelativas o directivas (incluye si son formularias o no formularias) o si son expresivas o sintomáticas.

1. ¡Ay! — expresiva o sintomática
2. Encantado — apelativa o directiva, formularia
3. ¡Salud! — apelativa o directiva, formularia
4. ¡No me diga! — expresiva o sintomática
5. Provecho — apelativa o directiva, formularia
6. ¡Ojo! — apelativa o directiva, no formularia
7. ¿Eh? — expresiva o sintomática
8. ¡Ánimo! — apelativa o directiva, no formularia
9. ¡Hurra! — expresiva o sintomática
10. Shhh — apelativa o directiva, no formularia
11. Enhorabuena — apelativa o directiva, formularia
12. Palabra de honor — apelativa o directiva, no formularia

Índice

Capítulo 8. Conjunción 247